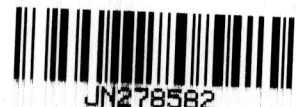

人事評価の教科書

悩みを抱える
すべての**評価者**のために

(株)日本能率協会コンサルティング
高原暢恭 著

労務行政

はじめに

本書は、人事評価の実務全般にわたって解説をしたものです。人事評価の本は、どちらかというと「ノウハウもの」が多いのですが、本書では、ノウハウの背景にある人事評価の概念や考え方にさかのぼって理解してもらうことを試みています。それが本書の特徴であり、本書を書こうとした動機です。

ノウハウは、当座の問題解決には便利ですが、状況がめまぐるしく変わる現在にあって、さまざまに発生する人事評価の諸問題を自立的に解決していくための知恵を与えてくれません。私は、人事評価にかかわる人が、自分の頭で人事評価の諸問題を考えて結論を出していってほしいと思っています。また、そういう思考力をこそ鍛えるべきであると考えています。本書は、そのための“人事評価実務の教科書”を目指しました。

思考力を鍛えるには、明確な概念や考え方を持たなければなりません。

例えば、「潜在能力評価」という概念があります。この潜在能力評価を、曖昧《あいまい》な能力評価の代名詞のような意味合いで理解している人がいます。この理解に立つと、「潜在能力評価は、年功主義を温存する原因になるものである。だから、徹底的に排除し、顕在能力評価に転換しなければならない。そのためにもコンピテンシー評価を行うのがいちばんで、実際の行動事実を見て評価をすべきだ」という論法が生まれてきます。この論法は、一見して間違いがなさそうです。しかし、潜在能力評価をしなければならない場面をよく知っているベテランの人事担当者からすると、どことなく幼稚なものに見えるものです。

本書では、潜在能力を「行動事実によって能力の有り無しが確認されていないが、きっとあるだろうと推測された能力」と定義付けました。こういう「推測」が必要な場面は、人事管理の場面で頻繁に出てきます。

だれも経験したことがない革新的プロジェクトのリーダーを選ぶ場合、顕在能力評価でリーダーを選任することに無理があります。そういうときには、今までの職務経歴を調べて、比較的可能性の高そうな候補者を選び、その人の性格・信頼性・粘り強さ等々を総合的に考えて、結論を出すはずです。これ以外に結論の導き方はありません。このやり方こそ、潜在能力評価と言われるものです。全く根拠なく選任したわけではないとはいえ、そのプロジェクトリーダーを任せてもよいと判断するにしては、大変曖昧です。しかし、こういう場面で潜在能力評価を否定すれば、結論を出す道筋を失ってしまいます。

もともとこの論法は、潜在能力評価が年功主義という悪事を働く「悪役」であり、コンピテンシー評価が「正義の味方」だという単純なものです。実は、このタイプのイデオロギッシュな論法が、人事評価の議論の中では多用されています。先ほどの潜在能力評価批判を否定することができて初めて、潜在能力評価の意義が見えてきます。

コンピテンシー評価は、成功する管理者の行動特性を持っている人を管理者候補者群から見付け出す場面で最も使われます。管理者としてふさわしい人かどうかを、管理者ではない時代の職務行動を見て判定しようということですから、コンピテンシー評価が、管理者としての潜在能力評価をしようとしているとみても不思議ではありません。「潜在能力評価を行うために、コンピテンシー評価がある」と聞くと、なんだか変な感じがするかもしれませんが、この論法のほうが、潜在能力評価を否定するものよりも、ずっとましです。

今まで、なんとなくこんなものかと思っていた人事評価のさまざまなイデオロギッシュな論法が元で、実は正しい人事評価の概念や考え方を分かりにくくし、人事評価にかかわる思考力向上の邪魔になっているという面があります。しっかりとした思考力を身に付けるためにも、ぜひ人事評価についての概念や考え方を、本書で押さえてください。

また、「人事評価は事実によって行わなければならない」という原則があります。「それではどれくらいの事実を把握しないと評価ができないのか」と聞くと、「すべての事実を把握して評価をしてください。そのためには、職務観察メモをつけたり、本人の書く日報も整理しておいてください」というような答えが返ってきます。

これも先ほどと同じで、一見正しい論法です。しかし、「すべての事実」など把握できるはずがありません。「事実とは何か」という哲学的な思索の世界でもそうですし、実務の世界でも、部下のすべての行動など把握もできないし、記憶できるはずもありません。ですから、「人事評価は事実によって行わなければならない」という原則が「すべての事実を把握して評価しなければならない」という話と結び付くと、大変なストレスを評価者に与えます。なかには、「そもそも神様でもないのに、評価などできるはずがない」と悩む評価者も出てくれば、「要するに、無難なところでまとめればいいのでしょ」と開き直る人も出てきます。いずれも、大変困ったことです。

人事評価は、業績を向上させるために「人が人をマネジメントする手段の一つ」です。是非そういう視点に立って、人事評価で必要とする実務的な事実把握量についての評価者一人ひとりの指針を、本書から見付けてください。

人事評価の用語は、経営側から社員の意識を操作しようという発想により、意識的にイデオロギッシュな精神主義が強調され、本来の意味がゆがめられているケースがたくさんあります。本書によって、人事評価の概念に混ざっているこうした精神主義を洗い流してください。そうすれば、評価者（管理者）の人事評価に対する思考力も飛躍しますし、評価にかかわる無用なストレスもなくなります。

本書は、以上のような発想を特徴としつつも、人事評価の教科書として、手順を追って理解してもらえるように解説をしています。

まず第1章では、「人事評価についての管理者の悩み」から話を始め、「人事評価はマネジメントの基本」であること、時代時代の経営課題の変遷とともに考え方が変わってきたこと、現在も成果主義の修正局面でいろいろな悩みが人事評価にはあること、またこれからも多くの悩みが生まれてくるだろうことをまとめています。そして、そうした悩みに自立的に対処するために、「きちんと基本から学ぼうではないか」と呼び掛けています。

第2章では、「人事評価とは何か」と題して、人事評価の目的と体系を概観することで、人事評価の基本的な概念と考え方を理解してもらおうと試みています。

第3章では、「人事評価のつくり方が分かれば人事評価は分かる」として、「人事評価制度の設計手順」に沿って、人事評価の概念と考え方を解説しています。人事評価は経営施策ですから、どんな経営状況であっても、いつも「正しい」やり方があるわけではありません。経営環境の変化、経営課題の難しさ、社員の意識状況など、いくつもの要因に影響されて、人事評価は変化します。そのあたりの感覚を得るためには、人事評価制度の設計手順を理解し、その手順ごとにどのようなことを考えればよいかを理解してもらうことが早道です。そういう発想で、人事評価制度の設計手順に沿って、解説を加えています。この章で、しっかりと人事評価の概念と考え方を理解してください。

第4章では、「評価フィードバックはどのように行うか」を説明しています。人事評価のフィードバック面談がどのように進んでいくのかを想像することで臨場感が沸き、人事評価を行うための準備の進め方をつかむことができます。

第5章では、「人事評価者訓練は管理者教育の要として実施せよ」と題して、人事評価者訓練のポイントとその方法についての解説をしています。人事評価者訓練を企画するときに、必ず役に立ちます。

最後に第６章で、「人材マネジメントにおけるこれからの課題」をまとめています。産業界の変化に合わせて、管理者の役割も改めて考え直さなければならないかもしれませんし、それにつれて、人事評価のあり方も変わらなければならないかもしれません。そうした視点から、本章では、これからの課題提起を行っています。

本書を通じて、少しでも、人事評価の理解が進み、人事評価実務のレベルが上がることを願ってやみません。

また、今回、出版の機会を与えてくださった株式会社労務行政の常務取締役出版制作部長名波庄吾氏、出版制作部川津元洋氏にお礼を申し上げるとともに、原稿の整理などに多大な労力をお掛けしたことに感謝申し上げたいと思います。

また、本書は、多くの企業の人事部門の方々やJMAC（日本能率協会コンサルティング）の仲間との長年に渡る議論の賜物と言えます。ここに改めて感謝いたします。

2008年９月　高原暢恭

Contents

第１章

人事評価は
マネジメントの基本

時代の流れとともに年功主義から能力主義、成果主義へと変遷しても、人事評価に対する管理者の悩みが尽きることはありません。しかしながら、評価者が自信をなくし信頼をなくしてしまっては、部下は目標を見失い、やる気が落ちて、ひいては将来の業績低迷につながります。

人事評価はマネジメントの基本であることを念頭に置き、時代に合った人事評価の習慣をしっかりと理解し実践していくことが、管理者には必要です。

1 評価についての管理者の悩み

(1)「人事評価などできるわけがない」

評価者研修（人事評価者訓練）の講師を務める場で、管理者の方々から人事評価に対するたくさんの悩みを聞くたびに、部下を持つ身になって、今さらながらに人事評価の難しさを感じているなと、ひしひしと伝わってきます。

なかには、「私は、神様でもないのに、人事評価などできるわけがない」と訴える方もいます。あらゆることを見通している神様ならばいざ知らず、普通の人間に過ぎない自分に人事評価などできるはずがないと言うのでしょう。

「人事評価結果のフィードバックなど、もうやりたくない」とストレートに言われる方もいます。きっと、一癖も二癖もある部下がいるのでしょう。その部下に、人事評価の結果をフィードバックし、納得してもらう自信がないのかもしれません。

これらの悩みの裏には、管理者が何のために人事評価をしているのかについての理解不足があります。

少なくとも私たちは、人事評価によって閻魔《えんま》大王の審判をしようと考えているわけでもなければ、一癖も二癖もある「つわもの」に、心から納得してもらうために人事評価結果のフィードバックを行うわけでもありません。

人事評価とは、企業の事業運営を円滑に推進するために、管理者が経営者から与えられている経営権の一つです。つまり、管理者の行う人事評価は、企業の事業運営を円滑に行っていくために活用するという極めて実際的な目的のために行われるものです。神様であろうがなかろうが、やりたくあろうがなかろうが、企業の事業運営のために必要だからこそ管理者としては人事評価をやらなければならないのです。まずは、そういう覚悟を持ってもらわないといけません。

(2)「結果数値だけで評価できればいいのに」

「すべて数値で人事評価の結論が出れば、簡単でいいのに…」といった嘆きも出てきます。

しかし、企業経営は数値管理だけでできるものではありません。ですから、人事評価の結論など、すべて数値で出すべきではないのです。

ここまで言い切ると、ちょっと待ってくれという声が聞こえてきそうです。年功主義の時代であればいざ知らず、成果主義導入のために行われた人事評価の革新を何と心得ているのか、人事評価というのは可能な限り数値的なデータを背景に評価すべきではないのかという反論が出てくるかもしれません。

それでもあえて主張したいのは、経営者の企業経営も管理者の人事評価も、大変複雑なものを扱っているからです。企業の業績は、対外的には（特に株式市場などでは）、売上高や利益高という数値が大きな意味を持ってきます。それは当然です。しかし、その売上高にしても、利益高にしても、それを生み出すには、社員の努力やさまざまなチャレンジがなければなりません。その結果として、売上高や利益高という「結果数値」が出てくるのです。

人事評価は、社員のさらなる努力やチャレンジを促進するためのマネジメントに役立つものでなければならないはずです。私は、人事評価は企業の経営権の一つだと言いました。つまり管理者は、企業の業績をよりよくするために、社員の努力やチャレンジをより活発にするあらゆる活動をするわけです。そうした管理者の活動の中の重要なひとコマが、人事評価なのです。

そうであるならば、いつも結果として現れる数値だけを見ていてはいけないことは、理解していただけるでしょうか。信賞必罰として、結果に対して「しめし」をつけることも人事評価の機能にはたしかにありますが、それよりも、将来もっとよい結果数値を出すための努力やチャレンジを促進するほうが、はるかに経営的には大きな意味を持ちます。結果数値は、もうすでに過去のものであって、会社の将来をつくるのは今後の努力やチャレンジだからです。

経営とは、常に前に向かっていかなければなりません。そうであるならば、すべて結果数値だけで評価するのではなく、その背景までも評価することは当然です。

(3)「部下の行動が把握できない」

「私は営業課長ですが、単独で動いていることが多い部下の職務行動事実をどうやってつかんだらよいのか、大変困っています。部下からは、いつも客観的に評価をしてほしいと迫られていますが、どうしたらよいのでしょうか」と質問される方もいます。

このような部下の行動がうまく把握できないとしたら、(この場合は特に営業社員が相手でしょうから) 勢い受注高目標達成率ですべて判断したらよいのではないかということになっていくでしょう。しかし、前述したように、受注高目標達成率は、評価される本人 (被評価者) の評価対象となる事実 (評価事実) の一つではあるものの、すべてではありません。もし、この人のさまざまな努力やチャレンジを人事評価の対象にしないとしたら、おそらくこの営業課の業績は、将来徐々に低落傾向を示していくはずです。業績結果に対する厳しさがあっても、努力やチャレンジを軽視する雰囲気が少しでも出てくれば、どうしても活動力に陰りが見え、将来の業績に悪影響が出てくるのが自然の流れです。

単独行動の多い部下の職務行動事実をどうつかめばよいのかと営業課長は悩んでいますが、そもそも本人から報告をさせているのでしょうか。あるいは、日報であれ、週報であれ、週1回の課内ミーティングであれ、そうした機会に、しっかりと話し合いを持っているでしょうか。実は、それで十分対処できるのです。ところが、人事評価の時期になるまで努力もしないでおいて、部下の仕事が把握できないと悩んで見せているのが、実情ではないでしょうか。人事評価は、日常のマネジメントの延長線上にあることを忘れてはいけません。

(4) 正しい理解なくして正しい評価はできない

そのほかにも、「私（課長）の評価を部長が勝手に変えてしまう。これでは部下に説明が付かない」「当社は絶対評価になっているはずなのに、相対評価になっているではないか」「結局、本社部門の社員の評価ばかりがよくて、現場の営業社員の評価が悪いということになっているのではないか。部門間の調整は本当にやっているのか」というような声も、よく聞きます。

これらは半面真理をつきながら、もう半面では人事評価の実務を理解していないことから生じた疑問であるという印象を、やはり受けます。

本書では、こうした管理職が持つ人事評価のさまざまな疑問・悩みに対して､人事評価の実務全体を解説する中で答えていきたいと思います。やはり、人事評価は勉強しないと理解できませんし、トレーニングしないと正しい評価ができるようにはなりません。そのことを忘れて、人事評価の仕組みが悪いとか、人事評価なんてやるからいけないのだというようなことを言ってはいけません。

是非、私と一緒に正面から学んでいきましょう。

2 人事評価は人が人をマネジメントするための手段の一つ

人事評価の基本中の基本は、人事評価が「人が人をマネジメントするための手段の一つ」であるということです。まずは、これを忘れないでください。

「神様でもないのに、人事評価などできるわけがない」と話す管理者は、まずここから学ばなければならなかったのです。企業の事業運営をよりよくするために、経営陣も管理者もさまざまなマネジメント行動をとることになります。このマネジメント行動の一つに人事評価というものがあると、まずは押さえてください。部下を評価するというのは、部下の成果や能力、態度（情意）を評価することですから、ある一定の評価期間における部下の行動を信賞必罰の考え方でまとめて総括し、今後もっとよりよくしていくための機会にしようとするものです。そういう意味で、「人が人をマネジメントするための手段の一つ」と言っているわけです。

人事評価というのは、半年や1年といった評価期間の単位で1サイクルずつ回すという公式行事です。人が人をマネジメントしていく手段として、この公式な行事とセットで動かすことで、その日常のマネジメントの効果を大きくしようとしているわけです。

図表1のように、人事評価を軸にして、「方針（期待）が見える」ようにし、「やる気が出る」ようにし、「信賞必罰を感じる」ようにすることで、仕事を成功に導き、仕事の達成感を獲得できるようにしていくことが、大切な点です。その際の人事評価には、大きく分けると三つのジャンルがあります。

まず第1に、「目標管理・成果評価」によって目標を持たせることに貢献するジャンルです。それによって、組織としての「方針（期待）が見える」ようになります。

第２に、「能力評価」によって、能力を付けさせるのに貢献するジャンルです。

第３に、「情意（態度）評価」によってまじめに働かせるように持っていくジャンルです。

第２、第３を通じて、活動力が強化され、「やる気が出る」ことに貢献します。また、この三つの評価の結果、給与や賞与などの賃金格差、昇格・昇進などの格差が出てきますので、金銭面・ポスト面などで明確な「信賞必罰を感じる」ようになります。これらのことは、ビジネスパーソンとしての達成感に直接影響を及ぼします。

何はともあれ、マネジメントの手段としては、人事評価はかなり公式なものであり、かなりハードな部類に属すると見て間違いありません。

図表１　人事評価はマネジメントの手段

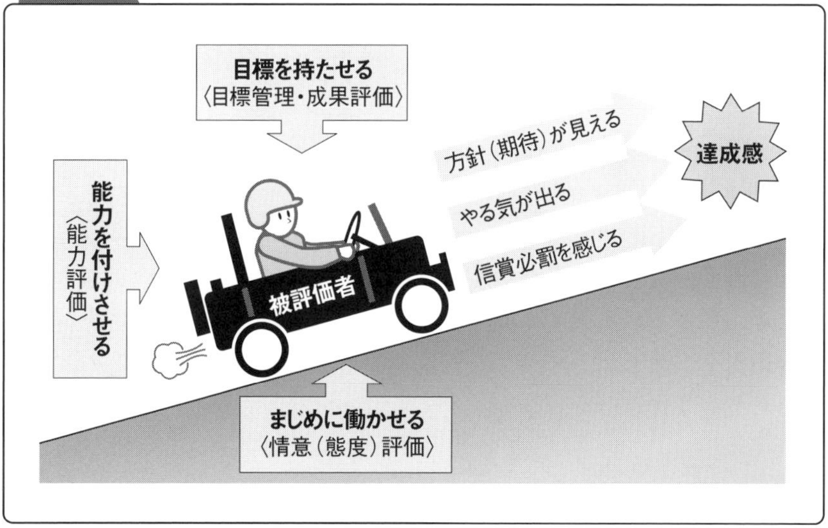

3 企業文化の違いで人事評価のあり方は違う

（1）極めて日本的な日本の人事評価

人事評価は「人が人をマネジメントするための手段の一つ」ですが、そうであれば、それは国の文化によっても違ったものになります。日本の人事評価の基本スタイルがどのように形づくられてきたかの歴史は、それほど共通認識になっているわけではありませんが、アメリカ企業から多くを学んだことに間違いはないようです。しかし、日本企業の多くは、日本の人事評価というものが、極めて日本的であると考えています。

また、近年、中国にも人事評価の考え方が急速に入っていますが、どちらかというと日本的なものよりも、欧米的なものの考え方のほうが、中国企業にはなじみやすいと考えている人が多いのではないかという話を聞いたことがあります。

これは、その国の文化が、人事評価に大きな影響を与えていることを示唆しています。

同じ国の中でも、企業がつくり上げてきた企業文化の違いが人事評価に大きな影響を与えます。図表２は、企業文化の違いを念頭に検討視点を提供しているものですが、日本企業の中でも、社員間信頼度の高い関係をつくり上げている企業と、どうもギスギスした関係になってしまっている企業があります。

一方、人事評価制度を見た際に、非常に緻密《ちみつ》にできあがっているものと、非常に抽象的な感じを受けるものとがあります。緻密というのは、評価表にたくさんの評価項目があり、しかもその企業ならではの考え方が見て取れるもので、自己評価から一次評価、二次評価、コメント欄に至るまで完璧《かんぺき》にそろっているものです。また、抽象的というのは、比較

図表２ 企業文化の違いと人事評価のあり方

		評価の緻密さ	
		高い	低い
社員間の信頼度	高い	公明正大型	阿吽の呼吸型
	低い	説得型	カリスマ型

的大雑把な評価表しかなく、評価項目もどこの企業でも通用するような一般的なもので、自己評価欄やコメント欄なども特にないようなタイプです。

(2)「社員間の信頼度」と「評価の緻密さ」で人事評価のタイプを見る

図表２では、「社員間の信頼度」と「評価の緻密さ」に概念を分けて説明しています。「社員間の信頼度」が高く、「評価の緻密さ」が低いという欄に、「阿《あ》吽《うん》の呼吸型」というキーワードを入れました。これは、前述した抽象的な評価表をもとに人事評価をしている企業の場合、「阿吽の呼吸型」のコミュニケーションが求められるほどに「社員間の信頼度」が「高い」必要があることを示しています。この図表は、そのような見方をしてください。

同じく、「社員間の信頼度」が低く、「評価の緻密さ」が低い場合は、「カリスマ型」としました。社内的な相互の信頼性が乏しいギスギスした雰囲気の企業では、抽象度の高い一般的な評価表を使うことはできれば避けたほうがよいと思います。それでもこのやり方をとろうとすると、それは一種の「カリスマ型」のリーダーシップが経営者には必要になることを言っています。

さらに、「社員間の信頼度」が低く、「評価の緻密さ」が高い欄には、「説得型」というキーワードを入れました。「社員間の信頼度」が低いという現状認識だと、どういう行動をとって、どういう成果をあげてくれたら、どういう処遇にするかということを一つひとつ社員に明示していく必要があることは、比較的理解しやすいと思います。このやり方をきちんと進めていくと、そのうちに「社員間の信頼度」も高くなっていくはずです。

最後に「社員間の信頼度」が高く、「評価の緻密さ」も高いという欄ですが、ここは「公明正大型」としました。「社員間の信頼度」が高いわけですから、人事評価についてそれほどていねいにやらなくても、社員に理解してもらえるという面があります。私は常々思うのですが、「社員間の信頼度の高さ」というのは大きな経営資源です。それだけで、コミュニケーション効率がよく、スピーディーな仕事ができるでしょう。しかし、人事評価を緻密にていねいにやろうとするのは、「社員間の信頼度」の高さがいつ壊れるかもしれない微妙なものだということを認識しているからで、それゆえ、常に「公明正大型」を目指そうとしているのです。

そうであるならば、「社員間の信頼度」がどうであれ、いつも「公明正大型」がよいではないかとも言えますが、「公明正大型」も負荷がかかりますので、「社員間の信頼度」が高ければ、ある程度手をゆるめてもよいかと思います。企業経営を行うに当たっても、重点主義の考え方が大切で、社員の労力をどこに集中させるかは重要な経営判断事項です。人事評価に掛ける労力を当面別の課題解決に振り替えることは、「社員間の信頼度」が高ければ十分可能となります。

4 人事評価は経営課題の変遷とともに変わってきた

(1) 経営環境変化と人事評価の基本思想の転換

さて、この節では、少し人事評価に関する歴史の話をします。

人事評価というものは、歴史的に見ても大きな変遷を遂げてきています。これを概観することで、各企業の今の人事評価のあり方を考える視点が加わるでしょう（図表３）。

人材マネジメントの世界では、年功主義から能力主義へ、さらに能力

図表３　経営環境変化と人材マネジメント・コンセプトの転換

エポック		経営課題		人材マネジメント・コンセプト	
1965 1970	いざなぎ景気 いざなぎ景気終息	高度経済成長期	量的拡大／供給能力の拡大 ガンバリズム	年功主義	・長年頑張ってくれた人には報いよう
1973 1979	第1次オイルショック 第2次オイルショック	低経済成長期	減量経営 効率至上主義	能力主義	・人材のコストパフォーマンスを上げよう ・年功主義から脱皮し、やればできる人は高く処遇しよう
1985 1986 1986 1991 1997	プラザ合意＝円高誘導 円高不況 バブル景気 バブル崩壊 金融不安	乱気流経済期	経営リストラ／リエンジニアリング ・M&A ・組織のダウンサイジング ・工場海外移転 ⇒グローバル化	成果主義	・改革にチャレンジできる能力と個性を尊重し、早急に育てよう ・挑戦して改革実績を上げた人を高く処遇しよう
2002	景気拡大	リストラ景気	経営リストラと成長政策の同時展開	成果主義見直し	・結果主義に陥らないように… ・人材を育成しよう

主義から成果主義へと変遷を遂げています。現在は、その成果主義も見直しの時期に入っていると言われています。

こうした人材マネジメントのコンセプトの変遷は、人事評価の考え方に直接的な変化を引き起こしてきました。人材マネジメントの世界における理論的な発展に伴う一種の「進化」の結果、あるいは「進歩」の結果、これらの変遷があるというとらえ方もあります。しかし、そういう考え方よりも、企業が変化する経営環境に適応して業績を伸ばしていこうとした結果、つまり、功利的発想からこれらの変遷が起こってきたと考えるほうが、実務家としては、より有益な視点が得られます。

「進化」や「進歩」の結果であるならば、最先端の人事評価のやり方が最も素晴らしいということになります。そうであるならば、人事評価の実務についても、最先端の理論を勉強し、それを取り入れたベンチマーク企業の研究をしていけばよいことになるでしょう。しかし、私のコンサルティングの経験からすると、事はそのように単純ではなく、導入する人事制度の構築視点をどうするかで、いつも悩まされています。

やはり、「進化」や「進歩」といった発想ではなく、直面する課題に向けた対策として何が「有効」かを考えるべきであるというのが、私の20数年のコンサルティング経験の結論です。そう考えることによって、人事評価に対するあらゆる選択肢が活用可能になります。年功主義的な人事評価のやり方も、その有効性の範囲を見極めれば今の課題解決に活用できるようになるというくらいの発想で見ていく必要が、実務家にはあるのではないでしょうか。

そういう視点、つまり現在の問題を考えていくという視点から、少し歴史を見ていきましょう。

図表4には、年功主義・能力主義・成果主義の三つのコンセプトの説明を試みています。これらのコンセプトは、実はあまりきちんと定義されて使われていないケースが多くあり、能力主義も成果主義も同じものとして言葉の使い分けがされていない新聞記事も、よく見かけました。また、一般の実務界では、成果主義を強調する際に、能力主義も年功主

図表４　年功主義・能力主義・成果主義の三つのコンセプトの狙い

年功主義	新卒を採用・育成し、年齢・勤続を重ねるごとに、徐々に処遇をよくしていこうというコンセプト。同期的な結束力が、企業の活動力を強化したと言われている。終身雇用、企業内組合とともに、日本の高度経済成長を支えた日本的経営三種の神器の一つ。
能力主義	年功主義の弊害が自覚され始めたころに、「できる人材」と「できない人材」の差を評価し、処遇に格差を付けるべきだとして登場したコンセプト。職能資格制度・職能給等、オイルショック以降の日本企業のほとんどが採用したスタイル。
成果主義	各人の処遇は、各人があげる成果の内容で決定するということを強調し、業績にかかわらず処遇だけは上がりつづけるスタイルになっていたものを改革しようとしたコンセプト。従来の年功的な制約、職能給的制約を排除し、若くても思い切った処遇ができる可能性をひらき、活力を向上させようとした。

義の一種として、年功主義概念の中に一緒に入れて批判の対象にしていました。しかし、歴史的に見ると、少なくともこの三つのコンセプトには、大きな違いがあります。

（2）年功主義の評価の特徴

①右肩上がりの成長が前提

年功主義は、処遇決定の重要要素に年齢や勤続を持ってくる考え方です。

いつの時代から年功主義が日本企業に定着したのかは、いろいろな説があるようです。本書では、そこを詳しく解説する余裕はありませんが、第２次世界大戦後の復興に取り組む中で経験した経済的な拡大との関係で位置付けておくことで、とりあえずは進めたいと思います。そういう意味では、少なくとも第２次世界大戦後最大（当時）と言われた「いざなぎ景気」のころには、年功主義の人材マネジメントが日本の大企業の中で大きなウエートを占めてきたと評価することに、それほど異論はないでしょう。

この年功主義というのは、大学卒で入ってきた新入社員が、毎年同じように昇給をし、同じように昇格もしていくイメージでとらえてください。例えば、大学卒新入社員が100人いるとすると、そのうちの95人が10年後の同年次に係長に就任し、さらに5年後の同年次には90人が課長に就任するというようなモデルを考えていただければ構いません。

これは、経済的にも拡大し、個別の企業の業績が伸びていることから可能になるもので、そういう条件がなければ無理だろうという話は、今の考え方からすると、そのとおりです。しかし、その当時は、間違いなく経済も企業も成長していったのですから、それに適応していった結果、年功主義にたどりついたということになります。

②総額人件費の抑制効果を果たす

年功主義の時代は、若年労働者がたくさんいました。いわゆる団塊の世代の若いころを考えれば、想像が付きます。一言で言えば、年功主義は、これらの人たちの給与を低く抑える機能を果たしたということ、つまり、企業の総額人件費を抑制する効果を果たしたということは、よく理解しておいてください。年功主義は、いくら頑張って業績を上げても、急には賃金が上がらないスタイルです。その分、企業のコストパフォーマンスが高いわけです。成果主義では、成果をあげたら賃金をすぐに高くするということになりますから、「いざなぎ景気」の時代でも成果主義で評価をして処遇につなげたら、若くても賃金が高くなる人がたくさん出てきたでしょう。

今は、年功主義で高止まりした人の賃金を、成果主義というコンセプトで削減させようとしていますが、これとは全く正反対の話です。この点は、よく覚えておいてほしいと思います。

③「落ちこぼれ」を意図的につくる人事評価

ここで、もう少し人事評価に引き付けて話をしますが、先に例を挙げた100人全員が同じように昇給昇格をし、そのうちの95人が同じ年度で係長になり、さらにそのうちの90人が同じ年度に課長になるところに着目してください。

「これこそ正に、年功主義の弊害そのものである」ととらえるのであれば、「まだまだ人事評価について勉強することが多くあるな」と考えてください。たしかに、ほとんどの人が同じように昇給昇格をしているのですから、あまり競争がなく、ぬるま湯のように感じるかもしれません。しかし、よく見ていただきたいのは、100人のうち95人が同じ年度に係長になるものの、残る5人は係長になっていない点です。同じことは、課長就任時にも起こっています。95人のうち90人が課長になっていますが、5人は課長になっていません。

このことの意味が非常に大切なのです。こういうやり方は、当時の日本を代表する鉄鋼業界や銀行業界などが典型であったと言われています。成果主義の世界ですと、いったん遅れても、次のタイミングで大きな成果をあげれば追い付いたり追い越したりできるわけですが、この年功主義の時代は、いったん遅れると、追い付くことはありません。

当時は、同期会を組織したりして、同期入社者の結束を高めるような人材マネジメントを多くやっていました。また、格差を付けない人材マネジメントでは、わずかでも格差を付けられると目立つということがあります。しかも、いつも同じだと思っていた人に少しでも先を越されるというのはなんとなく気持ちが悪く、プライドを傷付けられることになります。今でもこういう気持ちになりがちだと思いますが、非常に嫌なものです。しかも、遅れると二度と追い付けないのですから、なおさら強いプレッシャーを感じます。

要するに、年功主義の人事評価は、いわゆる「落ちこぼれ」を意図的につくっていく人事評価ということになります。「落ちこぼれ」になりたくないので、全員頑張ります。経営幹部になっていくために頑張るというよりも、惨めな思いはしたくないので頑張るというメンタリティを、人事評価によってくすぐるのです。

④「秘密主義」の評価制度

年功主義の人事評価は、いわゆる「秘密主義」になります。「秘密主義」ですので、今のように評価結果のフィードバックを行ったりしないですし、人事評価表なども公開しません。もともと多くの人は同じ評価なのですから、殊更にオープンにしたら問題となるでしょう。しかし、いつどのように評価されたか分からないうちに「落ちこぼれ」になり、二度と挽回《ばんかい》できないとなると、いつも緊張していなければいけないことになります。この気持ちを利用しようとしたのが、年功主義の人事評価なのです。

少し現実の複雑さを丸め過ぎて、モデル化し過ぎたかもしれませんが、こういう考え方が人事評価の大変よい教材を提供してくれます。

特に年功主義を理解することは、現在の成果主義における人事評価を理解するためにも大変重要ですので、少し長くなりましたが、解説を加えました。

バブル経済の崩壊以降、成果主義が加速し、年功主義的なものに対する批判が非常に熱心に展開されました。それにもかかわらず、いまだに年功主義的なものは生き延びています。それは今でも、年功主義的なものに有用な部分があるからでしょう。存在しているものにはすべて理由があるわけですから、そういうこともよく研究して飲み込んだうえで、じっくりと人事評価のあり方を研究していきましょう。

（3）能力主義の評価の特徴

さて、年功主義の後に出てきたのが、能力主義です。能力主義とは、処遇決定の柱に能力を持ってくる考え方で、高い能力を獲得できたら高い処遇にするというものであり、年齢・勤続とともに徐々に処遇を向上させていく年功主義の考え方とは大きく異なります。

能力主義は、人事制度上の用語を使うと、いわゆる職能資格制度を中核とした人事管理です。これは、旧日経連が1968年の「日経連能力主義管理研究会報告」ですでに主張しているもので、図表3の年表からしても、年功主義の真っ只中、いざなぎ景気の最中に出てきている考え方です。

しかし、産業界全体の動きとしては、能力主義の導入はオイルショックがきっかけでした。私の記憶にもしっかりと残っていますが、経済的な発展がこれからは望めなくなるだろうという極めて強いショックをこのとき受けた中にあって、日本企業は、人材マネジメントのあり方について新しい経営環境に対応すべく、いろいろな革新に取り組みました。

オイルショックから10年くらいの間に、8～9割の企業が人事制度革新を行ったと見られていますが、この点はバブル経済崩壊以降の10年間に何らかの形で成果主義的な人事制度革新を行ったのと、ほぼ同じ状況です。それくらい日本企業がこぞって人事制度の革新を行ったのであり、その革新のコンセプトが、能力主義でした。

「年功主義を克服して、能力主義を実現しよう」というスローガンが叫ばれましたが、本人の実力によって昇給や昇格に格差が生じることは、ある意味では当然のことです。総額人件費に余裕がなくなり、ポスト数も増加せず、場合によっては減少さえせざるを得ない状況の中で、年齢・勤続を中心概念に各人の処遇を管理することができなくなるのは目に見えています。

しかし、年齢・勤続以外に社員の処遇格差を付けるための合理的な基準として「能力」を持ってきたことは、極めて日本的でした。「職務」を持ってきてもよかったと思いますが、日本企業は過去に職務給を導入して失敗した経験があり、職務基準によって給与を決定する方向には行きにくかったようです。日本人は、職務記述書に決められた境界内のことだけをしっかりこなしていくというよりも、いろいろな状況に対応しながら、必要ならば同僚の仕事のフォローをしたり、職務記述書には現れにくい改善業務などを自発的に行っていくのが性に合っていたということも言われました。こうした日本人の仕事のやり方が、日本企業の競争力の源泉であるというような言い方もありました。こういう考え方からすると、年功主義の後に職務給などの職務主義的人事革新をする気には、なかなかならなかったのでしょう。

能力主義は、能力のあるなし（実力のあるなし）で処遇に格差を設けようとするわけですから、「能力とは何か」という定義が必要になります。しかし、（本書でも後述しますが）この定義には、なかなか理解困難な面があるため、現段階では、結局は、年功主義を克服することにならなかったといった評価もあります。また、能力主義は別の形で年功主義を残したに過ぎないという言い方や、能力の評価がどうしても定性的な評価判断に頼ることになるので、客観的なものになりにくく、その結果、どうしても年功的な運用に流れていったという声もあります。

（4）成果主義の評価の特徴

①業績に応じて賃金原資を上下させる

ただ、特別なケースは別として、能力評価を考える際には、概して経験を積むことで能力が付いてくるという面が間違いなくある点を押さえておく必要があります。能力主義というからには、徐々に付いていく能力を評価して処遇に反映させますので、やはり年々の賃金原資の増加という面が出てきます。それはまた、脱能力主義に当たっての反省材料になるわけです。

プラザ合意後の円高不況以降、新しい人材マネジメントの考え方が模索されるようになりました。これまでは賃金原資が徐々に上がる考え方で人事管理を行ってきましたが、実際の企業業績は徐々に上がるものではなく、急激なダウンも経験しました。円高不況克服のために行った政策がバブル経済を呼びましたが、ほどなくバブル崩壊となり、ますます企業業績の先行き不透明感が強くなったうえ、国際競争も激しくなり、社員の賃金そのものも、業績に連動して変動していくことが求められるようになりました。

こういう環境にあっては、年齢・勤続という年功要素や、徐々に経験を積むことで獲得されるとする能力要素を基軸とした処遇の体系ではなく、やはり業績や成果を軸にする必要が出てきます。つまり、業績や成果がアップダウンすると、それに合わせて賃金原資もアップダウンさせる考え方をとる必要が生じます。

そこで、「業績」「成果」というものが大変重要な人事評価上の概念となってきます。企業業績に応じて賃金原資もアップダウンさせるためには、その一方で、社員が頑張ってチャレンジすれば、企業業績がよくなっていく可能性があることが大前提となります。もし、どう頑張っても企業の業績が上がらない構造不況の真っ只中の企業であるならば、それは成果主義ということを言う前に、構造不況の意味を社員に説明し、全体として賃金ダウンをお願いするほうがよいでしょう。成果主義というのは、あくまでも自分たちで努力しチャレンジした結果、企業の業績がよくなるという見通しがないと、うまく機能するものではありません。

②実績重視・業績連動型の人事評価

成果という概念をクローズアップしてきましたが、人事評価上の「成果」という概念には、売上・利益などの数値にかかわる「業績」と、「業績」を上げるための活動実績成果の両方を含んでいます。ここで初めて、この成果という概念が人事評価の世界で出てきたわけではありません。実は、年功主義と言われていたころの人事評価にも、能力主義と言われていたころの人事評価にも、成果評価という概念はしっかりと存在していました。それでは、そのころの「成果」と成果主義時代の「成果」に、何か違いがあるのでしょうか。

個々の企業で特別な使い分けをしているケースがあるかもしれませんが、一般的な言い方をすると、年功主義時代の人事評価における成果評価も、能力主義時代の、あるいは成果主義時代のそれも、特に違いがあるわけではありません。

人事評価制度の中で最も目に付きやすい成果評価のウエートが、成果主義時代になってますます高くなっているということはあるでしょう。ただ、人事評価全体を100としたとき、その中で成果評価の割合が何パーセントを超えると成果主義になるといった判断基準があるわけではありませんので、何が成果主義時代の成果評価かと言われても、なかなか説明が困難です。

また、成果評価のウエートがどう変遷してきたかという視点から人材マネジメント・コンセプトの変遷史を比較検証した研究も、ないのではないでしょうか。ただ、成果主義は、いわゆる人材マネジメント上のコンセプトであり、それは同時に人事評価のコンセプトですから、人事評価のあらゆるものに影響を与えていることは事実です。能力評価についても、実際の職務行動をしっかり見て能力の有無を見極めようといった実績重視で判断する方向に、成果主義のコンセプトが引っ張っていっています。同様に、情意評価についても、職務行動事実によって評価結果を説明できるように、実績重視の方向に引っ張っています。成果主義というコンセプトは、こういう形で人事評価の中に入り込んできていると考えてください。

要するに、最終結果である業績に対して直接貢献している点にできるだけ焦点を当てて評価しようと考えているのが、成果主義における人事評価の特徴です。したがって、成果主義では、結果として現れる売上高や利益だけを評価すべきだと言っているわけではありません。営業社員の場合も、成果主義では自らに課せられた受注高目標達成率や標準価格達成率だけで人事評価をすべきだと言うわけでもありません。ただ、最終結果である業績との連動をしっかり考えていこうという発想が、成果主義時代には強くなっているのは事実です。

(5) 成果主義の修正局面での課題

成果主義は、バブル経済崩壊以降の人材マネジメント革新を主導するコンセプトとして多くの企業の支持を得ましたが、しだいに行き過ぎ(弊害) が指摘されるようになりました。

もともと成果主義の「成果」とは、結果を強く連想させる言葉です。したがって、成果主義という言葉を使えば、結果を出さないものは意味がないという強い印象を与えてしまいます。もちろん、今までの処遇上の甘さを指摘しようというコンセプトでしたから、そういうメッセージを強調したのは事実でしょう。たしかに厳しい経営環境の中で生き抜くには、「頑張りました」というようなレベルで高い評価結果を出すわけにはいかないのはよく分かります。「良薬口に苦し」のとおり、厳しさを強調したのでしょう。

その一方で、この良薬に「苦い」ということ以上の副作用が出てきたのかもしれません。しかし、成果主義というものが、そういう副作用を必然的に起こすものだとは私はいまだに考えていません。もしこのタイプの副作用が発生するならば、能力主義の場合も、極端に言えば年功主義の場合も同じような副作用を起こすと思います。多くの企業で起こったと言われる成果主義の副作用は、成果主義というものを哲学的に突き詰めなかったことが原因だと私は思います。

ともあれ、成果主義の副作用が各方面からも指摘され、多くの企業で成果主義の見直しが始まったことは事実です。その結果、もっと着実な人事評価制度に組み立て直そうとか、評価者への研修をしっかりしようという動きが出てきたことは、大変好ましいことです。そのプロセスの中で、人事部門の方や評価者が多くの研究をしたことが、とても大切だと思います。

5 きちんと基本から学ぼうではないか

(1) 中長期的な視点を持つ

成果主義の見直し論が出てから、特に、研究開発部門や技術開発部門の管理者は、成果主義的な人事評価について懐疑的な雰囲気になっていきました。

例えば「研究開発部門では、研究開発のスパンが長く、仕事の成功・不成功が分かるのは５年後、10年後になる。それなのに、半年単位の目標管理の結果で評価されるのは納得がいかない」というような意見を、コンサルティングをする中で非常に多くもらいます。これは、ある意味もっともです。しかし、下期評価の結果を使って６月末から７月初めに夏賞与を支払い、上期評価の結果を使って12月初めに冬賞与を支払うというパターンの会社は、たくさんあります。この研究開発部門でも、半年単位の評価期間ごとに目標管理シートに目標を書き出し、その達成度で評価をして、賞与格差につなげていくというスタイルでした。

研究開発の成果は５年、10年のスパンで考えなければならないことは、非常によく分かります。しかし、５年も10年も賞与を払わないわけにはいきません。例えば５年間は定額の賞与を出し、研究開発の結果が出た６年目の賞与で、それまでの格差を一気に反映させるようにする方法も考えられますが、人材マネジメントの専門家としての立場からはとてもお勧めする気持ちにはなりません。このことは、研究開発部門の管理者の方にも同感していただけるようです。それならば、半年という短期であっても何らかの評価をする必要があるのではないかということになるわけです。

その前提に立つことができれば、５年、10年掛けて取り組む研究開発者の評価をどのように行うべきかを、実務的に考えることができるようになるはずです。5年のスパンで見るとしても、当面この半年間で何をやるかは決めなければなりません。少なくともその半年間のやるべきことを目標管理シートに反映させて、その達成度で評価する考え方はとれないかという検討に入れます。そういう意味で、半年ならば半年で人事評価の対象となるものが必ず見つかるものなのです。

しかし、それでも「半年は、こういうことをやろうということが実行できても、後でそれが全く意味がなかったと分かることもあるし、逆に半年でやるべきことがうまく進まなくても、後になってそのうまく進まない中にブレークスルーの種があったということもある。そういうことを考えると、半年間でやるべきことを決めて評価をすると言っても、やはり人事評価なんてできない」と主張する管理者もいます。なかなかややこしい話です。そうだとしても、半年ならば半年でやると決めたことを、やらないでよいということにはならないはずです。

また、こういうタイプの議論が熱心に行われている一方で、「成果主義など成功するはずがない」「客観的な評価をして賃金に格差を付けるタイプのものはみんな成功などしない」という議論も出てきました。

しかし、産業界では、できるだけ客観的な評価が公正な評価の基本であるという考え方で人事評価をし、しかもその結果によって、年収に刺激的な格差を設けようとする方向で動いてきました。今後も、その方向に変化はないでしょう。「成果主義など成功するはずがない」ならば、今現在行っている産業界の人事評価をめぐる努力は、すべて無駄になってしまいます。はたして、そのように見るべきなのでしょうか。

自分はそれなりに頑張っていると思っている社員に対して、上司から見ると必ずしもそうではないと評価する場合、「一体どうしてこういう評価になるのか」と本人との間でもめることがありますが、これが企業の雰囲気を悪くするという指摘もあります。しかし、これをおさめられないようでは、業績を向上させる事業運営を推進する人材マネジメントは難しいでしょう。

(2) 評価者への信頼が業績につながる

評価者の信頼がなくなるということは、部下本人の活力が落ちることと、ほぼイコールです。本人の活力が落ちれば、それは将来の業績の低迷を意味します。そうならないようにするためには、何らかの説明が付けられるように、評価者は次の準備をする必要があります。

①期首に本人が何を達成しなければならないか（目標＝評価基準）を明確にして合意をすること。

②本人が目標を達成するために、どういう実施活動をするか明確にして合意をすること。

③期の途中で、どの程度進んでいるかを何回も確認し合うこと。

④期末に本人の目標がどこまで達成できたかを確認し合うこと。

評価者が、少なくともこういう準備をしっかりやっていれば、部下の間で評価結果に対して自ずと合意ができていくはずです。そうでなければ、評価結果に疑問を持った人に説明ができません。評価結果に対して部下の不信感が生まれてから対処することも実務的にはよくあることですが、そもそも部下の不信感が生まれないように事前の努力を心掛けていると、その部署の方針も目標も明確になり、必ず業績がよくなっていくはずです。

最近、人事評価をめぐってこのような議論が繰り広げられていることは、よほど人事評価の実務に混乱が生じていると考えざるを得ません。たしかに、年功主義と言われる時代も能力主義と言われる時代も、今ほどに大きな処遇格差が付いていませんでした。処遇格差があまりなかったころの人事評価の習慣を、処遇格差が大きく生まれる時代の人事評価に持ち込むことには無理があります。時代にあった人事評価の習慣をしっかりと理解して、実践していく必要があります。

どんなスポーツでも、我流で練習していては上手になりません。しっかりとした指導者について、じっくりと取り組んでこそ上達していくものです。そういう観点に立って、本書と格闘していただきたいと思います。

第２章

人事評価とは何か
～人事評価の目的と体系～

査定機能と育成機能の明確化という人事評価の目的を達成するためには、「公正な評価」「評価基準の明確化」「評価基準の理解」「評価基準の遵守」「評価責任の自覚」の五つの原則の下、評価を受ける側から納得の得られる人事評価をすることが求められます。

そのためには、人材マネジメントの体系をしっかりと頭に入れ、人事評価の位置付け・仕組みを確実に理解しておかなければなりません。

1　人事評価とは

①分かっているつもりではダメ

本章では、まず人事評価についての基本的な解説をしていきます。もう少し突っ込んだ解説は、次の第３章で行いますので、まずは、本章で全体感を身に付けてほしいと思います。

この第２章は基本的な話ですので、もうすでにある程度分かっているところもあると思いますが、この「分かっている」というのが実は曲者です。人事評価に関する理論は、特に難しい用語が出てくるわけではなく、日常的な日本語の理解力があればそんなに理解できないものではありません。それでも、第１章でも見たように、さまざまな悩みや疑問、混乱が生まれてきています。それは、分かった気になっているだけで、本当は理解できていないからです。こういうのを、我流といいます。新しいことを学ぶのに、我流であってはなかなか上達しません。

評価者研修などで議論していると、相当な経営幹部の方ですら、人事評価の基本を理解していないと思わざるを得ないことがよくあります。この点は、よく肝に銘じていただきたいと思います。

人事評価についての古い教科書の中には、人事評価にかかわる用語は日常用語とは違うので、外国語でも学ぶつもりで取り組んでほしいというようなことを書いているものがありました。私は、この心意気が大事だと確信します。

②評価者だけに与えられた「人事評価」という力

第１章で、人事評価は「人が人をマネジメントするための手段の一つ」だと述べました。まずは、そういう理解からスタートしましょう。人事評価とは、企業の事業運営をよりよくし、業績を向上させていくための人材マネジメントの手段として、人事制度の中に特別に組み込まれた年に何回かの「公式行事」です。これによって、昇給・賞与・昇格などの処遇格差を付けていくことで、日常のマネジメントに区切りを付けて、次のチャレンジに向かわせていきます。もちろん、この人事評価は日常のマネジメントと一体とならなければなりません。日常のマネジメントがうまく進んでいれば、人事評価もうまく進んでいきます。日常のマネジメントのどこかに支障が出ていると、いくら人事評価だけを頑張っても、なかなかうまくいくものではありません。

人事評価は、昇給・賞与・昇格などの処遇格差につながりますので、評価者の立場を強くしていくことにもなります。評価者の言うことを聞かなかったら悪い評価結果につながり、自分の処遇が不利になるかもしれないとなれば、評価者の発言力は大きくなります。もし、評価者がこういう人事評価権限を持っていないならば、やはり部下に対する影響力は弱くなります。

そういう人事評価の権力的側面については、人事評価にかかわる議論をする際に、あまり表に出てこないのが普通です。それは、マネジメントとは、管理者と部下の間の信頼と納得をベースに行うべきだという考えがあるからですが、私に言わせれば、一種の理想です。「人事評価」という“パワー”がなければ、部下へのマネジメント力が強化されないのが現実です。私たちは、もっとリアリストになるべきでしょう。

2 人事評価の人材マネジメント上の目的

人事評価の人材マネジメント上の公式な目的は、第１が、「処遇の格差付けに対する根拠の明確化」であり、第２が「育成指導ポイントの明確化」です（図表５）。前者がいわゆる「査定機能」であり、後者が「育成機能」であって、人材マネジメントの向上のために人事評価をうまく活用することによって、企業の業績向上に貢献していくことが求められるわけです。

（1）処遇の格差付けに対する根拠の明確化

まず第１の目的についてですが、さまざまな評価項目で人事評価をすることになるわけですから、当然、被評価者本人の成果や能力、情意（態度）をしっかり評価することになります。そうなると、何がよくて何が悪いかが自ずと明確になり、その内容をしっかり把握すれば、処遇格差付けの根拠が分かります。そうなれば、自信を持って処遇格差を付けられるようになります。評価者のこの自信は、被評価者本人に対して、評価結果のフィードバックを根拠を示して行える自信でもあります。

図表５　人事評価の人材マネジメント上の目的

1. 処遇の格差付けに対する根拠の明確化
   一人ひとりの貢献度・能力・態度を明確に把握し、処遇の格差付けの根拠をはっきりさせ、説明がつけられるようにする。

2. 育成指導ポイントの明確化
   一人ひとりの貢献度向上および育成のポイントを明確化し、マネジメントに生かすようにする。

(2) 育成指導ポイントの明確化

第2の目的は、人事評価結果の活用にかかわるものです。人事評価を処遇の格差付けだけに活用するのであれば、いかにももったいないことになります。ですから、人事評価の結果から分かった本人の強み・弱みは、実際の人材マネジメントに生かしていくようにしていく必要があります。

①育成機能としての生かし方

生かし方としては、①育成、②業務指導、③配置などです。もちろん、次期の目標設定につなげることは、言うまでもありません。

②「課題を考える」ことは人事評価の本質

「①育成」と「②業務指導」とは、同じことを言っているのではないかという見方もありますが、「育成」とは長期的に見ての「人づくり」を念頭に置いています。ビジネスパーソンとしての総合的な成果を目指すものです。それに対して「業務指導」とは、個々の業務のレベルを上げるために、スキルアップや業務態度の向上を行うためのものです。「③配置」とは、新しい経験を積ませるための異動政策のことを言います。これによって、業務経験の幅を広げようというものです。

「人事評価」と同じ意味合いの言葉に、「人事考課」があります。もともと、「人事考課」の「考課」という言葉は、「『課』を『考』える」、つまり「『課題』を『考』える」ということを意味すると言われています。いわゆる査定(=処遇の格差付けのための評価)だけではないのだぞ、ということを主張するために「人事考課」という言葉が使われたのです。考課という言葉が少し古めかしい印象を与えるので、本書ではもっと日常用語に近い「人事評価」という言葉を使っていますが、「『課題』を『考』える」という精神は受け継いでいます。そういう意味合いで、人事評価の人材マネジメント上の目的をとらえてください。

3 人事評価の原則

人事評価には、図表6にまとめたような原則があります。人事評価の人材マネジメント上の目的を達成するためには、評価を受ける側から納得の得られる人事評価が求められます。納得が得られる評価を実現するためには、この五つの原則を守る必要があることを理解してください。

①公正な評価

「公正な評価」のためには、人事評価が悪意から守られないといけません。セクハラやパワハラが近年問題になっていますが、そうしたものの手段に人事評価が利用されることは許されず、また、相性の合わない気に入らない部下を落としこめるために悪い評価を付けてしまうような不公正なことがあってはなりません。人事評価がこういう悪意の利用か

図表6 納得いく評価のための「人事評価の5原則」

①公正な評価

評価制度の目的に沿って正しい運用がなされること。悪意の利用から守られていること。

②評価基準の明確化

評価対象や評価尺度が具体的であること。

③評価基準の理解

評価基準がみんなに伝わっていること。

④評価基準の遵守

評価基準が守られていること。

⑤評価責任の自覚

評価者が、被評価者の成長に責任があるということを自覚して評価すること。

ら守られることが、非常に大切なのです。

「公正な評価」を心掛けようと呼び掛けることにとどまらず、関係する評価者も人事部門も、よく注意して運営する必要があります。今まで非常に評価がよかった人が急に評価が悪くなった場合や、今まで評価が悪かった人が急に評価がよくなった場合は、周りの人がよく気を付けて心を配ってあげるべきでしょう。もちろん、正しい評価の結果、そうなっているならば何の問題もないのですが、「不公正な評価」を評価者が確信犯的に行っている場合は、なかなか発見しにくい面がありますので、それなりに気を遣ってあげてください。また、直接の評価者の面談だけではなく、人事部門による面談も定期的に行うなどして、このようなことを発見する努力をすることが非常に大切です。

②評価基準の明確化

どういう評価基準で評価するかをあらかじめ明示することが、納得の基盤になります。第１章の後半で話題にしたように、評価基準を明示したがために、要領のいい人がよい評価になってしまうといった不公平が起こるのではないかという話も、確かに一理あります。しかし、人事評価が「人が人をマネジメントするための手段の一つ」であるとすれば、企業の事業運営に貢献させ、業績向上に貢献させていくためには、何が望ましい行動かを示してあげる必要があります。企業は、業績を伸ばすために年々事業計画を立て、業績目標を立てて、社員の協力を引き出すようにしなければなりません。ですから、社員一人ひとりに何をしてほしいかを明らかにするために「評価基準」を明確化するわけで、この弊害を言うのならば、もはや業績を向上させるために方針を明確化しないほうがよいということになります。このようなことは、あり得ない話でしょう。

③評価基準の理解

組織として「評価基準の明確化」がされていても、本人が理解していなければ意味がありません。

④評価基準の遵守

「評価基準の明確化」がなされ、「評価基準の理解」がされていても、評価者がその評価基準を守って評価しなければ意味がありません。

②③④の原則は、言ってみればひとまとまりの話です。そうであれば、三つをまとめて一つの原則にすればいいようなものですが、そういうわけにはいきません。つまり、人事評価の場合は、「評価基準の明確化」「評価基準の理解」「評価基準の遵守」という三つの原則が独立した努力によって成り立っていることを自覚することが、非常に大切なところです。「評価基準の明確化」ができれば、後はその勢いですべてがうまくいくというほどに単純なものではないことを、よく理解してください。

⑤評価責任の自覚

これは、評価を行う者は、評価される側の成長に責任を負っていることを自覚するということです。評価者が行う人事評価は、評価される側に非常に大きな影響力を与えることになり、評価される側の人生にも、結果として大変な影響をもたらすこともあります。そういう非常に大切な仕事を行う者は、それなりの責任感をしっかりと持つべきであることを、ここでは言っています。よく評価するにしても、悪く評価するにしても、自分の部下を必ず成長させるという気概が必要です。その気概があるかないかは、特に言葉で部下に示さなくても、自然と醸し出るものです。「評価責任の自覚」がない評価者から評価を受けた者は、その雰囲気だけで、なんとなく納得する気もなくなるものだということも、心にとどめておいてください。

4 人事評価の処遇への活用目的

繰り返しになりますが、人事評価は、処遇の格差付けに活用されます。いわゆる「査定機能」と言われるものです。

どのようなものに活用されるかを示したものが、図表７であり、直接的には、①昇給額の決定、②賞与額の決定、③昇格・降格の決定に使われます。また間接的には、①役職任用、②配置（転勤・異動）にも使われますし、③退職金の算定にも影響を与えることになります。

直接的とは、人事評価の結果をそのままルールに基づいて活用するケースであり、間接的とは、人事評価の結果をそのまま使うわけではないものの、それらも重要な情報として加味されるということです。配置（転勤・異動）などはその典型で、役職任用の場合も、この部類に入ります。部長に任用するような場合は、人事評価の結果を直接的には使わず、それを参考にしながら、総合的に適任者を探すことになります。

退職金の算定の場合、その計算式に、年々の人事評価結果を直接反映させるタイプもないわけではありませんが、多くの場合は、基本給の昇給や昇格・降格の結果として決定される場合が多いので、間接的に使われるグループに入れました。

図表７ 人事評価の処遇への活用目的

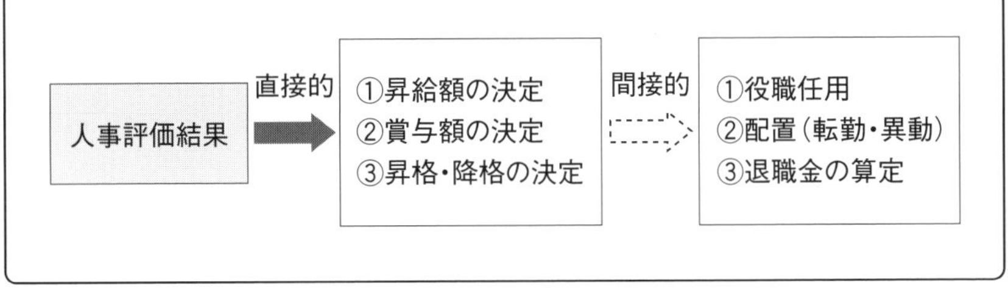

5 適性検査との違い

適性検査は、今担当している職業（あるいは職務）が向いているかどうか、つまり文字どおり適切な性質（あるいは性格）を持っているかどうかを調べるものです。したがって、人事評価のように、一定期間内の評価というような期間概念はあまり重要ではなく、適性検査を行う時点で、どのような判断になるかを見ることになります。検査方式も、テスト形式が多く用いられます。

人事評価の結果として得られる情報を適性検査に活用することも考えられますが、どちらかというと人事評価とは切り離した場面で検査をしようとしており、適性検査は、膨大なデータベースとの対比で、本人の適性を判断しようと考えているものがほとんどです。

図表8　適性検査と人事評価との違い

適性検査	・職業の特定の活動にどれくらいの素質を持っているかを判定するためのもの。 ・多くの場合、言語理解、計数理解、常識、英語、性格検査などによって構成されている。 ・主に日常の業務から離れて、テスト形式で行う検査によって、これから将来の可能性を見極めようとすることに力点がある。
人事評価	・一定の評価期間の職務行動に対して、どれくらいの成果をあげたか、どれくらいの能力を獲得・発揮したか、どれくらい望ましい職務態度で仕事をしたかを判定するためのもの。 ・主に、すでに実施された職務行動に対する評価を行い、処遇格差や育成指導などの対策につなげることが目的。あくまでも、中心となるのは現実に実施された職務行動に対する評価である。

6 人材マネジメントにおける人事評価の位置付け

(1) 業績向上に向けた活動力の強化に結び付ける

企業の事業運営をうまく進めて業績を向上させるために人事評価を十分機能させなければならないということは、繰り返し述べてきました。そういう意味では、企業のトータルな人材マネジメントシステムの中に人事評価をきちんと位置付ける必要があります。その体系図を、図表9にまとめました。

企業には、経営戦略・事業戦略を立案し、経営計画に落とし、部門別年度計画、個人目標設定というように社員個人までやるべきことを明確にし、その実践を促進する仕掛けがないといけません。それが、図表9の左上の「経営計画の実践のために社員の役割を明確にする仕組み」です。

人事評価はこの仕組みを受けて、明確にされた役割の発揮活動の実績を把握し、評価につなげるものでなければなりません。

その一方で、経営計画の実践を促進するというスケールの話だけではなく、企業には、そもそも「長期的な視点から社員の能力開発課題を示す仕組み」も必要です。社員は、経営計画を実践して目指す業績を上げていかなければなりませんが、その一方で、新しい経営戦略・事業戦略を創造し、それにふさわしい経営計画を打ち立てていく使命も持っています。そうでなければ、企業は存続し続けることはできません。

ということは、当面の経営計画がどうであれ、人材そのものをしっかりと育てることが必要であり、そのためにも、人事評価が役立たなければなりません。また、もっと本人にふさわしい職務を適材適所で見付けていくことも必要です。そういう意味で、「配置」「OJT」「教育研修」

図表9 人材マネジメントにおける人事評価の位置付け

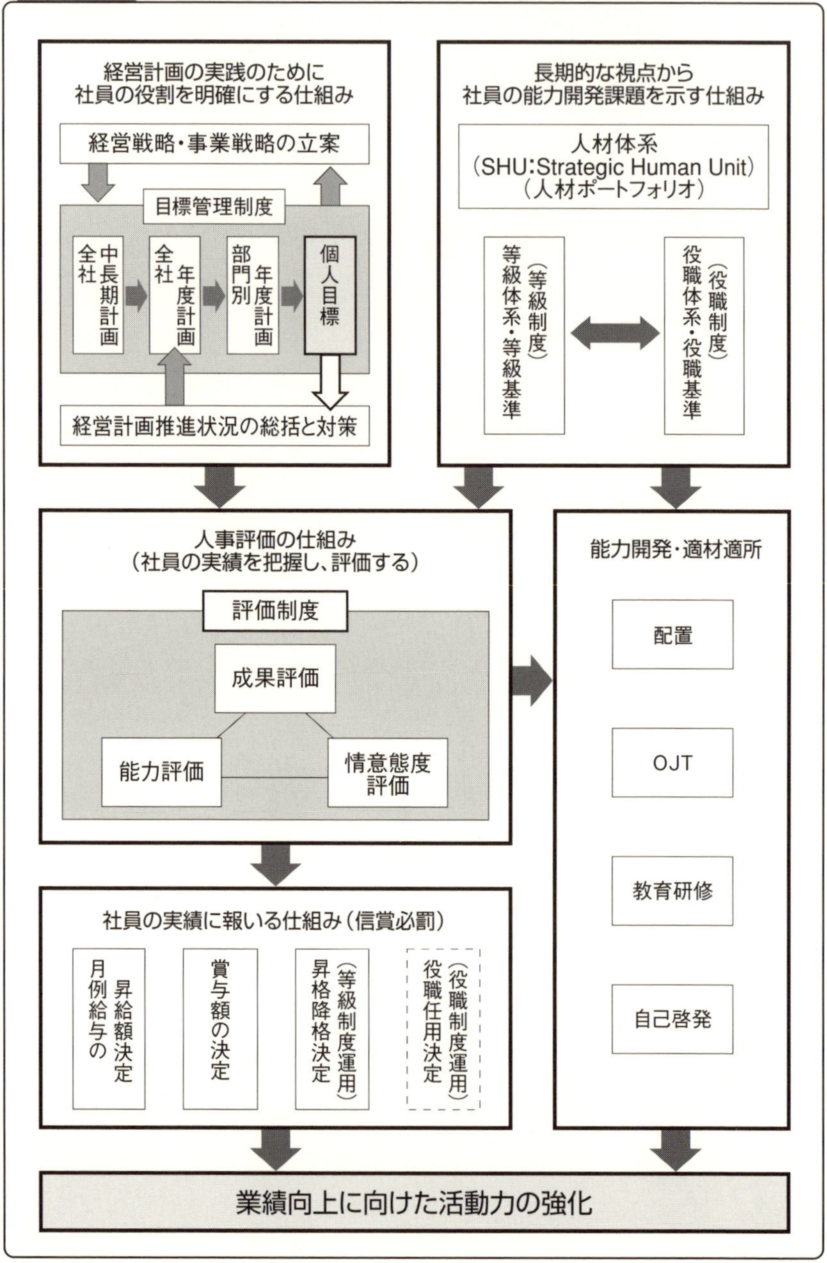
経営計画の実践のために
社員の役割を明確にする仕組み
経営戦略・事業戦略の立案
目標管理制度
全社 中長期計画
全社 年度計画
部門別 年度計画
個人目標
経営計画推進状況の総括と対策
長期的な視点から
社員の能力開発課題を示す仕組み
人材体系
（SHU:Strategic Human Unit）
（人材ポートフォリオ）
等級体系・等級基準
（等級制度）
役職体系・役職基準
（役職制度）
人事評価の仕組み
（社員の実績を把握し、評価する）
評価制度
成果評価
能力評価
情意態度評価
能力開発・適材適所
配置
OJT
教育研修
自己啓発
社員の実績に報いる仕組み（信賞必罰）
月例給与の昇給額決定
賞与額の決定
昇格降格決定
（等級制度運用）
役職任用決定
（役職制度運用）
業績向上に向けた活動力の強化

「自己啓発」の仕組みがしっかり構築される必要があります。そうしなければ、長期にわたる業績向上に向けた活動力は強化されません。

また、人事評価の結果は、「社員の実績に報いる仕組み」（＝処遇への反映による信賞必罰感。あるいはインセンティブ）に反映され、そのことによって社員の活動実績への「しめし」が付けられ、業績向上に向けた活動力の強化に結び付けることになります。

このような企業のトータルな人材マネジメントシステムの中で、有効に機能する人事評価を考えていかなければなりません。それは人事評価制度としての整備という意味でも、人事評価制度の運用のレベルアップという意味でも、大変重要なものです。図表９の中核を「人事評価の仕組み」が占めているのは、そういう意味があります。

(2) 成果主義の弊害が現れる原因

①人材マネジメントシステム自体に穴があるわけではない

第１章でも述べたように、「成果主義の弊害」が指摘される中で、成果主義の見直し時期に入っています。しかし、図表９のような人材マネジメント全体における人事評価の位置付けを見るならば、そのような弊害が生じる余地はないことが分かります。経営計画をしっかり実践するために部門別年度計画を立て、それを個人にまで落としてやるべき役割を一人ひとりにまで明確にしていこうというのであって、そのことによって「成果主義の弊害」が生み出されるわけではありません。

成果主義的な人事評価に弊害が現れるとするならば、もっと別のところに原因があるはずなのです。

②結果重視かプロセス重視か

図表10は、結果（業績）とプロセス（取り組み）の二つの軸で、人事評価のあり方を考えるものです。結果軸は、文字どおり財務数値に現れるような業績指標である売上・利益・生産性です。プロセス軸は、Ｃ

図表10　結果を生み出すプロセスに集中させる

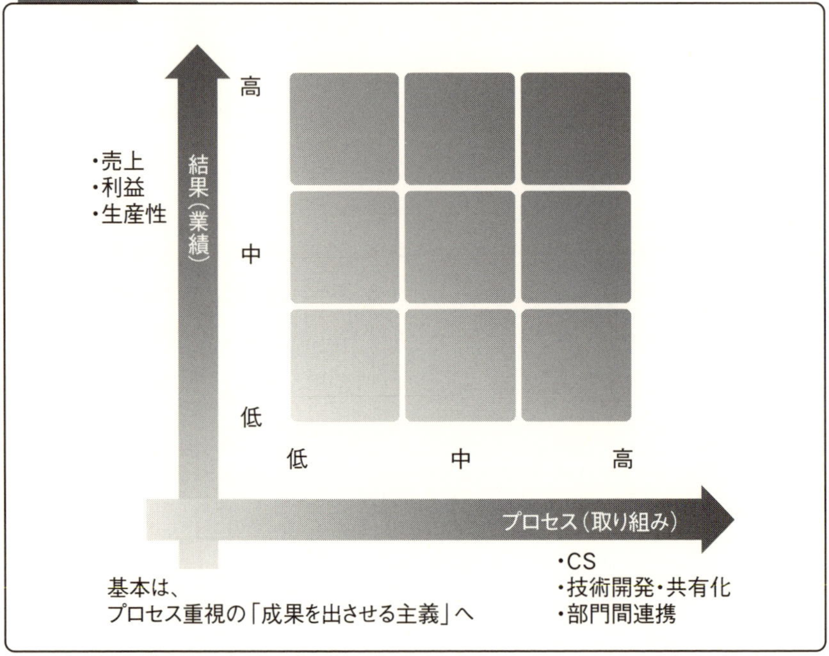

S（お客様満足活動）、技術開発活動・共有化活動、部門間連携活動などの活動（取り組み）そのものを指しています。

それぞれの軸ごとに、高・中・低というように三つに区分されており、全部で九つの評価区分に分かれています。いちばん右上は、結果もプロセス（取り組み）も大変よい実績を上げている枠です。この枠の評価結果がよいことは、だれも疑わないでしょう。また、いちばん左下は、結果もプロセス（取り組み）も大変低い実績しか上げていない枠ですが、この枠の評価が最低になることも異論ないと思います。

問題は、左上の枠と右下の枠です。左上の枠は、結果は大変よいが取り組みが悪いというものであり、右下の枠は、結果は悪いが大変よい取り組みをしているというものです。どちらも極端ではありますが、物事の理解を促進するために単純化して比較をしてみましょう。はたして、この左上の枠と右下の枠では、どちらをよりよく評価すべきなのでしょうか。

人事評価者研修などで聞いてみると、成果主義についての関心が強い企業ほど、左上の枠のほうをよりよく評価すべきとする意見が多く、大雑把に言えば、8対2の割合で左上の枠をよりよく評価すべきということになります。おそらくは、ここのところが成果主義の弊害を生み出す重要ポイントだろうと思います。

この左上の枠は、たしかに今現在の結果（業績）はよいのですが、プロセス（取り組み）が悪いために、将来の結果（業績）を考えれば先行きが暗いと見るのが自然ではないでしょうか。一方、右下の枠は、今の結果（業績）は悪いけれど、素晴らしいプロセス（取り組み）を踏んでいるのですから、将来は結果（業績）が必ずよくなっていくのではないでしょうか。そう考えるならば、右下の枠のほうの人事評価結果を、左上の枠よりもずっとよくしないといけないのではないでしょうか。

③人事評価の基本はプロセス重視

図表9でまとめた人材マネジメントにおける人事評価の位置付けでは、経営計画を実行していくために個人まで役割を落とし、なおかつ長期的視点からの能力開発課題に取り組むことをも要求したうえで、それらの実践状況に注目して評価をすることになっています。それならば、よいプロセス（取り組み）を踏んでいないものがよい評価を受けること自体、この図表の精神に反しています。どう考えても、図表10の左上の枠と右下の枠とを比べれば､右下をよりよく評価するほうが自然です。

したがって、逆の評価をしたくなる人事評価者研修の参加者は、このあたりから、人事評価に関する認識合わせをしていく必要があるということになります。

(3) プロセス重視の「成果を出させる主義」に

アメリカ企業でも、エクセレントカンパニーの中では、当然のように右下の枠をよりよく評価する企業が多くあると言われています。なかには、左上の枠の人はクビにしたほうがよいのではないかとまで断言している企業もあります。

アメリカの企業にもいろいろありますし、同じ企業の中でもいろいろな見解の違いがあると思います。しかし、成果主義というのは、何でもかんでも結果を出したほうが勝ちという考え方で人事評価を考えなければならないものではないということは、分かっていただけるものと思います。

成果主義であろうが何であろうが、企業は「結果を出してなんぼ」の世界であることは間違いありません。しかし、結果を出すための最も確実なやり方は、立派なプロセス（取り組み）を踏んで頑張ることです。企業の人材マネジメントの焦点は、すべてそこに集約されるのが当たり前なのです。成果主義だからといって、結果だけに重きを置いてよいなどということは一切ありません。

図表11のように、人は手足をかいているから水面上に頭を出して浮かんでいられます。水の中の努力は見えにくいので、上から見るとただ浮かんでいるように見えますが、そんなことはあり得ないわけです。「努力に優る天才なし」という言葉もあるように、望ましい結果は必ず立派なプロセス（取り組み）を伴っています。

図表11　人は手足を動かしているから浮かんでいられる

7 人事評価プロセスの全体像

次に、人事評価のプロセスを解説します。図表12にその全体像をまとめました。これは、人事評価の実務がどのようなプロセスを踏むことで、前述した人材マネジメント上の位置付け（図表9）の実現に貢献できるかの説明になります。

①職務目標の設定

人事評価は、まずは職務目標の設定からスタートします。ここで、経営戦略や中長期の経営計画、部門別年度計画を踏まえた個人の目標が設

図表12 人事評価プロセスの全体像

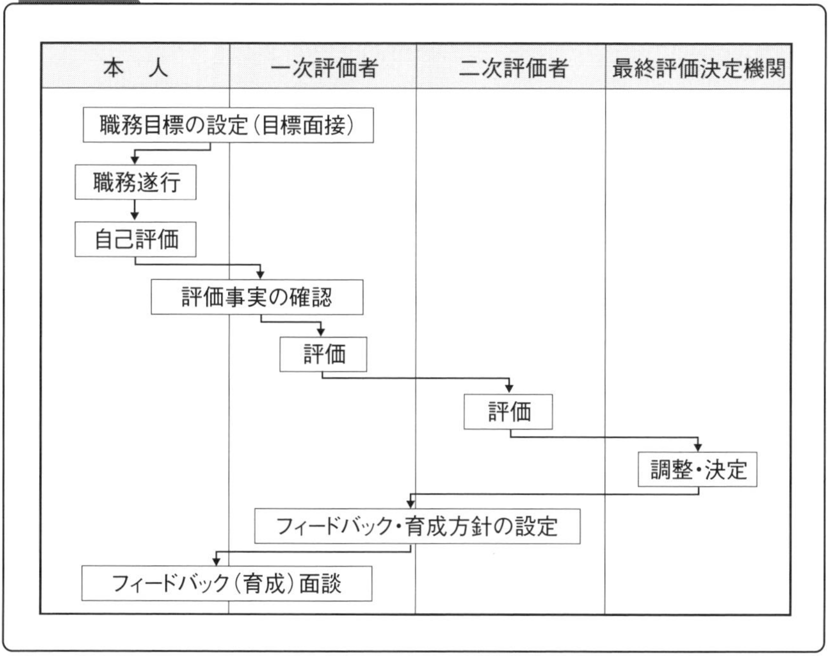

定されることが基本です。

目標設定とは社員本人側から提案するのが筋である、というのは誤解です。「社員本人の自発性を大切にするのが目標設定の意味だから、管理者側からあまりとやかく言わないのがいちばんよい」という考え方が、どういうわけか、なんとなく広がっている現実に驚くことがあります。

もちろん、社員本人には、どのような目標に挑戦していくべきかを是非とも自発的に考えてほしいと思います。そのことの大切さは、だれも否定できるものではありません。しかし、最も大切なことは、経営計画を実行するという視点に立って、個人個人の目標を会社全体としてうまく編成していくことです。そうしないと、人事評価は機能しません。目標設定とは、それくらい大切です。もちろん、人事評価が機能しないと、企業全体の人材マネジメントも機能しなくなるのは、言うまでもありません。

「悪い評価を恐れて、チャレンジしなくなる」ようなことが、成果主義の弊害の一例と言われています。もちろん、実務の世界はなかなか複雑ですから、こういう目標設定の論理だけで成果主義の弊害という現実がコントロールできるとは思いませんが、目標をしっかり決めることができていれば、もうチャレンジせざるを得ないのであり、「悪い評価を恐れて、チャレンジしなくなる」という弊害が生じる心配をする必要がなくなるのではないでしょうか。

②職務遂行

さて、目標が設定されたならば、目標達成に向けて職務を遂行します。ここがいちばん大変なところで、管理者（評価者）は職務遂行に向けていろいろな指導をしたり、打ち合わせや情報交換、必要な軌道修正を行ったりもします。特に直接の上司である管理者（一次評価者）とは、密接なコミュニケーションをとりながら目標達成活動を行っていくことになります。

このコミュニケーションおよび指導・被指導の丹念さが、人事評価にとっては非常に大切なものであることを、特に強調しておきます。直接の上司である管理者（一次評価者）のこういう日常のマネジメントがうまくいっていないと、人事評価はうまくいきません。この点は、確信を持って言えます。

③自己評価

こうして職務遂行が進み、人事評価のタイミングになると、まずは被評価者本人の自己評価から人事評価が始まります。会社によっては、自己評価というプロセスが入っていない場合もあるでしょうが、通常は自己評価のプロセスを入れるべきでしょう。それは、評価者の評価を受けるに当たって、本人自ら、自分の仕事ぶりを反省してみることが大切だからです。

自分自身が、評価者の立場で自分を冷静に見たとき、どのような評価を付けるであろうかという目で評価してもらうのが、自己評価の姿勢です。これにより、本人は自己反省を加えることになります。その自己反省が、人事評価結果のフィードバックを受ける際に大変重要な意味を持ちます。

自己評価というプロセスは、悪い評価を付けると許さないぞという評価者への圧力手段（アピール手段）であってはなりません。被評価者本人には、この点についてもよく教育をしないといけません。

④評価事実の確認・一次評価

そして、次に直接の上司が一次評価を行います。一般的には課長が務めることが多いようですが、一次評価をするにしても、評価の対象となる職務活動の事実（評価事実）をきちんと把握する必要があります。一次評価者は、直接本人をマネジメントしているわけですから、いろいろな打ち合わせやコミュニケーションの中で、すでにある程度は評価事実を押さえているはずです。しかし、本人の自己評価結果が入った人事評価表が一次評価者に届いた段階で、自分の人事評価の感覚と違う面にも気付くでしょうから、改めて評価事実の確認を本人との間でするべきです。こうして、一次評価者は自信を持って評価することができるようになります。

⑤二次評価

一次評価者は、自分の評価結果を入れた人事評価表を二次評価者に送ります。二次評価者は、一般的には、課長の上司に当たる部長が務めます。二次評価者は、一次評価者よりは管理スパンが広いですから、他の一次評価者の行った評価結果を見ながら、独自の判断で調整・修正を加え、自らの評価結果を決めます。一次評価者と二次評価者との役割の違いや、見解が違う際の処理方法については、章を改めて解説します。ここでは、まずは人事評価プロセスの全体像を理解していただくという範囲にとどめます。

⑥評価の調整・決定

二次評価者の評価結果は、最終評価決定機関に提出され、最終決定されます。最終評価決定機関は、中堅規模の企業だと社長が入ることが多いでしょうし、大きな企業の場合だと二次評価者（部長）の上司である担当役員が仕切ることになるでしょう。後者の場合の最終評価決定機関の責任者は、この担当役員になります。最終評価決定機関という言葉を使っているように、合議体であることが多いです。要するにかなり高いレベルの経営幹部の会議を開いて、そこでの承認を得て、最終決定します。ここでは主に、部門間の業績貢献度評価を考えながらの全体的な調整が行われることになります。

⑦フィードバック・育成方針の設定

こうして人事評価結果が最終的に決まりますが、これで人事評価の実務が終了したわけではありません。大切なポイントは、最終評価決定機関が下した評価結果を本人にフィードバックするための準備です。

最終の人事評価結果を受けて、一次評価者と二次評価者は本人にどのようにフィードバックするかを話し合ってもらいます。場合によっては、一次評価者が下した評価結果と違う最終結論になって戻ってくることもあります。その際には、特にフィードバックのやり方について注意深く考えていかなければなりません。本人にフィードバックする際に、「私はS評価を付けたのに、上司が実情を知らないばかりに、C評価に下げられた」というような上司批判をしてはいけません。そこまで大きな評価結果の下方修正は実際は起こりにくいとは思いますが、ワンランク評価が下がるというようなケースはよくあります。そうした上司批判を話さないように、より本質的にどういう理由を付けるか、どういう育成方針を本人に伝えるかを、まずは一次評価者と二次評価者で固めておきます。

⑧フィードバック（育成）面談

そのうえで、本人とのフィードバック（育成）面談に臨みます。ここでは評価結果・理由を伝え、本人の受け止め方を確認し、可能な限り納得を得るように努力をしていきます。そして、本人のこれからの努力方向を確認し、次期の目標設定や本人の育成計画について、それなりの時間を掛けて話し合っていきます。

ここまでやって、人事評価のプロセスが一通り完了します。

8　人事評価者の体系

人事評価者の体系は、だれがだれを評価するのかを示すものです。前節で話をしましたが、一次評価者や二次評価者といった評価の段階をどうするかや、その部署の人を評価する際に、だれが一次評価者になるかといったことを決めて評価の実務を進めませんと、抜け漏れ（評価してもらえない人）が出てしまいます。

人事評価は、社員全員に漏れなく実施をしなければならないものですから、そういう意味で気を遣って人事評価者の体系を決定していきます。

図表13のような最も単純な人事評価者体系の例から、まずは見ていくと、通常、課制をとっている企業の場合、課長（スタッフ課長ではなく、ライン責任者としての課長）が一次評価者になります。課の中には、人数が少ないところも多くあります。最近は一つの課のメンバー数が少

図表13　人事評価者体系（例）

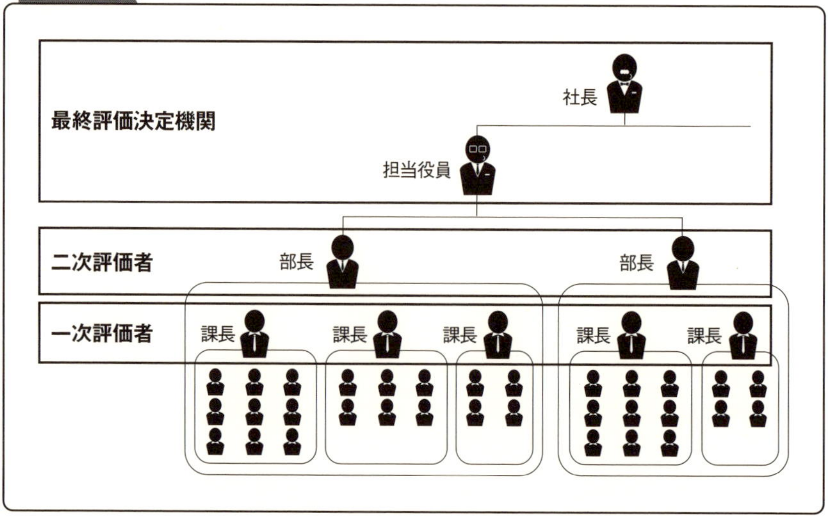

ない傾向にありますが、20人を超えるような大勢のところもあるでしょうし、製造関係では100人を超えるメンバーがいるところもあるでしょう。こういう課では、課長が一次評価を一人ですべてやるのは困難ですので、係長などの役職を設けて、一次評価の補助をさせることもあります。

図表13では、二次評価者を課を統括する部長に、最終評価決定機関を社長と担当役員で行うことにしています。ここに二次評価者が入るケースも、企業によってはあります。

この図表のように、企業体の通常の職制に沿った評価者体系をつくるのが普通です。それは、人事評価が企業の事業遂行をうまく行い、業績を向上させるための人材マネジメントの手段だからです。なかには、公正な評価を担保するために、通常の上下関係とは全くかかわりのない第三者が評価者になるべきだと主張する人もいます。しかし、そうであるならば、それは人材マネジメントとは無関係の人事評価ということになり、人事評価の概念からは完全に外れたものになります。

図表13にはありませんが、実際には、課には所属しない部付のスタッフもいます。その場合、部長を一次評価者とし、担当役員を二次評価者にするケースが多いでしょう。部長の一次評価だけで最終評価決定機関に上げるというやり方もありますが、部付スタッフの二次評価者を担当役員とするやり方は、部長→担当役員という２段階の評価者を設定するほうが牽制《けんせい》機能が働き、公正さが高まるのではないかという考え方に基づいていると見てください（153頁参照）。

ここであまり深く突っ込むと、人事評価の基本を理解しようとする人には難しくなってしまいますので、本章では、まずは「人事評価とは何か」ということで基本概念を押さえてもらうことにとどめ、次の第３章で「多段階評価の意義と役割」（162頁）として、もっと突っ込んだ議論を展開していきます。

9 目標管理

(1) 二つある目標管理の性格

先ほども触れたように、人事評価は、目標設定からスタートします。この目標設定を全社的に組織して、その実施も含めて管理していく仕組みを、「目標管理制度」と言います。「成果主義の弊害」の問題は、どうもこの目標管理の運用の問題が非常に大きな原因になっているようです。

目標管理は、ＭＢＯ（Management By Objectives）と言われるもので、その言葉どおり、目標によるマネジメントであり、一定期間内にやるべきことを明示して約束し、取り組む方式のことです。その目標管理には、図表14にまとめたように、二つの性格があります。

①能力開発・活性化を目指す目標管理

一つは、能力開発や活性化を目指したもので、部門メンバーは自らやりたいと思う目標を申告し、その申告した目標を尊重しつつ、目標管理

図表14 目標管理とは

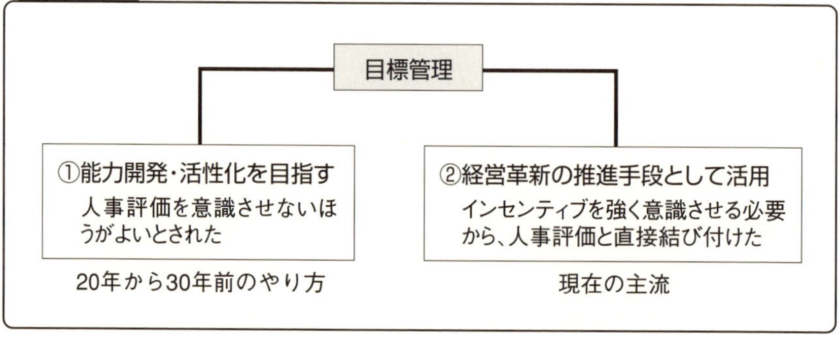
目標管理
①能力開発・活性化を目指す
人事評価を意識させないほうがよいとされた
20年から30年前のやり方
②経営革新の推進手段として活用
インセンティブを強く意識させる必要から、人事評価と直接結び付けた
現在の主流

表に登録してもらい、チャレンジをしてもらうものです。これは、日本にＭＢＯが入ってきたときのやり方（おそらく20年から30年前のやり方）で、どちらかというと人事評価を意識させないほうがよいと考えられたものです。したがって、このタイプの目標管理は人事評価のプロセスとは連動させていません。

今から考えれば、人事評価に連動しないのは少し変な感じを受けますが、人事評価などを意識させると、せっかく自発的にチャレンジしようとしているよい雰囲気が壊れるのではないかということからきています。もともと年功主義的な時代であり、そうでなくても人事評価結果で処遇格差がそんなに付かない時代に、殊更に人事評価につなげる必要はなかったのでしょう。人事評価に連動しないことを訴え、能力開発や活性化の手法としてのみ活用しようとしたことは、ある意味では当然だったろうと思います。

②経営革新の推進手段としての目標管理

もう一つは、現在主流となっている、経営革新の推進手段としての目標管理です。立てた目標は、その達成活動に対してインセンティブを感じてもらう必要から、人事評価と直接結び付けることとしました。評価に結び付ける目標管理を前提に描いた図表12の人事評価プロセスも、職務目標の設定プロセスを最初に入れています。

（2）運営のあり方を間違うと成果主義の弊害につながる

この二つの目標管理の違いは、目標管理シートなどの帳票上ではなく、運営上の差で現れてきます。上記①の目標管理は、あくまでも自発性を重視して取り組みますので、部下から示された目標が組織方針とそれほど違うものでなければ、「まあ、やらせよう」ということになるわけです。部下の提案してくる目標が、全社業績目標に連動したり、中長期の革新計画に連動したりすることは、（もちろん連動するに越したことはないでしょうが）それほど厳密に追求しようとは考えません。

しかし、②の目標管理は、そのところの連動性をしっかり追求します。ですから、管理者の目標企画能力としては大変高いものが要求されますし、部下との調整能力も同様に要求されます。ある意味では、当然の帰結です。しかも、直接的に人事評価につなげるわけですから、チャレンジする目標が本人の等級の難易度に合っているかや、人事評価全体の中でどの程度のウエートでなければならないかなど、結構厳密に考えていかなければなりません。

要するに、管理者は、全社の業績目標や中長期の革新計画と連動する目標を考え、部下からの提案をも受けて取捨選択し、最もふさわしい目標に仕立て直して部下のやる気を引き出し、かつ、人事評価で「しめし」を付けることをも宣言して、納得させることが求められているのです。

ここで問題な点は、運営のやり方は人事評価と連動させない①の目標管理の仕組みをとり、実際は人事評価と連動させる②の仕組みになっているというように、目標管理の運営に対する問題意識の低い企業が少なくないことです。

目標管理と人事評価の連動性の強さと目標管理の運営のあり方との間を突き詰めて考えないと、「成果主義の弊害」が生まれてしまうことに注意する必要があります。

10 人事評価要素群

(1) 人事評価要素群と人事評価要素

ここからは、人事評価表の中にある「項目」の話に入ります。人事評価表に出てくる項目には、「人事評価要素群」と「人事評価要素」の2種類があり、人事評価におけるものの考え方をはっきりと示しています。

人事評価要素群とは、人事評価の大きなくくりのことで、一般的には、図表15にまとめたように、「成果評価」「能力評価」「情意(態度)評価」といったものです。人事評価要素は、人事評価要素群の中の一つひとつの評価項目を指します。この区分は、人事評価実務を行ううえで重要な意味を持ちますので、記憶にとどめておいてください。

(2) 職務行動→外的要因→成果

図表15の左側の三角形を見てください。社員一人ひとりの「成果」は、社員一人ひとりの「職務行動」から生まれます。この原則を、まず押さえてください。ただ、その関係はストレートに現れる場合ばかりではなく、そこには「外的要因」というものが介在します。

外的要因とは、本人の職務行動が直接に成果につながることを何らかの形でゆがめるものです。例えば、営業活動をする人が受注目標を達成した場合、非常に景気がよいために、あまり努力していないのに達成することもあれば、逆に景気が悪くて、一生懸命努力してやっと受注目標を達成できることもあります。あるいは、受注した商品を運送会社が運んでいる最中に交通事故でつぶされてしまった結果、売上があがらなかったとき、もし交通事故さえなければ目標は達成していたとしたら、どのような評価結果を導き出すことが基本になるのでしょうか。

図表15　人事評価の仕組み

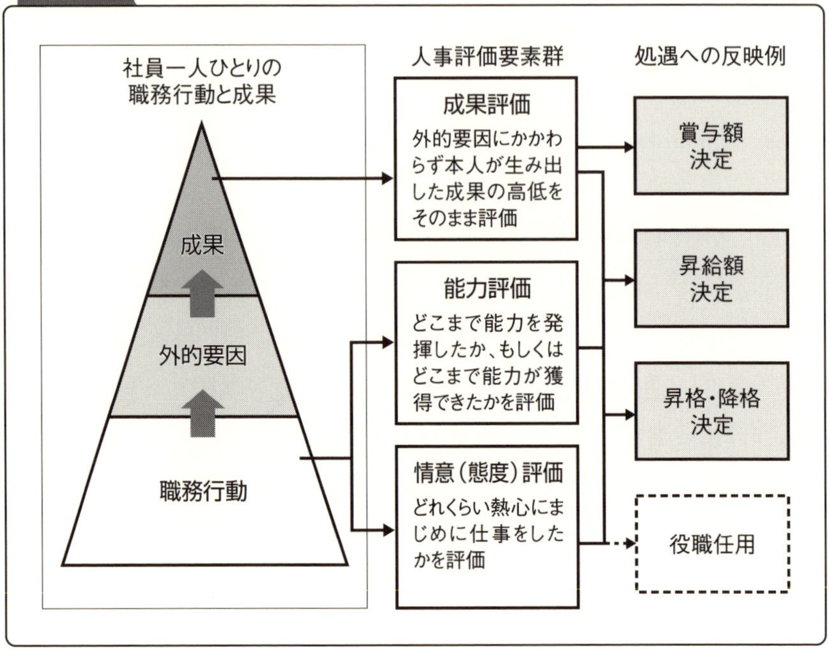

人事評価の実務では、このような場合の処理方法について、一つの共通の理論的な蓄積があり、「成果評価は、外的要因がどうであるかにかかわらず、本人が生み出した成果の高低をそのまま評価する」という原則が決められています。企業によってはこの原則をあえて外すこともありますが、まずは、景気の良い悪いや交通事故をどう評価に組み入れるかという議論をしっかりとするために人事評価要素群という概念が活用されていることは、理解しておいてください（図表16で、人事評価要素群の構造を示しています）。

(3) 無視できない外的要因

①結果責任がそのまま問われる「成果評価」

さて、この外的要因をどう扱うかですが、成果評価（成果評価要素群）

図表16 人事評価要素群の構造

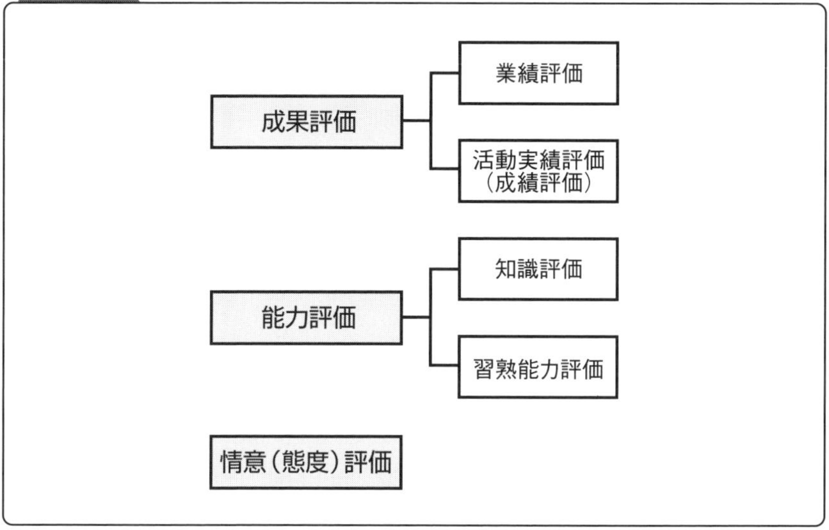

については、外的要因がどうあれ、本人が生み出した成果の高低をそのまま評価するのが原則です。結果だけ評価するといろいろな弊害が起こるということは先に述べたとおりですが、結果を評価しないというのも、いろいろな弊害を引き起こします。株式市場などの動き方を見れば納得していただけるでしょうが、景気が良かろうが悪かろうが、交通事故が起きようが起きまいが、あげた売上高や利益高によって評価され、株価が変動するという側面があります。

企業経営では、結果というのは非常に大切なものです。このように結果責任が厳然としてある以上、すべての社員についても結果責任をそのまま問われる部分が必要です。もちろん、そのウエートは幹部と一般職とでは違うでしょうが、そういう部分がないと、信賞必罰の「しめし」がつかないことになります。

②正味の本人要因としての「能力評価」「情意（態度）評価」

しかし、そのような外的要因が全く人事評価に入ってこないのも、またおかしなことになります。もし、外的要因を特に考えないで、結果としての成果のみを評価すればよいではないかと割り切れるのであれば、それは成果評価だけで人事評価を終わらせてしまえばよいことになります。ただ、そうすると、どうも納得性が低くなるのではないかという人がたくさんいたわけです。そこで出てくるのが、本人責任要因としての「能力評価（能力評価要素群)」と「情意（態度）評価（情意（態度）評価要素群)」です。

この二つの人事評価要素群は、成果を生み出した正味の本人要因ということになります。本人の職務行動によって成果が生み出たわけですが、そこに外的要因（景気とか交通事故など）のフィルターがかかっているわけです。そのフィルターを取り除いたときに、能力と情意（態度）という要素群が出てくるのです。

能力評価要素群や情意（態度）評価要素群というものを持ってくるもう一つの理由は、図表５の人事評価の人材マネジメント上の目的にかかわるからです。つまり、本人の能力開発あるいは情熱意欲の啓発に人事評価の結果をつなげるためです。

こうした理由から、図表15の左の三角形のいちばん下にある「職務行動」から、「能力評価」と「情意（態度）評価」に矢印が出ているのです。そうして、これら三つの人事評価要素群の評価結果を組み合わせて、賞与額の決定、昇給額の決定、昇格・降格の決定などにつなげていくことになります。

このような考え方を背景に、少なくとも、人事評価要素群といったときには、大きくは三つのグループ、多く見積もって五つのグループがあります（昔の人事評価の教科書では、この五つのグループのことを「島」という用語を与えて説明しているものもあります)。

11 人事評価要素

成果評価要素群、能力評価要素群、情意（態度）評価要素群などといったそれぞれの人事評価要素群の中に、いくつかの評価項目を設け、その項目で評価を行いますが、それを「人事評価要素」といいます。図表17に評価要素の例を列挙しましたが、それらの項目によって具体的に評価をしていくことになります。

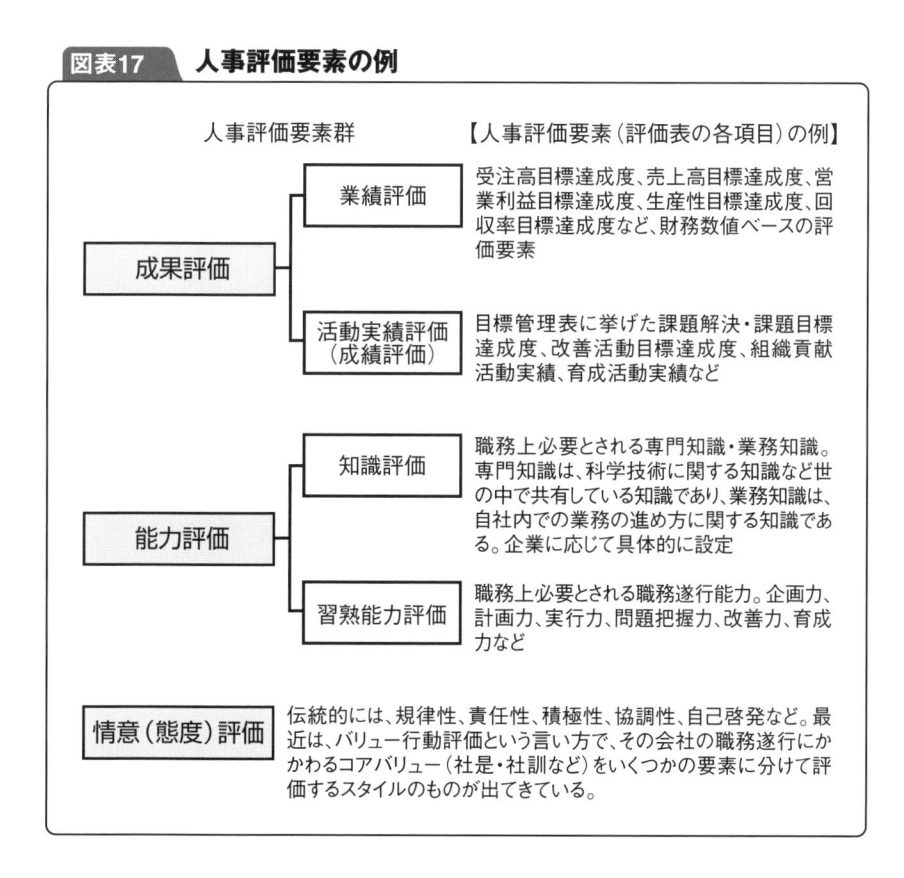

図表17 人事評価要素の例

人事評価要素群		【人事評価要素（評価表の各項目）の例】
成果評価	業績評価	受注高目標達成度、売上高目標達成度、営業利益目標達成度、生産性目標達成度、回収率目標達成度など、財務数値ベースの評価要素
	活動実績評価（成績評価）	目標管理表に挙げた課題解決・課題目標達成度、改善活動目標達成度、組織貢献活動実績、育成活動実績など
能力評価	知識評価	職務上必要とされる専門知識・業務知識。専門知識は、科学技術に関する知識など世の中で共有している知識であり、業務知識は、自社内での業務の進め方に関する知識である。企業に応じて具体的に設定
	習熟能力評価	職務上必要とされる職務遂行能力。企画力、計画力、実行力、問題把握力、改善力、育成力など
情意（態度）評価		伝統的には、規律性、責任性、積極性、協調性、自己啓発など。最近は、バリュー行動評価という言い方で、その会社の職務遂行にかかわるコアバリュー（社是・社訓など）をいくつかの要素に分けて評価するスタイルのものが出てきている。

(1) 人事評価要素オリジナルの原則

「成果評価―業績評価要素群」では、受注高目標達成度や売上高目標達成度、営業利益目標達成度といった項目が評価要素と言われるものに当たります。一方、「情意(態度)評価要素群」には、規律性、責任性、積極性、協調性、自己啓発といった最も伝統的に使われた人事評価要素があります。これらの要素は、企業としての経営計画の実践という視点から、さまざまに設計されます。

この規律性、責任性、積極性、協調性、自己啓発といったものは、多くの企業で採用された定番のような評価要素ですが、あまりにも同じ評価要素を使い過ぎると、企業としての個性がなくなります。個性がなくなるということは差別化要因がなくなることですから、企業競争力にとってあまり好ましいものではありません。

したがって、人事評価要素については、自らの競争上の強みをどこに形成していくかという視点から、個別の企業ごとにさまざまな形で設定していくほうがよいのです。他の企業のまねをしていれば無難だという発想はできるだけ持たないこと、つまり「人事評価要素オリジナルの原則」を覚えておいてください。

企業が市場に出している製品を例にとって説明すると、納得する人が多く出てきます。製品は、競合企業との競争優位戦略に基づいて差別化要素を必ず組み入れています。差別化要素は、製品の機能面であったり、コスト面であったり、デザイン面であったりいろいろあると思いますが、差別化要素を作り上げるための技術、スキル、チャネルはオリジナルなものでなければなりませんし、競合企業には、簡単には盗まれないように秘匿するのが鉄則です。その一方で、差別化要素を作り上げる以外の部分については、できるだけ他社とも規格を合わせて、可能な限り低コストで、調達、製作ができるようにするはずです。

このことは、人材マネジメントにおいても全く同じことが言えます。人材が競争力の源泉であるという言い方がよくされますが、本当にそう考えるのであれば、人的能力の差別化要素づくりをしっかり意識した、オリジナルな人材マネジメント施策を講じる必要があります。もちろん、人事評価要素の組み立ても、その中に入ります。ただ、人材が競争力の源泉だと言っても、全員がそういう位置付けにならないケースもあるでしょう。そうである部分については、他社とも規格を合わせ（すなわち、他社と同じ人事評価要素や給与水準）ていけばよいのです。そういう視点から、この「人事評価要素オリジナルの原則」を考えてください。

(2)「ハロー効果」を防止するための原則

人事評価要素を考えるうえで、もう一つ大切な原則があります。いわゆる人事評価の「ハロー効果」(何か一つでもよいことがあると何もかもよく見えてしまったり、逆に何か一つでも悪いことがあると何もかも悪く見えてしまったりするという、人事評価の最も代表的な誤りの一つ)を防止するための原則で、「人事評価要素群の中では、一つの評価事実は二つの評価要素で評価をしてはならない」というものです。

このハロー効果の防止については、情意（態度）評価に絡めて説明がなされるのが普通です。例えば、自分の不注意が原因でお客様からのクレームを発生させたとします。注意力不足から生まれた失敗ですから、通常は責任性の評価要素で評価（悪い評価）をすることになります。しかし、「そもそも仕事に対して攻めの姿勢がないから、こういうクレームを起こすのだ。だから、積極性もない。仕事の報・連・相をしていれば、だれかが気付いていたはずであり、協調性もない。また、もう少し勉強していたら、そういうミスに気付く知識が持てたはずであり、これでは自己啓発についてもよい評価は付けられない。そういえば、クレームが発生した日の遅刻も影響があったはずだから、規律性についても悪い評価を付けなければならないぞ…」といった言い方も、できるかもしれません。

これが、典型的なハロー効果です。人間には、ついこういう気持ちになってしまうことがあるので、それを避けるために、一つの評価要素群では一つの評価要素だけで評価をしなさいという原則があるのです。

12 コンピテンシーの位置付け

(1) コンピテンシーとは「成果を生み出すことにつながる能力」

ところで、1990年代後半に、アメリカから「コンピテンシー」というものが入ってきました。日本でもいろいろ研究され、2000年ごろからしばらくの間ブームとなり、大企業を中心に多くの企業で導入されましたが、今は下降線というか、あまり大きな話題にはならなくなりました。このコンピテンシーは、今までの日本企業の能力評価から見ると、どのような位置付けになるのでしょうか。

もともと、日本企業は能力評価をしてきました。しかし、運用がどうも曖昧《あいまい》なことから年功主義的人事運営のはびこる温床になっているのではないかという批判が産業界から沸き起こったため、能力評価の現状への反省を込めて、コンピテンシーが日本企業で導入されたのでした。

コンピテンシーを素直に日本語に直すと、「能力」という言葉を当てはめればよいでしょう。少し思いを込めて定義付けると、「成果を生み出すことにつながる能力」ということになります。

特徴的なのは、人事評価要素の引き出し方です。社員の中で、成功しているグループとあまり成功していない普通のグループとを比較し、成功しているグループの人材に特徴的に備わっている行動特性、裏を返せば、(あまり成功していない)普通の人には備わっていない行動特性を調べ上げ、その行動特性を人事評価要素として定義付けて評価しようというものです。こういうやり方を見ると、なんとなく科学的な印象を受けますし、これは大変よいのではないかということになって、日本でもブームになりました。

ですが、冷静に考えると、日本では能力評価の歴史がアメリカに比べて圧倒的に長いものがあります。それゆえ、もう少し今までの能力評価の取り組みを分析し、理論的に整理していたら、コンピテンシーは単なるブーム以上のものになったはずです。

(2) コンピテンシーとは能力評価に代わるもの？

図表18は、コンピテンシーと日本企業の実務で考えられていた能力評価との対比をしています。タテ軸は、具体的な職務に近いものか、素質に近いものかであり、ヨコ軸は、能力を評価するに当たっての推測性が多いのか少ないのかというもので、こうして二つの軸で考えてみれば分かりやすくなります。

日本企業では、職務遂行能力で昇格基準を定義付ける職能資格制度が普及しましたが、旧日経連が古くから主張しているこの職務遂行能力というのは、具体的な仕事名称が付いた能力表現と言えます。例えば、「エリア販売促進企画書の立案ができる」「課の予算管理表を企画できる」「標準受注品の見積もり積算ができる」といったものです。評価についても、その仕事ができているかどうかを確認すればいいわけですから、

図表18 コンピテンシーと能力評価との対比

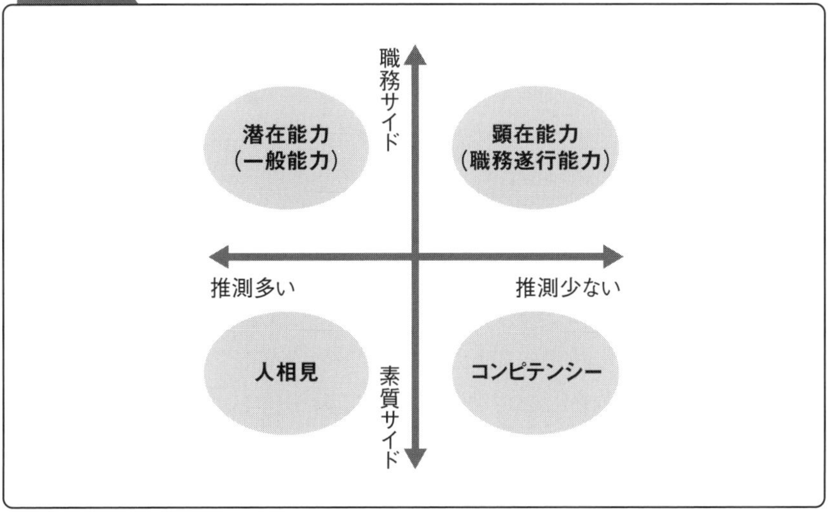

評価の仕方は明確であり、いわゆる「顕在能力」を見ているといってよいでしょう。したがって、図表18では、右上の「職務サイド」で「推測が少ない」象限が職務遂行能力ということになります。

ほかにも、企画力や計画力といった抽象度の高い一般能力の形での能力評価も、日本企業では多く行われました。この場合は、「職務サイド」にあるとも言えますが、職務遂行能力と比べれば抽象度が高くなります。抽象度が高くなればなるほど、評価者の推測余地が大きくなります。したがって、これは潜在能力評価というグループになり、先の図表では、左上の象限に位置します。

左下の「人相見」については例として挙げたまでで、日本企業で人事評価に入れているところはないために軽く流していただきたいのですが、成果を生み出すことにつながる能力であるコンピテンシーについては、実は右下になるのではないかと思っています。

成功者の行動特性という形でコンピテンシー基準を示しますので、評価に当たっての推測余地は少ないグループになるでしょう。しかし、職務遂行能力ほどに具体的な能力項目を設けているのではなく、「成果重視志向」とか「影響力」「チームワーク」「起業家精神」等々といった、どの企業でも評価要素となりそうな抽象度の高いものを採用しています。しかも、成功者の行動特性の基準で評価をするとなると、成功する可能性のある人を見付け出そうという志向が強く働くため、推測の少ないやり方で素質を判定しようというこのグループになっていくのではないでしょうか。

コンピテンシーは、本家のアメリカでは、どちらかというと採用や管理者選抜、管理者育成につなげるツールとして活用される傾向が強いようですが、このことは、図表18においてなぜ右下の位置付けにあるのかを示しているとも言えるでしょう。しかし、日本では、コンピテンシーは能力評価の代わりとして導入される傾向が強く、導入目的が少しすり替わっているような感じがします。そのあたりも頭に入れて、コンピテンシー導入について検討する必要があります。

13 人事評価基準

人事評価要素（評価表の項目）が明確に定められると、評価要素別にどういう基準で評価していくかを決めることになります。

図表19に、人事評価基準の例を載せています。この場合は、成果評

図表19　人事評価基準（例）

群	評価要素	係長格の人事評価基準例
成果評価	業績目標達成度	該当等級にふさわしい難易度の目標数値（通常は期首に設定した目標数値）
	課題目標達成度	該当等級にふさわしい難易度の課題解決によって達成したい状態（期首に目標管理表に定義）
	日常業務成果（目標管理以外）	目標管理以外の日常的な業務、組織貢献、人材育成等の成果。当該等級にふさわしい成果実績を評価
能力評価	企画・計画力	自チーム全体の業務遂行について、その業務負荷の先読みをしつつ、チーム全体の作業効率を上げていける計画を立てることができる
	実行力	自チームが担当している日常業務全体について、独力で遂行できるとともに、後輩の育成ができる
	対策立案力	時折発生しがちな例外処理について、前例を参考に、かつ関係者とも相談しつつ、主体的に処理することができる
	改善力	自チームが担当している日常業務について、主体的に改善に向けた問題意識を提案できる
情意（態度）評価	責任性	担当している業務について困難な事態が発生しても、粘り強く取り組み、それでも困難なことに出くわした場合は、タイミングを外さず、助けを求めている
	積極性	自チームの日常業務の遂行にとって有効であれば、未経験の方法でもそれを試そうとしている
	協調性	後輩の仕事ぶりを見ていて、大変なようであれば、自ら進んで手助けをしている

価要素群の中に、「業績目標達成度」と「課題目標達成度」という評価要素を設定し、目標管理表と連動させた目標達成度評価をしようとしています。また、それに加えて、目標管理以外の「日常業務成果」を入れて、成果評価が目標管理に片寄らないようにしています。同様に、能力評価要素群の中では、「企画・計画力」「実行力」「対策立案力」「改善力」を、情意（態度）評価要素群の中では「責任性」「積極性」「協調性」という人事評価要素を設定しています。

この例は、係長格（係長クラス）の基準を示したものですが、このような人事評価基準が階層別につくられ、人事評価表に反映されるのが一般的なスタイルです。

①成果評価要素群

成果評価要素群に関する「業績目標達成度」「課題目標達成度」という評価要素については、目標管理表などで期首に設定される目標が人事評価基準になります。ですから、期首に本人の等級（図表19の場合は係長格）の能力レベルに合致する目標を設定して、それを人事評価基準にも活用しようということです。

「日常業務成果」の評価基準については、目標管理のように期首に設定するタイプのものではなく、あらかじめ文章の形で表現されているケースも少ないようです。別の等級基準書にその等級の要求水準が記述されていることから、これを援用して評価することがほとんどです。それ以外の項目は、能力評価要素群にしろ、情意（態度）評価要素群にしろ、あらかじめ文章の形で評価基準として明示されるのが、一般的な姿です。

②能力評価要素群

能力評価要素群の「企画・計画力」のところには、「自チーム全体の業務遂行について、その業務負荷の先読みをしつつ、チーム全体の作業効率を上げていける計画を立てることができる」という基準例が入っています。

係長格は職場のリーダーですから、できるだけ先読みをして作業効率を上げていってほしいわけであり、そういう気持ちが基準の形で素直に入っているということです。

③情意（態度）評価要素群

また、情意（態度）評価要素群の「責任性」のところでは、「担当している業務について困難な事態が発生しても、粘り強く取り組み、それでも困難なことに出くわした場合は、タイミングを外さず、助けを求めている」という評価基準例が書かれています。職場のリーダー的な役割を期待されている係長格には、やはり少々困難なことでも頑張ってほしい反面、まだ実力を付ける過程であり、依然として職場では課長が全体を仕切っていることから、いくら頑張っても事態の解消が困難な場合には、タイミングを外さず課長の指導を受けてほしいわけです。このように、係長格に対して当然要求したくなるものを文章として示したものが、評価基準なのです。

図表19に掲げたその他の基準も、要するに、どういう階層にどういうことを要求したいかを素直に表現したものと言えます。

ここで「階層」という言葉を使いましたが、人事管理では、「資格」や「等級」という言葉で階層のことを表現するのが普通です。「グレード」という言葉を使うこともありますので、あわせて記憶にとどめておいてください。

14 人事評価尺度基準

尺度とは「ものさし」のことですが、人事評価では、「S」「A」「B」「C」「D」といった「評語」の決定や、「5」「4」「3」「2」「1」といった「評価点」の決定を行う際の「ものさし」を「人事評価尺度基準」と言います。

図表19のような人事評価基準だけでは、その基準を満たしているかどうかのみで、どのくらい満たしているかまでは分かりません。そこで、この濃淡の部分を評価の格差に活用していくために評語や評価点を使うわけですが、その判定を人事評価尺度基準を手掛かりに行っていきます。

この人事評価尺度基準には、全等級に押しなべて使う「共通基準」と個別の評価要素ごとに使う「個別設定基準」の２種類あります。

①共通基準

このうちの「共通基準」が図表20に示したもので、評語（評価点）が５段階（５段階評価といいます）の場合の人事評価尺度基準です。この５段階評価を採用している企業が大変多いわけですが、それ以外にも、３段階評価や７段階評価というものが比較的多く使われており、この三つで８割の企業をカバーしているのではないでしょうか。

まず、図表20の「B」を見てください。「評価者が期待した要求（当該等級に期待される要求）どおりにできた」のであれば、「B」（３点）ということになり、これは、図表19の人事評価基準に書かれている評価基準どおりであることを示しています。つまり、図表19の評価基準どおりであれば「B」（３点）、その評価基準に対して「評価者の期待した要求（当該等級に期待される要求）を大いに満たしている」のであれば「A」（４点）ということになります。

同様に、「評価者が期待した要求（当該等級に期待される要求）を下回った」ならば、「C」（2点）となります。「S」（5点）が付く場合は、要求を「特別大きく上回っている」ということですが、要するに「一つ上の等級レベル」の「B」水準を上回っていることが必要であることを示しています。なお、「D」（1点）にいう「大きく下回っている」とは、「業務に支障を発生させている」ような場合に付けるものということになります。

全社のあらゆる職種のあらゆる等級の具体的な評価尺度基準を設定すると膨大な数が必要になりますから、その煩雑さを避ける意味で、（非常に抽象度が高い基準とはいえ）たいていの企業で図表20の「共通基準」が使われています。

人事評価をやり始めた初任課長の中には、このような抽象的な基準で公正な評価が本当にできるのかと悩む人がいます。しかし、手順を追って考えれば評語（評価点）決定の助けになりますし、担当する部署の諸事情を考えながら管理者としてのマネジメントの機微を反映させるには、この程度の抽象的な基準のほうが助かるという面があることも、もっと経験を積めば分かるようになるでしょう。

図表20　人事評価尺度基準（共通基準）（例）

評語	評価点	人事評価尺度基準
S	5	評価者が期待した要求（当該等級に期待される要求）を特別大きく上回っている。（一つ上の等級レベル）
A	4	評価者の期待した要求（当該等級に期待される要求）を大いに満たしている。
B	3	評価者が期待した要求（当該等級に期待される要求）どおりにできた。
C	2	評価者が期待した要求（当該等級に期待される要求）を下回った。
D	1	評価者が期待した要求（当該等級に期待される要求）を大きく下回っている。（業務に支障を発生させている）

②個別設定基準

図表21に、個別設定基準の例を掲載しています。これは、目標管理のプロセスで設定される目標の達成度を評価する際に用いられるタイプのものであり、能力評価や情意（態度）評価でもつくることは可能です。現にコンピテンシー辞書と言われるものは、このタイプの人事評価尺度基準の一つですが、それでも、まだ抽象的であるともいえます。

この表の場合、ある人が売上高1億円を上げるという業績数値の目標を設定したときに、売上高実績が「1億円以上1億2000万円未満」の範囲であれば「B」（3点）を、「1億2000万円以上1億4000万円未満」であれば「A」（4点）を付けるということを示しています。同様に、その他の評価要素（この表の場合、四つの業績目標のこと）についても数値の範囲を示して、評語・評価点を決めることができるように人事評価尺度基準を設定しています。

このやり方は、一人ひとりについて個々の評価要素ごとに基準を設定していくことを意味しますので、もしこれがすべての評価要素で設定できれば、評価期間が終了して人事評価をする段になっても、実際には評

図表21　人事評価尺度基準（個別設定基準）（例）

業績目標	ウエート（A）	成果実績と人事評価尺度基準				
		S	A	B	C	D
		5点	4点	3点	2点	1点
売上高1億円	30%	1億4000万円以上	1億2000万円以上 1億4000万円未満	1億円以上 1億2000万円未満	8000万円以上 1億円未満	8000万円未満
担当案件の利益率7%	30%	14%以上	10%以上 14%未満	7%以上 10%未満	2%以上 7%未満	2%未満
新規顧客開拓10件	20%	17件以上	14件以上 16件以下	10件以上 13件以下	5件以上 9件以下	4件以下
受注4カ月内回収率90%	20%	97%以上	94%以上 97%未満	90%以上 94%未満	80%以上 90%未満	80%未満

価の必要性がなくなります。特に成果評価の場合は、環境要因など無視して、純粋に成果のレベル（この場合は目標達成度）で評価するのが原則ですので、まさに評価をする必要がなくなります。

しかし、実際には、このような「個別設定基準」をすべてにわたって設定することは、実務的ではありません。目標管理に関する成果評価の部分については「個別設定基準」を設定することは可能なものの、あまりにも設定する基準の数が多過ぎると、実務的にはなかなか困難であるというのが実情です。

ただし、このような基準を設定して評価するという考え方は大切ですので、人事評価者研修（人事評価者訓練）では、ここで示した「個別設定基準」をつくる実習を入れて、評価尺度基準についての理解を促進するトレーニングをすることがよくあります。

この「個別設定基準」の考え方を習得できれば、人事評価結果のフィードバックをする際に、本人に評価理由を説明することがうまくできるようになります。もちろん、期首の目標設定時点で「個別設定基準」を設けて、本人に示すことができれば完璧《かんぺき》ですが、この「個別設定基準」がなくても、人事評価結果をフィードバックする時点で事後的に評価理由を考える場合に、この図表21の考え方が分かっていれば、きちんとした評価理由の説明ができるようになります。

15 絶対評価と相対評価

こうして人事評価基準、さらには人事評価尺度基準に照らして評語・評価点を決定する方式を「絶対評価」と呼んでいます。今までの説明は、すべてこの方式にかかわるものです。

それ以外には、「相対評価」と言われるものがあります。相対評価とは、評価される側の成績順位に対して上位５％の人を「Ｓ」（５点）評価とし、順に上位５～25％の人を「Ａ」（４点）、25～75％の人を「Ｂ」（３点）、75～95％の人を「Ｃ」（２点）、95～100％の人を「Ｄ」（１点）といったように、評語・評価点ごとの分布率を示して、評価結果を決めるものです。

①相対評価から絶対評価に切り替える理由

よく言われるように、相対評価では、相対評価をするグループ（被評価者の属する母集団）がみんな優秀な結果を出していれば、一般的に見て期待どおり（絶対評価の場合の「Ｂ」）の結果の人でも「Ｃ」「Ｄ」が付く可能性があります。逆に、全体としてレベルの低い結果であれば、「Ｓ」や「Ａ」の高い評価が付くことになります。

このように、なんとなく相対評価は曖昧《あいまい》な感じがしますので、最近は、人事評価は絶対評価にすべきであるという考え方が主流になってきています。

特に目標管理が盛んになり、期首に立てた目標の達成度を評価の柱に据えるようになると、目標という基準に対して評価をすることが当然基本になりますから、絶対評価の方式をとるようになっていきます。

②絶対評価から相対評価に切り替える理由

その一方で、絶対評価については、相対評価よりも評価格差を付けにくいという主張もあり、絶対評価を取り入れた企業が相対評価に切り替えるケースも出てきています。

目標管理を例にとれば、目標設定の段階ではどう考えても達成できないような高い目標を立てないのが普通です。少し無理をすれば手の届くようなレベルの目標が適していると言われ、そうして立てた目標を何とか達成しようとみんな頑張るわけですから、必然的に実績は目標水準付近に固まってきます。最初から達成困難なレベルの目標を立てた場合には、みんな達成困難な目標が割り振られますので、先ほどの人事評価尺度基準でいけば、絶対評価の場合、C評価付近に固まってくる傾向が出てきます。そうなると、評価結果は妥当なものであったとしても、評価格差が付きにくくなり、インセンティブとして機能するのかという心配が出てきます。

そこで、無理やりに評価格差を付けようという思いから、最近、絶対評価から相対評価に変える企業が出ているのです。絶対評価により7割の人がB評価だったとしたら、相対評価に変えることでその中の上位2割をA評価にし、下位2割をC評価にするといった具合です。

時代の流れが絶対評価に向いているという認識だけでは、問題は解決しません。実際の運用レベルのアップを目指して、相対評価を利用できる可能性があるかどうかをよく考えてみる必要があります。

加えて、運用ベースで考えれば、絶対評価を行うと、どうしても寛大化傾向を生み出してしまうと主張する人もいます。しかし、先ほどの話は、相対評価の利点を説明したことになるものの、この主張は、絶対評価がかえっていい加減な評価を生み出す恐れを大きくしているというものであり、必ずしも、絶対評価がよいか、相対評価がよいかを決める話ではありません。寛大化傾向が生じないように、評価者を指導して正さなければならない話です。

③絶対評価と相対評価は並存できないのか

しかし、絶対評価があまりにも寛大化傾向を生み出すことから、評価者を指導するよりも、技術的対応によって人事評価制度の組み立て方に補正を加えようという発想になり、一次評価を絶対評価で行い、二次評価以降を相対評価により補正するやり方が出てきています。実は、多くの企業がこのような絶対評価と相対評価の組み合わせを、実際の評価において行っています。

図表22に、絶対評価と相対評価の定義をまとめました。このように、絶対評価と相対評価は、基本的には相対する方式であることは間違いありません。しかし、実際上の運用の苦労から、両者を一次評価・二次評価という段階において、絶対評価と相対評価を分けて組み込むということも行われており、人事部門の人はこれを不思議なことだと考えてはいません。

もちろん、理屈からすると不思議だと考えるべきですが、実際の運用の苦労を考え、少しでも妥当な評価に近づくことができる現実的な技術として、絶対評価と相対評価の並存は十分考えられるものなのです。

図表22　絶対評価と相対評価

絶対評価	客観的基準（絶対的基準）に照らして、優れているか、劣っているかで、評価の結論を決定する評価方式
相対評価	被評価者の属する母集団の中で成績順に序列を付け、その中での相対的な関係において評価を決定する評価方式

16 加点主義評価の考え方

「加点主義評価」や「減点主義評価」という言葉を聞いたことがあると思います。

加点主義には、よいところを見付けてそこに焦点を当てて評価をするイメージがあり、減点主義には、その逆で、悪いところに目を付けて評価するイメージがあります。当然、加点主義評価のほうがイメージがよいので、「わが社は加点主義評価を導入している」と言うと、どことなくチャレンジブルで、前向きな体質を持っている会社ではないかという印象になります。

普通の人であれば、半年にしろ１年にしろ、一定の評価期間を経たときには、いいことにも、うまくいかないことにも遭遇しているはずです。したがって、人事評価の原則からすると、正しく評価するには、この「いいこと」も「うまくいかないこと」もきちんと評価をすべきでしょう。

しかし、人は「いいこと」をほめられればやる気が増し、「うまくいかないこと」を非難されると反発心も沸き、やる気もなえてきます。こういうことを人事評価の仕組みの中でどのように対処したらよいのかが、加点主義評価というものの考え方です。

図表23に書き出したように、加点主義評価を仕組みとして組み込むとすると、次の三つの方式が考えられます。

①評価評語加点シフト型

これは、大変単純と言えば単純です。通常は５段階評価の「Ｂ」である「標準＝期待どおり」を「Ｄ」にしたらどうなるかということです。そうなると、「期待よりも下回った」場合には付ける評語がありません。

図表23　加点主義評価のバリエーション

評価評語加点シフト型	通常は評価評語の中央に標準評価を置くが（例えば、S・A・B・C・D評価の場合、Bが「標準＝期待どおり」）、CやDを標準とする評価方式。悪い評価を付けにくくして、できるだけよい評価事実を見て、評価をしてもらおうという考え方からきている。
チャレンジ目標特別扱い型	通常の評価項目からチャレンジ目標を独立させ、チャレンジ目標部分については、たとえうまくいかなくても悪い評価にはせず、少しでもチャレンジした部分を常にプラス側で評価得点を付けようとする方式。
目標難易度評価と達成度評価の組み合わせ型	目標管理と連動させ、設定した目標すべてに対してその難易度を評価し、難易度の高い目標にチャレンジした場合、たとえ達成度が低くても悪い評価にしないようにしようとする評価方式。 逆に難易度が低い目標に挑戦した場合には、完璧にやり遂げなければ標準評価（例えば「B」）が付かない形となるので、少しでも難易度の高いチャレンジブルな目標に挑戦してもらうように誘導できる。

無理して付ければ、「D」を付けることになります。そして、少しでもいいと「C」、もうちょっといいと「B」、かなりいいと「A」、相当いいと「S」という形になりますが、評価要素別に見ると多くの人には何かしらよいところがあることから、自然と「標準＝期待どおり」を超える評価になる評価要素も多く出てきます。以上のとおり、このやり方ですと、悪い点があっても評語に反映されない形ですので、よいところだけが評価にプラス側に反映するという加点評価になります。

しかし、それでは悪い評価が全くできないために問題なので、「標準＝期待どおり」を「D」ではなく「C」に持っていこうという考え方が出てきます。これに対して減点評価とは、「標準＝期待どおり」を「S」や「A」に持っていくものです。

②チャレンジ目標特別扱い型

通常の評価は、本人のよいところも悪いところも原則どおり評価するのですが、「チャレンジ目標」に関する評価要素では、特別によいところだけ（プラスだけ）を評価します。期首にチャレンジ目標として登録したものは、できなくても悪い評価にはしないと最初から宣言しているわけです。したがって、チャレンジ目標の推進度・成果創出度に合わせて評価得点を加算してあげて、全体の評価点を押し上げようという仕組みです。チャレンジ目標は全くやらなくても、あるいは大失敗をしても、評価点に減点の仕組みがありません。

「チャレンジ目標」に絞っての話とはいえ、こういうやり方をすれば、たしかに加点主義的な雰囲気がしてきます。それに、その他の評価要素では減点もあるわけですから、事実に基づいて、よいところも悪いところも評価に反映させろという人事評価の原則に反することは、最小限に抑えられます。

③目標難易度評価と達成度評価の組み合わせ型

このタイプは、できるだけ難易度の高い目標に挑戦させようという考え方で仕組まれた人事評価のタイプです。本人の等級に期待されるものより難易度が低い目標を担当してきちんと達成するよりも、難易度が高い目標を担当して「いま一つ」未達成であるほうが評価が高いというように仕組むタイプです。このことによって、難易度の高い目標にチャレンジしたほうが、評価得点上、有利だということになります。これも、加点評価的なイメージを社員に印象付けることができます。

こういう形に持ってくれば、加点評価というなんとなくイメージ的であった言葉が仕組みに落ちることになります。ただし、加点評価により、悪い評価がしにくい空気になっていけばいくほど、リアルかつ信賞必罰的な評価ではなくなるのも事実だということは、記憶にとどめておいてください。

17 評価の公開型と非公開型

人事評価の運用については、「公開型」と「非公開型」の２種類があります（図表24参照）。

公開型評価というのは、一般には「オープン主義評価」とも言われているもので、評価基準、評価表、評価手続きを社員に公開し、評価結果についても本人にフィードバックをするものです。非公開型というのは、いわゆる「秘密主義評価」と言われるもので、評価基準、評価表、評価手続き、評価結果ともに社員には見せないタイプのものです。

図表24 公開型評価と非公開型評価

		メリット	デメリット
公開型評価（オープン主義評価モデル）	評価基準・評価表・評価手続きを社員に公開し、評価結果についても本人にフィードバックするタイプ	どういう頑張り方をし、どういう成果をあげれば、よりよく評価されるかが分かるため、社員としては、努力の仕方が分かり、迷わず行動できる。	評価実務の中では、評価者の評価についての未熟な部分が必ず顕在化してくるもので、公開度が高ければ、その未熟な部分が目立って社員に不信感を持たれる。
非公開型評価（秘密主義評価モデル）	評価が行われること、評価によって処遇に何らかの差が生じることについては当然社員は知っているものの、評価基準、評価表、評価手続き、評価結果についてはすべて非公開としているタイプ	評価実務の未熟な部分が顕在化しにくいと同時に、どう評価されるか分からない不安が社員に出ることがかえって社員に注意深い努力をさせることにつながる。 一方、社員に評価を気にせず、長期的視点で本質的なチャレンジをするように訴えかけることもできる。	どういう頑張り方をし、どういう成果をあげれば、よりよく評価されるかが分からないため、上司・会社に対して、強い不信感を持つ社員群が一部に生まれる。

①公開型評価（オープン主義評価モデル）

人事評価は公開型で行うのが当然だという考え方は、このところの流行です。私が公開型を流行といい、公開型・非公開型を正誤の問題ととらえないのは、両方にメリットとデメリットがあり、いずれも人事評価の深い考え方に裏打ちされていると考えているからです。

とはいえ、最近の成果主義の流れの中では、公開型が主流ですし、期首に立てた目標の達成度を評価することになると、評価そのものが最初からオープンに進んでいるのと同じことになります。しかも、評価結果により大きな処遇格差を付けることでインセンティブ感を出そうということですから、どういう理由で評価がよくなり、どういう処遇上のメリットにつながったかが見えるほうが分かりやすくなります。同様に、どういう理由で評価が悪くなり、どういう処遇上のデメリットにつながったのかも被評価者本人から見えたほうが、今後の努力方向について議論しやすくなることは間違いありません。

②非公開型評価（秘密主義評価モデル）

それでは、非公開型はどのように考えればよいのでしょうか。先ほども非公開型を秘密主義評価というように否定的なイメージの言葉を使いましたが、歴史的に見れば、この秘密主義評価というのは、もともと評価格差をあまり付けない年功主義時代の人事評価の運営の仕方です。よい評価の結果、処遇がよくなるというよりも、年々勤続が伸びるとともに徐々に処遇がよくなるというのが年功主義ですから、評価を意識させる必要があまりありません。

非公開型は、どういう評価基準があるので、どういう頑張り方をするとどういう評価結果となり、処遇上のメリットにどう影響するのかという事の全体を、社員には明示しません。それはある意味では、処遇格差に大きな影響を及ぼさないからです。もし、評価が処遇格差に大きな影響を及ぼさないのに殊更に評価結果を本人にフィードバックしたら、こんなに頑張ってよい評価をとったのに全く処遇には関係ないということが明確になり、それは必ずマイナスのインセンティブになるはずです。したがって、評価結果で処遇上の格差をあまり付けないようなスタイルの人事制度を持っているならば、評価結果をフィードバックする必要はあまりないということになります。

③メリット・デメリットを考えた運用を

しかし、評価結果をフィードバックしないのであれば、せっかく人事評価の結果により本人の悪いところが分かり、今後の努力方向を変えてほしいという気持ちになっても、指導できないではないかと心配する人がいます。ただ、これについては育成面接をしっかりやればよいのであって、何も人事評価結果のフィードバックとつなげて育成面接をする必要はないと言うこともできます。

公開型のメリットについては、図表24にも示していますし、殊更に解説する必要もないのですが、すべてをオープンに話し合うことは、職場の実情・本人の業績や能力、頑張りについての共通認識を、言語を通じてつくり合うことになります。大変な労力が掛かりますが、このことが成し遂げられれば、社員の仕事に対する問題意識は大変高いものになります。しかし、これらの共通認識をつくる努力が中途半端である場合、間違いなく不平不満が出てきます。言葉での説明には、必ず言葉での反論があります。そういう意味では、中途半端に公開型の評価をやると、社員の不満を増幅させる可能性が大きくなるでしょう。

したがって、これらの共通認識をつくる努力が評価者にできるか、それだけの能力と意欲が評価者にあるかという面も、公開型評価運営を行うかどうかの重要な判断尺度になると、気にとめておいてください。

公開型にしろ、非公開型にしろ、図表24にまとめたメリット・デメリットを参考にしっかりとした考え方を持ち、それなりの体制をつくって取り組んでください。

18 人事評価の甘辛調整

人事評価は人が行いますから、どうしても寛大化傾向や中心化傾向、厳格化傾向に陥ることから逃れられません。もちろん、評価者研修をやるなどの努力を継続的に行えば、ある程度解消してきますし、評価スキルが非常に高くなっていく人も出てきます。しかし、評価者という階層全体を見ると、この人事評価の甘辛という問題は避けては通れません。

甘辛調整というのは、評価事実と評価基準を照らし合わせたときに人事評価結果に間違いがあると判断せざるを得ない場合に行う人事評価の修正とは少し性格が違います。評価結果と突き合わせて何かおかしい、間違っているという確信がある場合は、この人事評価の修正をすることになります。

ところが、人事評価の実務では、そのように明確に間違っていると判定できないケースが非常に多く出てきます。どうもこの評価者は、甘めの評価（寛大化傾向）をしているのではないか、あるいは、どうも厳し過ぎる評価（厳格化傾向）をしているのではないかと考えたくなる場合、一人ひとりの評価結果の修正で対応できるのであれば、それでいいわけです。しかしながら、データ上でそういう甘辛を示す評価の分布になっていても、評価結果の当否が被評価者本人の評価事実から必ずしも説明できないときには、寛大化傾向や厳格化傾向などが起こっているとみなして、データ的に調整が行われる必要が出てきます。

図表25に示したように、人事評価の甘辛調整には、「部門平均点による調整」「正規分布による調整」「標準者比較による調整」の三つのやり方があります。

図表25　人事評価の修正と甘辛調整

	種類	内　容
人事評価の修正	間違った評価を上位者が修正	下位評価者の行った評価について、上位評価者がおかしいと判断した場合、上位評価者が修正すること。下位評価者の評価能力についての不信から、上位評価者による修正権限を持たせている。
人事評価の甘辛調整	部門平均点による調整	部門間の甘辛調整を、一次評価者単位、二次評価者単位で集計し、部門平均点による比較を行い、各部門の平均点を全社平均点に合わせる形で、各部門全員の得点を底上げしたり、下げたりして調整する方式。
	正規分布による調整	S・A・B・C・Dなどの評語ごとに、例えばS（5%）、A（20%）、B（50%）、C（20%）、D（5%）というように定め、すべての部門で、この分布に合うように調整していく方式。これは、母集団となる部門に十分な人数がいる場合には、どの部門も同じような確率で、いい評価の人も、悪い評価の人も生まれるはずであるという考え方に基づいている。
	標準者比較による調整	比較する部門間で、明らかにB評価を受ける（理論上A評価でも構わない）人を探し出し、その人がそれぞれの部門でB評価を受けているならば問題ないが、「A」と「B」などのように差が生じているならば、「A」を付けた部門の全員の評価をワンランク下方修正するという方式。実務的には少し無理があるが、一つの調整のスタイルとして登場する。

①部門平均点による調整

部門間の評価の甘辛を、部門メンバーの評価得点の平均点の差という形で確認し、その差を合わせる、つまり、平均点が同じになるように、部門全員の得点を上げ下げする方式で調整を行うものです。

もちろん、評価得点についての部門平均点の差が、部門メンバーの評価事実からして当然であることが確認できるのであれば、特に調整作業に入る必要はありません。しかし、そのような評価事実からの論証ができないならば、甘辛調整が必要とみなして調整します。

②正規分布による調整

これは、相対評価の項ですでに説明しましたが、S・A・B・C・Dの評語ごとに分布規制を行って調整するというもので、いわゆる相対評価の手法を甘辛調整に活用しようということです。この分布規制とは、例えばS（5％）、A（20％）、B（50％）、C（20％）、D（5％）というような評語ごとの人数割合を決めるやり方です。

正規分布とは統計的な発想で、評価の高い人も、普通の人も、低い人も、同じ割合で発生するものだという考え方に基づいています。正規分布の考え方で、本当に実際の正しい評価結果の分布が説明できるのかどうかについての検証は、今でも行われていないと思いますが、一応の手掛かりとして正規分布が用いられています。

これに対して、「人事評価は自然現象とは違い、さまざまなマネジメント行動の結果として現れるものなので、正規分布よりもよい評価側に分布ウエートが大きくなるのが当然だ」という考え方もあります。しかし、とりあえず正規分布によって調整するのは便宜的でもあるため、多くの企業で行われています。

なお、調整を行う部門が複数あって人数が十分であれば、それぞれ偏差値を出して比較し、前述の割合に合わせて評価結果を決める場合もありますが、これも「②正規分布による調整」のグループの話です。

③標準者比較による調整

部門間で甘辛の比較をする際に、それぞれの部門で標準的な評価、すなわちB評価をとるべきだろうという人をピックアップして比較する方式です。

もちろん、人事評価の甘辛を調整するための作業ですから、人事評価とは別の判断でピックアップします。そのうえで、B評価をとるべき人がA評価になっていると、その部門は甘い評価が行われていると見て、部門全体として評価を下げるように調整をしていきます。逆に、B評価をとるべき人がC評価となっている部門は、厳しい評価が行われているとして、部門全体の評価を上げるように調整していくという考え方です。

人事評価についての古い教科書の中に、こういう形での人事評価の甘辛調整の仕方を説明しているものもありましたが、理論的には成り立つものの、部門間で比較できる標準者を見付けることが実際上は大変困難だと思います。そうである以上、甘辛の調整の仕方としては、あまり実務的ではないかもしれません。しかし、実際に甘辛調整が必要かどうかの大雑把な感触を形成するために活用できる部分もあるので、一応知っておいて損はないでしょう。

第２章では、人事評価とは何かについて、基本的な概念と考え方を示しながら説明を加えました。これにより、まずは人事評価の基本的な姿が見えてきたと思います。

人事評価についての概念は、必ずしも統一されていません。特に、ここしばらくの間、人事評価制度も含めて大変な人事制度革新の時代を経験してきたにもかかわらず、本書のような実務書が少なかったこともあり、基本的な概念についてなんとなくすり合っていませんでした。

そういう意味でも、この第２章を活用する意義があると思います。本章をよく理解し、次の章に進んでいただきたいと思います。

第3章

人事評価制度のつくり方が分かれば人事評価は分かる
～人事評価制度の設計手順～

経営環境の変化や社員の意識状況などさまざまな要因を踏まえて人事評価は見直されるべきものであり、どのような状況にも通用する一つの正解があるわけではありません。そうであれば、人事評価の設計手順を理解し、その手順ごとにどう考えればよいかを理解すれば、業績を向上させていくために貢献できる人事評価のあり方が見極めやすくなるはずです。

人事評価制度のつくり方が分かってくれば、人事評価すなわち人材マネジメントの方向性が見えてきます。

1　人事評価制度の設計手順の全体像

人事評価について、もう一歩深い理解を得るためには、人事評価制度のつくり方の研究が不可欠です。これが分かれば、人事評価が人材マネジメント全体に対してどのような役割を果たすものなのかが、もっと深く理解できるはずです。

第２章は、人事評価とは何かについて、人事評価の基礎概念に立ち返りながら基本理解の促進を目指しました。そして、この第３章では、より高度な人事評価の概念と考え方をつかむために、第２章をベースにさらに突っ込んでいきます。少し難しくなりますが、是非私と一緒に研究を進めていってください。

(1) 求められるのは「コアプロセス」の見極めとその実践

人事評価は「人が人をマネジメントする手段の一つ」であると述べました。つまり、「人が人をマネジメントする手段」は人事評価だけではなく、マネジメントのうえで人事評価が重要な手段の一つとなり得る局面がいくつも出てくるということを言っています。

企業にとって、人が人をマネジメントする目的は、業績を向上させるためです。それには、業績を向上させていくための仕事の進め方（コアプロセス）を見極めて、それを社員がしっかりと実践していくことが何より求められます。

この「コアプロセス」は、いわばその企業なりの経営ビジョンや事業戦略に裏打ちされたものです。もちろん、方針として決められたことをしっかりやっていくだけではなく、新しい事業戦略を生み出すために必要であると考えられる仕事の進め方も、コアプロセスになります。

そして、このコアプロセスをしっかり進めていくために、「人が人をマネジメントする手段」の重要な要素として人事評価があるのです。こう考えれば、各企業の人事評価制度を点検する視点、つまり、人事評価制度が、そのようなコアプロセスを意識し、しっかり進めていくのに役立つように仕組まれているかという視点が見えてきます。この視点が明確でなければ、その企業の人事評価制度は、あまりよいものとは言えません。

とは言え、自分の会社の強みは何かと聞かれてもすぐに答えられない人や、混沌とした状況の中でもがいている企業も多いと思います。そういう場合、経営ビジョンや事業戦略、そしてコアプロセスが、それほど明確ではないはずです。だからといって、そのような状況では人事制度が意味をなさないのではないかというとそうではなく、まずは、今最善の仕事の進め方を考えるようにします。今はとにかく、こういう仕事のやり方でしっかり頑張っていこうと考え付いた方向が、この場合のコアプロセスであり、ここをしっかり押さえ、その実践に向けて人材マネジメントを方向付けることが、人事評価において最も大切だということになります。

(2) コアプロセスの強化を目指して人事評価制度をつくる

図表26には、人事評価制度の設計手順の全体像をまとめています。

これを一言で表現すれば、「コアプロセス強化を目指して頑張ってもらうように、人事評価制度を仕組む」ことになります。

人事評価要素や人事評価基準を設計することも、だれがだれを評価するかの評価者体系や人事評価期間を設計することも、あるいは、評価結果をどのように処遇に反映させるかを仕組むことも、すべてこのコアプロセスをどのように促進するのかにかかっていると言ってもよいでしょう。

ところで、人事評価についてある程度理解が進んできた方であれば、人事評価の目的の一つである人材育成の促進とコアプロセスの強化とはどういう関係にあるのかと疑問を持つかもしれませんが、この人材育成

図表26　人事評価制度の設計手順の全体像

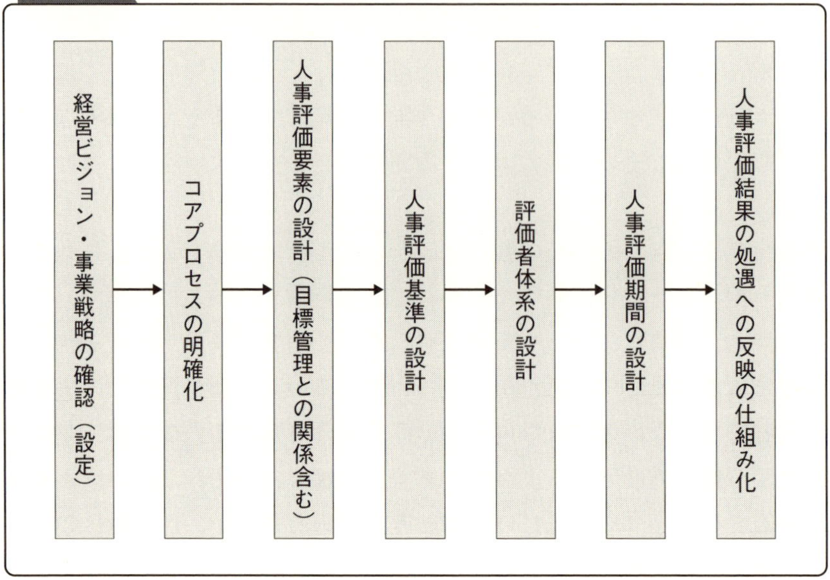

も、コアプロセスの強化にかかわるものだと理解してください。もちろん、今認識しているコアプロセスだけではなく、新しいコアプロセスを創造することにも考えをめぐらせながら、今分かっているコアプロセスの強化、今覚悟を決めた働き方の促進を目指して、人事評価制度を仕組んでいく必要があります。

こういう認識に立ったうえで、図表26の設計手順に沿って、以下説明をしていきます。

2 コアプロセスの明確化

(1) 人事評価制度を設計する前に

図表26は、「経営ビジョン・事業戦略の確認（設定）」からスタートしています。それなのに、次のステップである「コアプロセスの明確化」を、あえてこの節の見出しとして説明を始めています。それは、次のことを印象付けたい気持ちが強いからです。

私はコンサルタントとして多くの企業を訪問し、人事評価にかかわる議論をしています。その際に、「まずは『経営ビジョン・事業戦略の確認（設定）』からスタートしましょう」と言うと、人事部門の担当者の顔が一瞬くもります。「経営ビジョン・事業戦略の確認（設定）」から始めることはたしかに筋ではありますが、問題が少し大き過ぎて、人事部門の人には少々扱いにくいということもあるでしょう。また、これをやってからでは、人事評価制度を構築できるのが３年くらい先になってしまうかもしれないという心配が頭をもたげます。しかも、業界によっては事業戦略がどんどん変化するため、今の事業戦略をベースに人事評価制度を設計しようとしても、実際に制度ができるまでに事業戦略が変わってしまうことが起きないとも限りません。こういう思いがあるため、人事担当者にとまどいが生じるのではないでしょうか。

結局のところ、コアプロセスが明確にさえなれば、人事評価との関係ではそれで問題ないのであり、「経営ビジョン・事業戦略の確認（設定）」とはコアプロセスを明確にするための一つのプロセスに過ぎないと割り切ってよいとの考えから、この節の説明を「コアプロセスの明確化」から始めることにしています。

(2) 業績を向上させるコアプロセス（仕事の進め方）に改める

①まずは仕事の進め方の重要部分に焦点を当てる

さて、本題の「コアプロセスの明確化」の話に入ります。

コアプロセスとは業績を向上させる仕事の進め方ですので、まずは仕事の進め方の大切な部分に検討の焦点を当てます。図表27には、新商品を開発し、量産して販売し、不具合を直して改良商品を出して、市場に定着させるまでのコアプロセスを把握するための業務フローが、技術部門と営業部門を中心にして描かれています。現状の仕事の進め方から、より業績を向上させる仕事の進め方に変えることが、コアプロセス分析のポイントであると理解してください。

ここに、古くからのやり方で長らく営業活動をしている会社があるとします。しかし、よい新商品をなかなか生み出せなくなってきたことから、今までの仕事の進め方を見直し、新商品がどんどん生まれ、かつ定番商品としてもどんどん定着化していくようにしたいと考えているとします。

この会社の今までのやり方は、技術部門は技術部門で新商品を企画してプロトタイプをつくり、営業部門に提案をして市場に出していくという流れでした。また、営業部門は営業部門で、特に顧客ニーズに基づく新商品提案を技術部門に対して積極的にはしていませんでした。どちらかというと、新商品はいろいろな不具合が発生しやすいので、あまり積極的には扱いたくないという雰囲気がありました。

②新しいコアプロセスを推進する業務フローに変える

さて、この場合に、仕事の進め方を変えることで新商品が出やすい状態をつくるためには、内部の情報交流をもっと積極的に行うような体制をつくり、それを起点にしてコアプロセスを構想していくのがよいのではないかということが思い当たります。たしかに、この視点からコアプ

図表27 業績向上を保障するコアプロセスとは

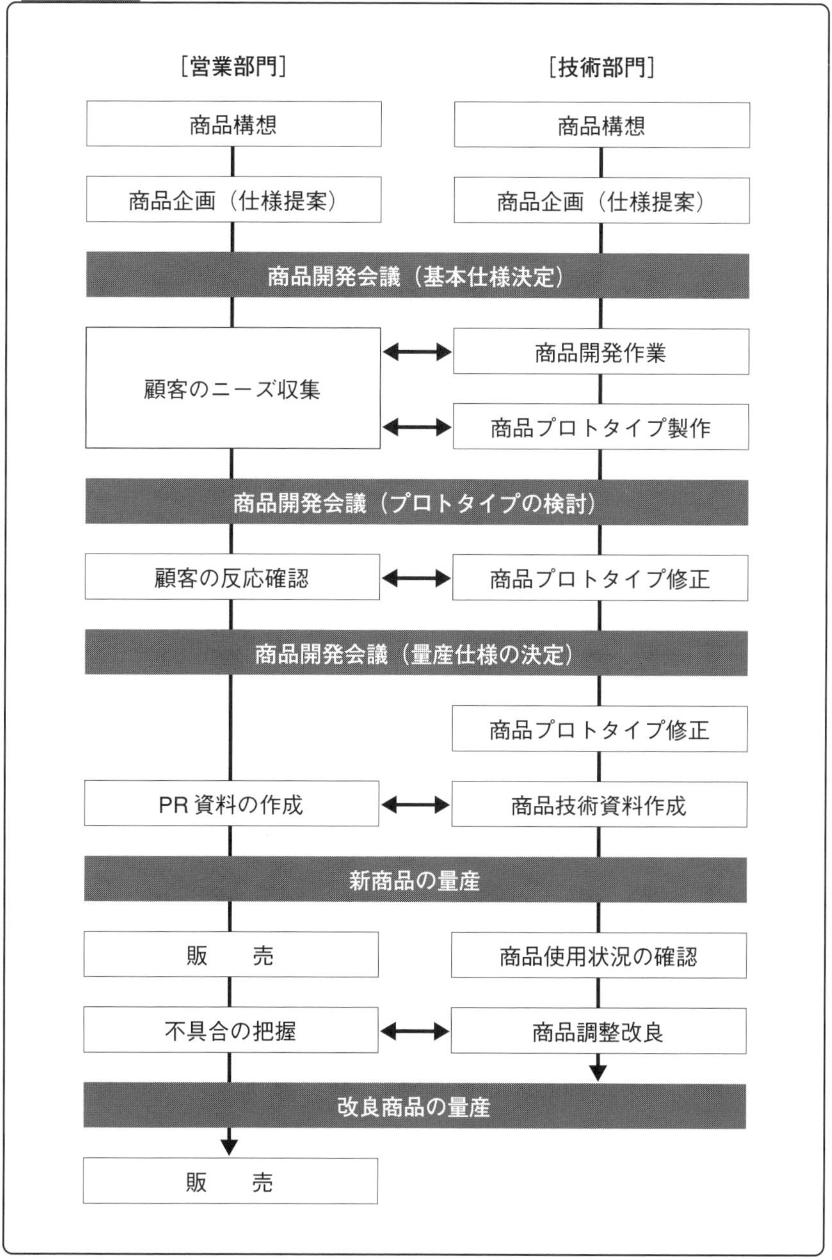

ロセスを構想し、社員の行動を変化させようとすることは、事業戦略と言えばそうも言えますが、一般的には、内部マネジメントのあり方の変化というレベルかもしれません。

そこで、新しいコアプロセスとしては、次のような点に変更を加えることとしました。

①技術部門だけではなく、営業部門にも積極的に商品構想・商品企画（仕様提案）を要求する。

②従来、技術部門と経営陣が行っていた新商品の基本仕様を決定する商品開発会議に営業部門も参加させ、かつ自らの商品企画も必ず提案してもらい、一緒に議論をし、新商品の仕様を決定する。

③新商品の仕様が決まった際に技術部門だけが行っていた丹念なお客様ニーズとの突き合わせについて、広いマーケットの中でターゲットとなりそうなお客様に対しては営業部門も独自に話し合い、技術部門にフィードバックするようにする。

④技術部門は営業部門のフィードバックも受けて新商品のプロトタイプをつくり、これをプロトタイプの検討を行う商品開発会議に持ち込み、営業部門と一緒に議論をする。

⑤（営業部門もここまでかかわれば新商品についての思い入れも出てくるので）プロトタイプのモデル使用例をつくるためにお客様への依頼をしたり、お客様がそのプロトタイプを使用した反応について技術部門へ報告することも営業部門は積極的に行う。

⑥そうした営業部門からの情報や技術部門の開発結果を集約してプロトタイプの修正を行い、量産仕様を決定し、量産に入っていく。

図表27の業務フローは、従来の仕事の進め方と違うこの①～⑥のような手順で、新しいコアプロセスとして推進することを示したものだと言えます。

このとき、人事評価は、この業績を向上させるためのコアプロセスの変化を確実に起こしていく支援ツールの一つに位置付けられることになります。こうすることで、一つの人材マネジメントの変革の方向が見えてくると思います。何度も言うとおり、このコアプロセスの変化は、人事評価制度だけで行うものではなく、管理者の意識変革や商品開発会議の持ち方、商品企画についての営業部門からの提案の仕組みなどの変革が前提になることは、言うまでもありません。

(3) コアプロセスの遂行レベルを評価する

次に図表28を見てください。図表27で出てきたコアプロセスをタテ軸に置き、ヨコ軸には水準評価のレベルを5段階で示せるようにしています。つまり、新しく確立したいコアプロセスを実行しようとしたときに、現在どの程度の実力があるかという現状水準と、中長期的視点でどこまで伸ばしていきたいかという目標水準、そして、新しいコアプロセスを確立するための課題を見付けやすくなるようにしたものです。

現状評価については、関係する管理者全員の評価をアンケートなどにより取りまとめるなどの方法もかなり有効で、こうすることで同時に多くの管理者の問題意識を高めることもできます。

人事評価を考える際の宝の山であるこの表のことを、「知力マップ」と私たちは呼んでいます。要するに、現状水準を目標水準に持っていくときに、人事評価をどのように活用できるかというのが人事評価制度の設計の考え方そのものであり、その点の認識がきちんとそろっていれば、人事評価だけではなく、人材マネジメントも大変うまく進むことになります。

これが、「コアプロセスの明確化」という手順です。

図表28 コアプロセスの遂行レベル評価（例）

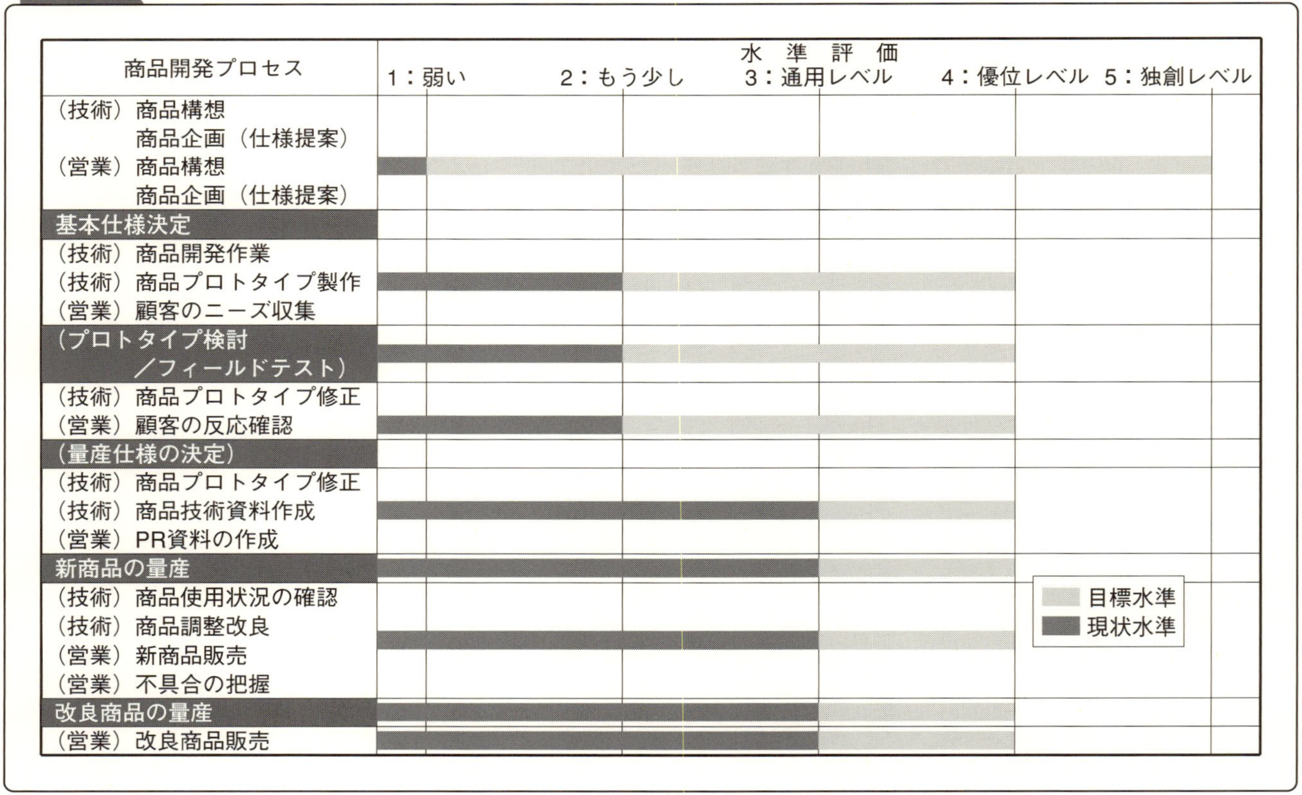

商品開発プロセス
水準評価
1：弱い
2：もう少し
3：通用レベル
4：優位レベル
5：独創レベル
（技術）商品構想
商品企画（仕様提案）
（営業）商品構想
商品企画（仕様提案）
基本仕様決定
（技術）商品開発作業
（技術）商品プロトタイプ製作
（営業）顧客のニーズ収集
（プロトタイプ検討／フィールドテスト）
（技術）商品プロトタイプ修正
（営業）顧客の反応確認
（量産仕様の決定）
（技術）商品プロトタイプ修正
（技術）商品技術資料作成
（営業）PR資料の作成
新商品の量産
（技術）商品使用状況の確認
（技術）商品調整改良
（営業）新商品販売
（営業）不具合の把握
改良商品の量産
（営業）改良商品販売
目標水準
現状水準

3 大切な人事評価要素の設定

こうして、現状の仕事の進め方をどう変えて、どこをどのように強化するための新しいコアプロセスをつくり上げるかが明確になると、その流れの中で、「人事評価要素」のうち“特に大切なもの”がおのずと見えてきます。

(1) コアプロセスからのアプローチ

図表29では、先ほどから説明している、コアプロセスを明確化するというアプローチからの評価要素の設定手順を示しています。このアプローチは、事業戦略からコアプロセスを明確化し、知力マップで強化点を明確化し、その強化点を中心に評価要素を分解整理し、評価ウエートをも検討して、評価表まで作成する手順になります。

先ほどの図表28の知力マップの例からすると、「商品構想」「商品企画」を何と言っても強化しなければいけないこと、また、営業部門と技術部門の連携協力関係の強化が大きな課題であることが分かります。

そうなると、商品構想力や商品企画力が、能力評価のための評価要素としてクローズアップされてきます。また、営業部門と技術部門との連携協力関係強化の視点からは、ネットワーク形成能力も大切ですし、関係者と情報を共有し合い、ともに新しいものをつくっていこうという態度（＝共創性）が求められます。この「共創性」というのは、情意（態度）評価項目の評価要素になります。一昔前の協調性という評価要素でも、それなりには対応できますが、協調性よりは共創性のほうが、求める態度のイメージがより明確になっていきます。

このような形で大切な評価要素を設定していくと、これからのコアプロセスのイメージが出てきますから、評価要素の定義も明確にしやすい

図表29 人事評価要素の設定プロセス(コアプロセスからのアプローチ)

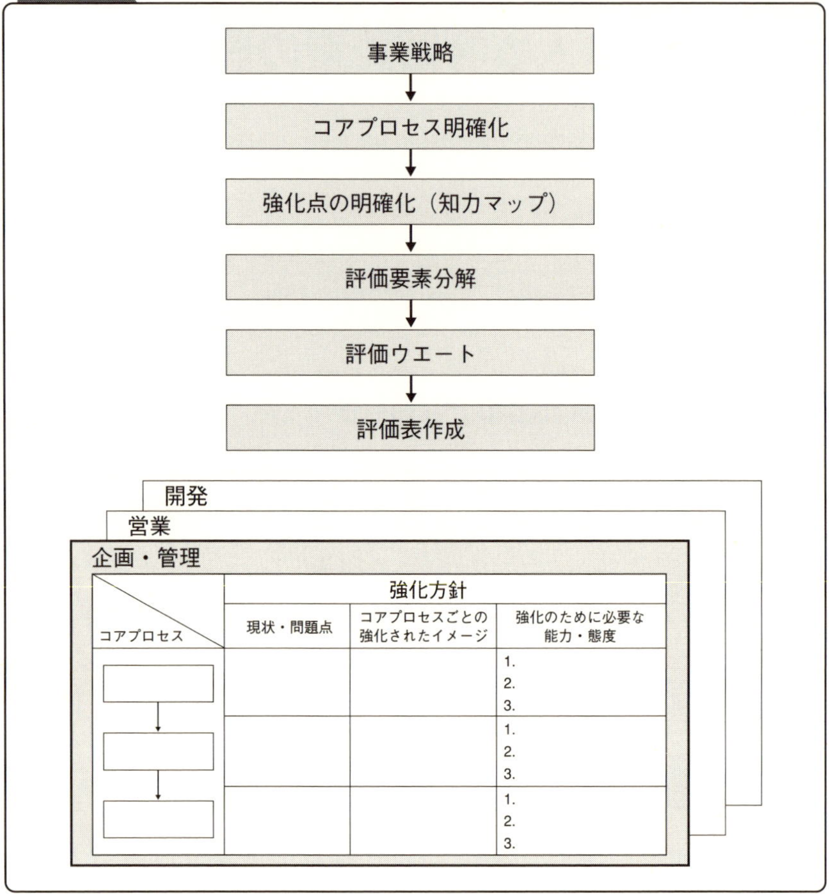

でしょう。

例えば、共創性は、「商品開発に当たって、部門間の壁をつくらず、積極的に協調し、自らの職務を生かして、情報を収集し、関係者と共有し、自らの商品開発のアイデアをオープンに交流し、お客様のために少しでも早くよいものができるように協力し合う態度」というように定義していけばよいでしょう。こう定義付けることで、コアプロセスについての関心を得られるよう社員にアピールすることができます。

もちろん、人事評価の場合は、あまりに少数の評価要素だけで済ませるわけにはいかない面もあるため、せっかくクローズアップした評価要素も多くの中で埋没してしまうかもしれません。このように、コアプロセスから出てくる大切な評価要素が強いメッセージ性もあわせ持っていることが、ここでの大切なポイントです。

(2) 社是・社訓からのアプローチ

図表30は、今までのコアプロセスの明確化とは少し違うアプローチから評価要素を引き出していこうというもので、「社是・社訓からのアプローチ」と言われるものです。

例えば、「顧客第一主義」という社是があったとします。それを能力評価と情意（態度）評価の二つの人事評価要素群の中の評価要素に分解したとき、この例では、能力評価面で「顧客ニーズ把握力」「迅速処理能力」「改善力」を引き出しています。「顧客第一主義」と言うからには、顧客のニーズをしっかりとつかみ、てきぱきと仕事を処理できないといけないですし、お客様のニーズに応えるためにも事業特性を踏まえたうえで自発的に改善が継続されなければなりません。先のコアプロセスからのアプローチが、強化する仕事の進め方から引き出すのに対して、社是・社訓からのアプローチは、演繹《えんえき》的な展開をすることになります。

図表30では、情意（態度）面に対しても同様の演繹的な展開を行っています。能力評価面と似たような表現になっていますが、能力評価面では、「能力」を示す表現が付いているのに対して、情意（態度）評価面では、「顧客満足行動」「迅速行動」「改善行動」のように「行動」という言葉を付けています。これは、情意（態度）評価が、そういう指向性のある行動をていねいにとることを求めているものの、必ずしもうまくできることまで要求していないという趣旨からきています。できるかどうかは別として、そういう行動をとってほしいというのが情意（態度）評価の対象であり、一方の能力評価は、必ずうまくできることを要求しています。

図表30　人事評価要素の設定プロセス(社是・社訓からのアプローチ)

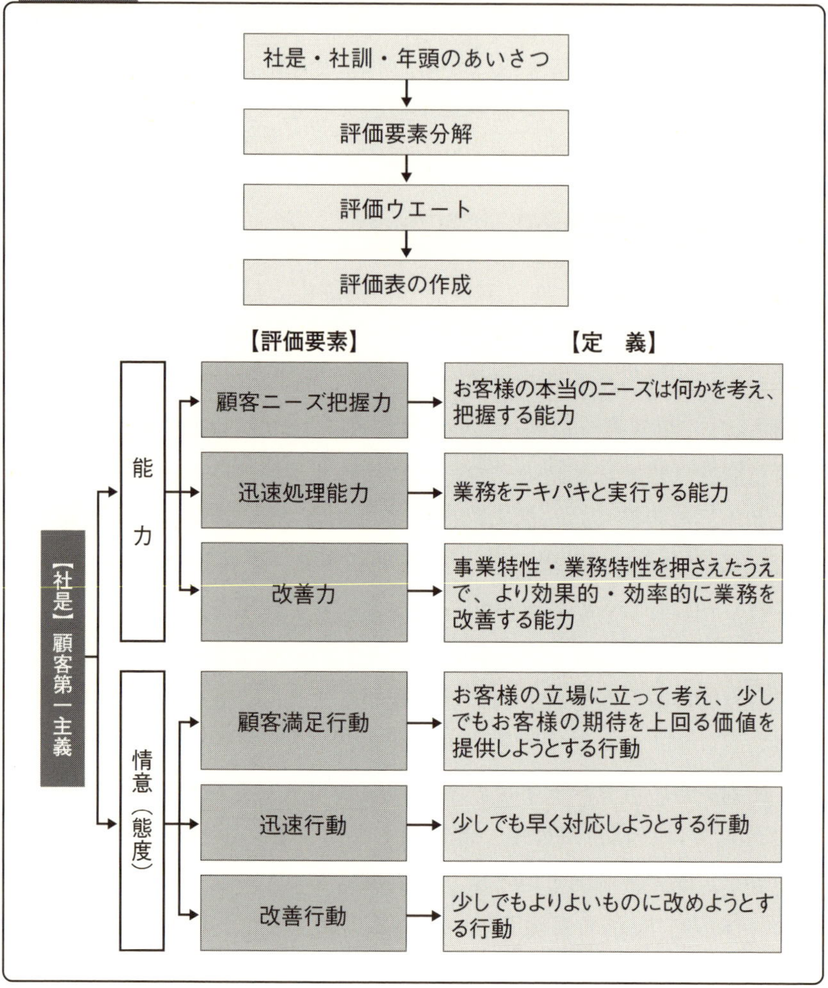

社是・社訓・年頭のあいさつ
評価要素分解
評価ウエート
評価表の作成
【評価要素】
【定　義】
【社是】顧客第一主義
能力
情意(態度)
顧客ニーズ把握力
お客様の本当のニーズは何かを考え、把握する能力
迅速処理能力
業務をテキパキと実行する能力
改善力
事業特性・業務特性を押さえたうえで、より効果的・効率的に業務を改善する能力
顧客満足行動
お客様の立場に立って考え、少しでもお客様の期待を上回る価値を提供しようとする行動
迅速行動
少しでも早く対応しようとする行動
改善行動
少しでもよりよいものに改めようとする行動

この話は、別途もう少していねいな解説が必要でしょうが、ここでは、社是・社訓から演繹的な形で評価要素を引き出すやり方を確認してください。社是・社訓は、たいていの場合、バランスのよい考え方をベースにしていますので、このアプローチは、体系的な評価要素を引き出す際に役立ちます。

4 人事評価要素全体の設計

(1) 人事評価要素群や人事評価要素になぜこだわるか

①多面評価の考え方

さて、コアプロセスの明確化によって、これだけは外せないという評価要素を引き出すことに成功したとします。ただ、これではまだ、人を評価するに当たってバランスがよいものかどうかの検証ができていません。企業の業績を向上させるコアプロセスに意識を集中させ、コアプロセスの強化によい影響を与える評価要素が出てきたことは間違いありませんが、１人の人全体を評価するという意味で、評価要素としてのバランスが要求されます。

第２章では、人事評価要素群の説明に当たり、成果評価は外的要因がどうあれ現実に出た成果を見て評価をするものの、それだけではバランスが悪いので、その成果が出た本人要因である能力評価と情意（態度）評価を行い、能力開発や自己啓発につなげていけるようにしようという話をしました。

このように、いろいろな面から見て評価を加えることを「多面評価」といいます。これは、評価要素がたくさんあるということだけではなく、バランスのよい見方ができるという面をも含んでいます。

成果の面からも、能力の面からも、あるいは情意（態度）の面からも、その本人をしっかり評価できる評価要素がそろっていると、コアプロセス面から引き出してきた評価要素が、１人の人全体を評価するのにふさわしいバランスよく体系立てたものに、うまく組み入れられていくことになります。そういう面からも、図表31の意味を考えてみてください。

図表31　多面評価の考え方

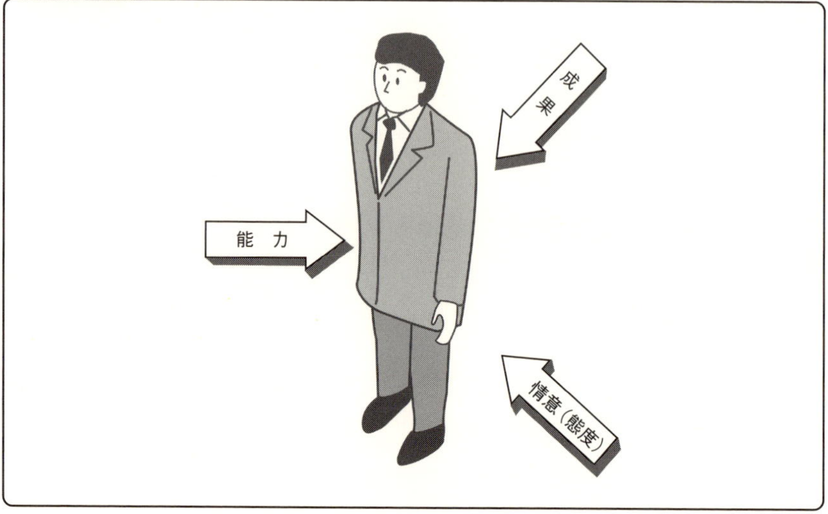

コアプロセス強化の視点から「商品企画力」が優れていても、極端に「協調性」がなかったり、「仕事の計画的遂行力」がないといった基本的なことができていない社員というのは、やはり総合点において、そんなに高い評価をするわけにはいきません。企業とは、人間集団の協業によって成り立っています。そうだからこそ、信頼性といったことも経営資源としてみるべきであり、人材を評価するには、ある程度のバランスを持たせたくなるのが普通です。

もし、「商品企画力」さえ優れていたら「協調性」や「信頼性」はどうでもよいと考えると（理屈上あり得ない考え方ではありませんが）、それは多面評価という考え方を否定することになり、人事評価全体の体系が崩れてくる宿命を持っています。人事評価には、たくさんの社員の評価を同時にできるだけ公正に行おうという前提がある以上、多面評価を否定するわけにはいきません。

②評価要素は評価レベルを高めるツール

図表32を見てください。「能力×情意（態度・努力）×外的要因＝成

図表32 結果（成果）は同じでも、それを導き出す過程は異なる

能力	×	情意（態度・努力）	×	外的要因	＝	成果
5	×	2	×	2	＝	20
2	×	5	×	2	＝	20
2	×	2	×	5	＝	20

果」という概念式の下に算式が出ています。同じ20という成果が出ているケースでも、能力が高くて（５点）20の成果が出ている場合や、努力の積み重ね（５点）により20の成果が出ている場合、能力も努力もたいしたことはない（２点）のに景気などの外的要因に恵まれている（５点）から20の成果が出ている場合など、いろいろあります。これらは、成果評価の結果は同じであっても、総合評価においては違う結論を引き出す必要があります。

「いやいや、成果が同じだから総合評価も成果評価と一緒でよいではないか」「能力が高いとか努力が高いといったことは、人事評価結果に何の関係も持たせるべきではない」という考え方は、多面評価を否定しています。また同様に、「商品企画力」という能力評価要素群の中の一つの評価要素だけで最終の総合評価を決めてよいというのも、多面評価を否定しています。そういう意味で、いくらコアプロセス強化の意識付けに直接つながるという人材マネジメント上の効果があっても、多面的に見て人を評価しようという発想は、否定されるべきではないのではないでしょうか。

被評価者本人は、半年、１年という長い評価期間の中で、さまざまな職務行動をとります。そのさまざまな行動は、すべて評価事実となって評価の対象となります。しかし、その事実は、評価者から見てなかなかつかみにくい性質を持っているため、それを評価要素群・評価要素という手掛かりを元に納得を得られる公正な評価に結び付け、インセンティブになる処遇格差や育成などにつなげていく必要があります。そういう視点に立って、人事評価要素群や人事評価要素の設定にこだわっていただきたいと思います。

（2）成果評価の意義

①成果評価における「業績評価」と「活動実績評価（成績評価）」

すでに第２章の図表16、17で説明したように、成果評価の中にも、売上高目標や営業利益高目標などといった数値面の評価を行う「業績評価」と、その業績数値を上げるために行う課題解決や改善活動の実績を評価する「活動実績評価（成績評価）」と言われる二つのグループがあります。

「活動実績評価」といっても、もちろん頑張ったという意味の実績ではなく、活動の結果を評価します。必ずしも業績数値に直接現れなくても、例えば改善報告書を出す仕事を行ったときに、その作成に当たっての努力ではなく、出来栄えの素晴らしさに対して評価をするというものです。

「業績評価」だけでも人事評価の運用はできますが、そもそも「業績評価」と「活動実績評価」を分ける意味は、「活動実績評価」というものにスポットライトを当てるためです。業績を上げるために何をやり切るかを、よく考えてほしいのです。

図表27、28のコアプロセスの強化という視点で見た場合、そのために行うことは、積極的な商品企画や、営業部門と技術部門の連携強化でした。このことは、「成果評価」という視点で見る限り、「業績評価」ではなく「活動実績評価」にかかわるものになります。積極的な商品企画には、商品企画力という能力の評価もさることながら、何と言っても、出来栄えのよい積極的な商品企画書を出してもらわないといけません。商品企画力という能力評価は能力評価表でするとして、素晴らしい商品企画書を出してもらうこと自体の評価は成果評価として（なかでも「活

動実績評価」で）する必要があります。これは本人の能力が高いか低いかの評価ではなく、営業部門ならば営業部門のコアプロセス強化に向けて前進させるという意味での実績（成果）を評価するものです。素晴らしい商品企画書を半年や１年の評価期間の中で作成することは、論理的には必ずしもその部署のその評価期間の売上高や営業利益を向上させることには直結しませんが、コアプロセスの強化のためには「素晴らしい商品企画書を作成する」という実績を上げる必要があります。

そういう理由から、あくまでも成果評価要素群の中で評価すること、つまり活動実績評価をすることがどうしても必要だということは理解していただけると思います。何と言っても、実際に業績を向上させるために人事評価を仕組むわけですから、業績向上に向けた極めて実践的な課題を与えられるようにすることを人事評価制度設計が担っているのです。

②結果評価とプロセス評価

(ⅰ)「業績評価＝結果評価」「活動実績評価＝プロセス評価」

業績評価と活動実績評価との関係は、活動実績がよりよくなると業績が向上するという関係ですから、業績評価が結果評価であり、活動実績評価がプロセス評価であるとも言えます。しかし、活動実績評価も成果評価要素群の中の評価ですから、プロセス評価のようでありながら、結果評価でもあるという関係になってきます。このことから、なんとなく活動実績評価については、「まあ頑張っていれば、いい評価をしてもよいのではないか」という感じになっていきますが、それでは、成果評価の意味がなくなってしまうところが活動実績評価の難しさです。

(ⅱ) 結果とプロセスは相対的

図表33により、結果とプロセスはいつも相対的な関係になっていることを理解してください。あることの結果を生み出すプロセスは、別のプロセスの結果として実現します。この連鎖が結果とプロセスの関係を示します。

図表33　結果とプロセスは相対的

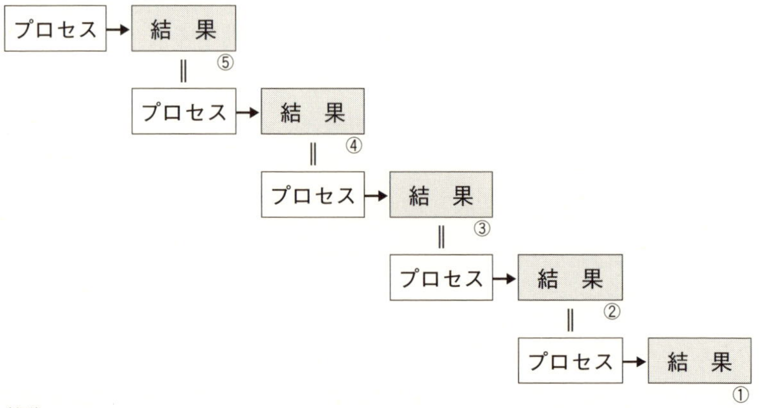

（例）

①売上を前年比１割アップする。
②そのためには、新規顧客を15社開拓する。
③そのためには、新規顧客訪問への投入時間を４割増やす。
④そのためには、既存顧客訪問件数を２割減らし、内部事務処理時間を４割削減する。
⑤そのためには、オーダーエントリーのパターン入力ができるようにシステム変更を行う。

まず「①売上を前年比１割アップする」とは、いわゆる業績数値評価の対象になるもので、財務数値そのものですから、最も結果寄りのものです。それでは、「売上を前年比１割アップする」ために何をする必要があるでしょうか。それが次の「②そのためには、新規顧客を15社開拓する」です。今までのお客様に加えて新規のお客様を15社開拓すれば、売上を前年比１割アップさせることは、きっとできるでしょう。となると、この②は①を成功させるプロセスということになります。では、「②新規顧客を15社開拓する」という結果を生み出すためには、どういう取り組み（プロセス）が必要になるでしょうか。やはり「③新規顧客訪問への投入時間を４割増やす」必要があります。そうすると、③は②という結果を生み出すためのプロセスになります。先ほどは②がプロセ

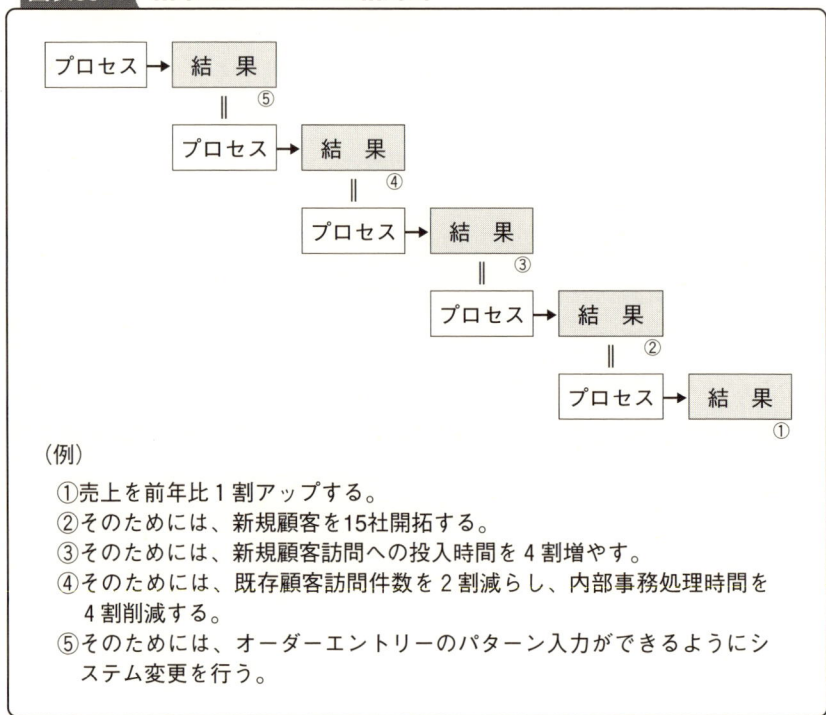

スでしたが、今度は②が結果になりました。同様に、この③という結果を生み出すためには、「④既存顧客訪問件数を２割減らし、内部事務処理時間を４割削減する」プロセスを踏まなければなりません。さらに④の結果を出すためには、「⑤オーダーエントリーのパターン入力ができるようにシステム変更を行う」というプロセスを踏む必要があります。

このように見ていくと、たしかに「①売上を前年比１割アップする」というのは最終的な結果を示していますが、それ以外は、すべて結果でもあり、プロセスでもあるということになります。また②～⑤のすべてが、①の結果を生み出すためのプロセスだという見方もできますが、②～④はすべて数字目標が組み込まれており、実現したかどうかが定量的に把握できるようになっています。それならば②～④は、「売上を前年比１割アップする」ために確実に出してほしい「結果」であるということもできます。⑤にしても数字目標ではないにしろ、「システム変更」という明確に確認できる結果があります。これは数値目標と同じくらい達成・未達成がはっきり分かるものであり、また確実に達成してほしいものです。

このように結果とプロセスというのは、お互いに関係付けられたものです。プロセスであるにせよ、確実に実行し結果を出してほしいものに変わりはないため、その評価は成果評価として行うという理屈になるわけです。これで、成果評価要素群の中に、なぜ業績評価（業績数値評価）のグループと活動実績評価のグループがあるのかが、お分かりいただけたのではないでしょうか。

③目標管理の絡ませ方

（ⅰ）「目標管理＝成果評価」だけではギャップが生じる

最近は特にそういう傾向が強いのですが、成果評価を目標管理と組み合わせて行うことが多くなりました。企業によっては、目標管理で扱うものすべてを成果で評価し、かつ成果評価で扱うものはすべて目標管理で扱っているというように、完全に「目標管理＝成果評価」の形になっているものもあります。

ただ、厳密に言えば、目標管理には重点管理の発想がありますので、被評価者本人の仕事の中で、目標管理がカバーしている範囲は限られたものになるのが普通です。つまり、目標管理は、被評価者本人の仕事の一部に過ぎません。しかし、成果評価は、評価期間中における被評価者本人の「仕事のすべての成果」を評価するのが基本ですから、「目標管理＝成果評価」という形になっているタイプのものは、理屈上のギャップがあることになります。

コンサルティング活動の中でよくある意見に、「お客様へのアフターサービスなどの地味な通常業務は評価されない」「クレームなどの問題が起きても、できるだけ他人に押し付けて自分の目標達成のための仕事をしたほうが、ずっと得だ」というものがあります。

これも理屈上､評価でカバーされない領域があることを示しています。「アフターサービスなどの地味な通常業務」を評価することが明快ならば、それが「おろそかになる」ことはないでしょう。おろそかになってしまうのは、地味な通常業務をやっても評価の対象にならないと考える事情があるからです。「クレーム処理を他人に押し付けようとする」ことも、自分の目標達成さえしっかりしていれば、問題を他人に押し付けても悪い評価になることはないと考えるからではないでしょうか。こういう穴のある評価制度というのは、あまりほめられたものではありません。

(ⅱ) 評価期間中の目標管理だけを評価対象としない

そういう視点に立って図表34を見ると、成果評価要素群というジャンルに限定して考えた場合、目標管理に入ってくるものと入ってこないもの（目標管理以外のもの）があることが分かります。

目標管理に入ってくるものは、先ほど触れたように、第１に業績評価で扱われる業績数値目標であり、第２に活動実績評価で扱われる課題解決型目標です。業績評価で扱われる業績数値目標などは、あらゆる活動の総決算という見方もできますが、必ずしも業績数値に反映しないさま

図表34 成果評価における目標管理の位置付け

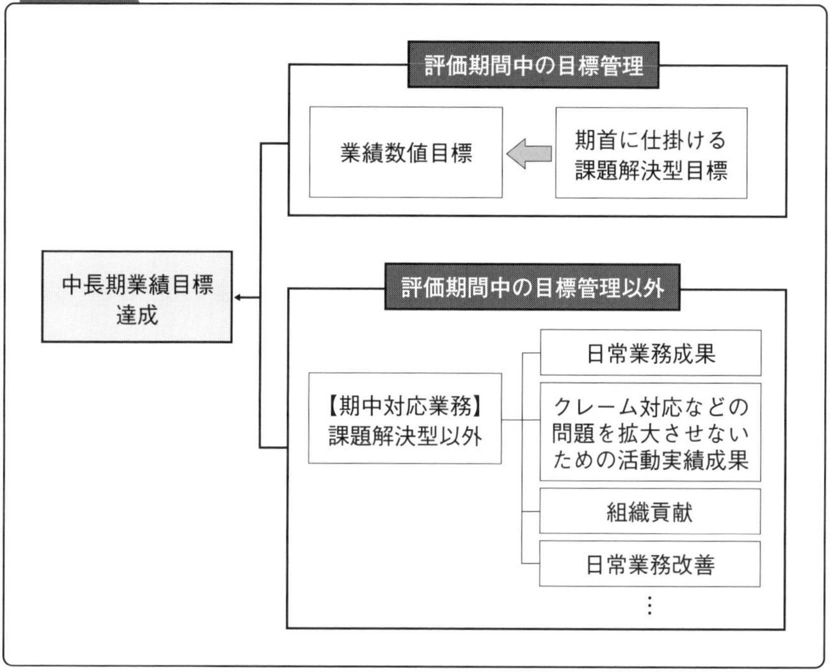

ざまな社員の活動があるのも事実です。一方、クレーム対応などの問題を拡大させないための活動実績の成果にかかわるものや、仲間の人間関係を維持するための職場行事などの組織貢献、取り立てて目標管理で登録するほどでもない日常業務の改善などがそれに当たります。また新規のお客様と初めて会って話ができたというような日常業務の成果は、特にその期の業績数値に反映するものではありません。これらのものは、長年積み重なっていくことによって、つまり中長期というスパンで見たときには業績目標の達成に大きな貢献をしていきます。

このように、評価期間中の目標管理だけを対象に成果評価を行うことは明快で分かりやすい半面、どうしても評価の穴をつくってしまうことを理解しておいてください。

したがって、成果評価要素群の評価に当たっては、①目標管理で扱う業績数値目標達成度評価、②目標管理で扱う活動実績評価に加えて、目標管理には直接連動しない、③日常業務成果、④クレーム対応などの問題を拡大させないための活動実績成果、⑤組織貢献、⑥日常業務の改善等々の項目を念頭に置くべきでしょう。つまり、成果評価に目標管理を利用するときには、目標管理が成果評価全体に対して部分的なものであることを常に理解したうえで、目標管理を成果評価に絡ませるという発想で臨むのが基本となります。

人事評価には応用的な工夫がいろいろと可能ですが、こうした基本がどこにあるかは、よく理解しておきましょう。

④本人の固有責任と組織の結果責任の設計

これで、目標管理で扱うものは成果評価の一部であるということがお分かりいただけたと思います。次に、成果評価が本人の何を評価するものなのかを説明します。

(ⅰ)「本人の成果責任を問う」ということ

図表35に示したように、成果評価は、「全社の成果責任」「所属部門の成果責任」「本人の成果責任」の三つの成果責任にかかわります。成

図表35 成果評価のターゲット

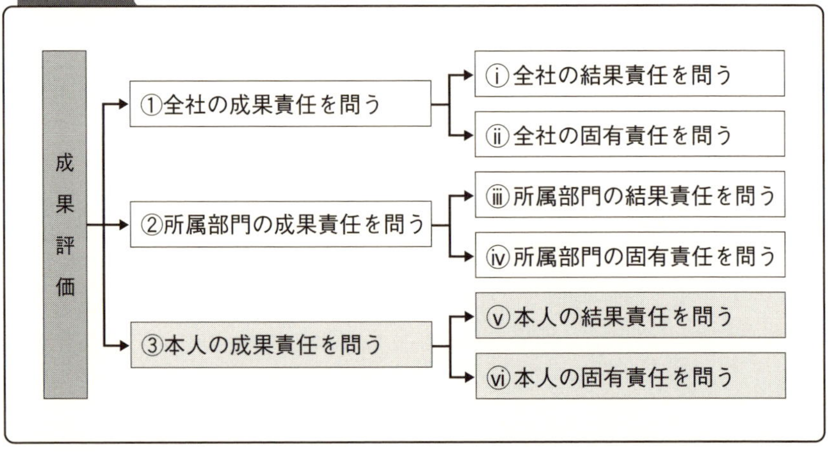

果評価という際に、まず何を評価の対象にしているかという点について、頭の整理をしてください。

人事評価とは、個人の処遇に関するものですので、基本は、本人の成果責任に対する評価でなければならないはずです。そのため、本人の成果責任ではなく、全社の成果責任や所属部門の成果責任を問われて本人の処遇の格差付けに活用されては、本人としては面白くないでしょう。

すなわち、成果評価は、図表35の下側の「③本人の成果責任を問う」→「(v)本人の結果責任を問う」あるいは「(vi)本人の固有責任を問う」とならなければいけないということです。もちろん、成果評価が、外的要因の影響をも含めて結果として生み出された成果を評価することが基本だという視点からすると、成果評価は、「(v)本人の結果責任を問う」ことだけを考えておけばよいことになります。「(vi)本人の固有責任を問う」ことだけに限定して成果評価をするのは外的要因の影響を割り引いた評価になるので、成果評価の原則から外れます。図表36では、結果責任と言われるものが、「①本人の固有責任」以外にもいろいろなもの

図表36 結果責任と本人の固有責任

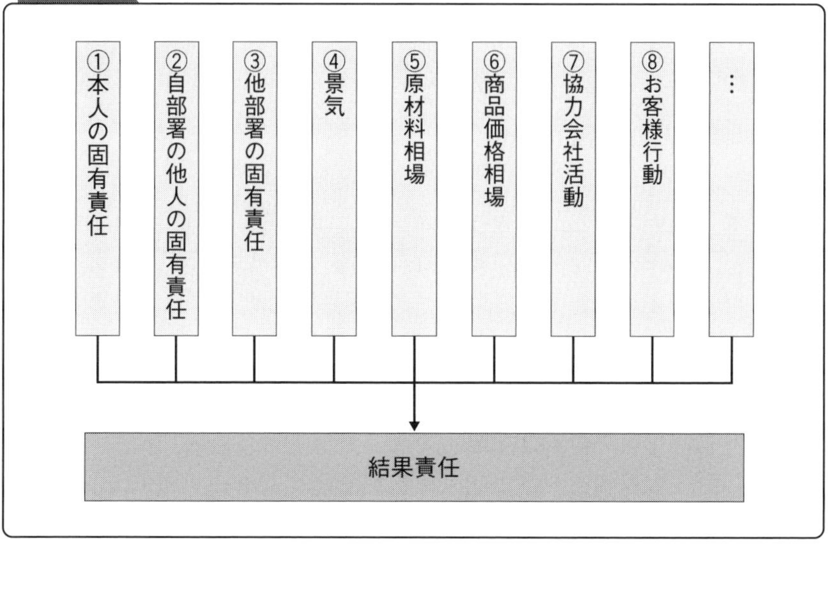

から影響を受けていることを示しています。このように、「本人の結果責任」とは、さまざまな外的要因をすべて飲み込んだものだということになります。

(ⅱ)「所属部門の成果責任を問う」ということ

それでは、図表35の「②所属部門の成果責任を問う」というのは、成果評価とどのような関係になるのでしょうか。

単純化して話を進めると、まず、管理者ではない単なるメンバーである被評価者本人の受注高目標を1億円とし、本人が所属する部門全体の受注高目標が20億円だとします。そのときに、結果はともあれ「本人の結果責任」としての受注高目標1億円を達成したとすると、「評価者の期待どおり」ということで「B」(図表20の評語の場合)となるのが基本のはずです。しかし、所属部門長の成果評価については、所属部門全体の受注高目標に対する結果責任を問うものとする前提で考えた場合、所属する部門全体として受注高目標20億円に対して10億円しか達成できなかったときには、所属部門長の評価が「D」となることが想定できます。そうなると、先ほどの単なるメンバーとしての被評価者本人は「B」のままでよいのでしょうか。

■本人の成果評価に対して「所属部門の結果責任」は含めない

所属部門の業績が悪いのだからC評価にされても仕方がないと考える人と、所属部門の業績がそこまで悪いのに個人目標1億円の受注高をよく達成したということでS評価が妥当と考える人が出てくるかもしれません。

前者の「所属部門の業績が悪いのだから、C評価にされても仕方がない」という考え方は、図表35の「ⅲ所属部門の結果責任」を問うていることになります。この考え方は、本人がきちんと自分の持分の責任を果たしていても、所属している部門が悪いのだからその責任はいくばくかあるのではないかという理屈です。

しかし、人事評価は、常に個人に焦点を当てたものですので、こういう考え方をとってはいけないのが原則です。したがって、同図の「②所属部門の成果責任を問う」という部分は、論理的には、やはり被評価者本人の成果評価には入ってこないことになり、所属部門の業績に引きずられて本人評価を「C」にする理由は、原則としてないということになります。

もし、この考え方がどうしても納得できないとするならば、あらかじめ「わが社は例外的な処理をする」と宣言する、つまり、評価表に、「個人の受注高目標の達成度と所属部門の受注高目標達成度の両方の評価をします」と明示をしておかなければならないということです。このことによって、図表35の「ⓥ本人の結果責任」の中に所属部門の受注高目標達成度が組み込まれます。

それならば、「所属部門の受注高目標達成率が非常に低い中にあって、本人はよくやった」ということで、S評価とするのはどうでしょうか。

「S」だと主張する人は、所属部門の受注高目標達成率が低い中で、「1億円の目標のうち、せいぜい5000万円いけばいいところが、景気が悪い中でよく実績を上げた」といった理由を想定しているはずです。しかしながら、図表36に示すように、出てきた結果にはさまざまな要因が絡まっているのが普通であるものの、成果評価は、出てきた評価をそのままに（外的要因を飲み込んで）結論を出すのが原則です。したがって、この場合、1億円の受注高目標に対して1億円の実績だったということだけが評価事実として大切であり、評価者の期待どおりということで「B」という結論は揺るがないものです。

■時には「目標の変更」や「難易度の変更」を行う

もし、この「B」という評価結果があまりにも妥当性を欠くように思われるとするならば、そもそも所属部門の受注高目標20億円が妥当なのかどうか、それとの関係で被評価者本人の1億円という受注高目標が妥当なのかどうかのチェックを評価期間の途中で行ってください。つまり、「目標の変更を行うのかどうか」です。目標の変更を行わないのであれば、妥当な目標だということですから、今まで述べてきたような評価結果を変える理由はありません。目標を変更すべきだということになった場合は、例えば、「所属部門の受注高目標を10億円、被評価者本人の受注高目標は5000万円」というように変更すればよいことになります。そうなると、被評価者本人の評価結果を「Ｓ」にすることが十分可能になります。

また、目標額そのものを変えないという結論であっても、「当然達成すべき目標」から「相当困難な目標」に難易度を変更することも考えられます。この場合は、評価者として当然達成してほしいと考える期待レベル（B評価レベル）が実質的に下がったということであり、目標が1億円から5000万円に下がったのと同じことですから、本人の評価結果を「Ｓ」にする理屈は成り立ちます。

これらのチェックは、経営環境の変化によって、当初目標を考えたときの状況と比べて相当な事情変更があったという経営判断によるものです。したがって、そのような事情変更を認識した時点で、速やかに目標のあり方を組織的に検討して本人にアナウンスをすべきであり、そうでなければ、原則どおり、目標（期待水準）対実績の比較で評価するのが、成果評価の基本になります。

図表37には、目標難易度／目標達成度と評価結果の考え方をまとめています。目標が難しければ、少し未達成でも普通の難易度の目標をちょうど達成した場合と同じ「Ｂ」にしてもよいでしょうし、もっと難し

図表37　目標難易度／目標達成度と評価結果の考え方

		目標達成度				
		大幅な超過達成	超過達成	目標達成	今一つ未達成	大きく未達成
目標難易度	極めて難しい	SSS	SS	S	A	B
	難しい	SS	S	A	B	C
	普通	S	A	B	C	D

い目標の場合には、「A」もあるでしょう。人事評価の教科書には、「プラス1原則」という言い方もありますが、難しい目標ならば、一つ上の評価結果を使ってもよいではないかという発想です。そういうこともよく考えて、評価結果を導き出してほしいと思います。

ただし、本当に難しい目標なのかどうかは、関係する部長や課長などのライン管理者の意見をよく吟味し、あくまでも組織的に検討をしてください。しかるべき上級の管理者が妥当な結論を引き出す努力が、よりよい目標設定の知恵の獲得につながりますし、よりよい成果評価となるベースをつくっていきます。

(3) 能力評価の設計

成果評価は、さまざまな外的要因をすべて飲み込んだうえで、本人の結果責任を問うものだと説明してきました。この項で述べる能力評価は、それに対して図表35の「(vi)本人の固有責任を問う」領域に入ってきます。成果を生み出すに当たっては、本人の能力と情意（態度）が重要な役割を果たしますが、そのうちの能力の問題をここで説明します。

■コンピテンシーも、能力評価をめぐる試行錯誤の中の一つ

能力評価をめぐっては、どうしても曖昧《あいまい》な印象評価になってしまうという反省が産業界にあります。なかには能力評価があるから年功主義的な人事管理がなくならないのだという意見もあって、能力評価をやめてしまう会社も出てきています。それはそれで一つの考え方でしょうが、人を育てる気持ちが強いのが日本的経営のよいところであり、そういう「人づくり」の観点からすれば、やはり能力評価は外せないという考え方は、多くの日本企業のとるところです。

難しいから能力評価をやめるということではなく、大切だからこそ、やり方をいろいろと工夫して何とか意味のある能力評価にしていこうという意味で、試行錯誤の中から、多くの能力評価をめぐる概念が生まれました。最近のコンピテンシーというものも、そういう試行錯誤の中から一つの試みとして日本企業に取り入れられたものです。

しかし、多少言い過ぎを覚悟で言えば、能力評価をめぐる議論と実務の歴史は、アメリカよりも日本のほうが圧倒的に長いものがあり、アメリカで生まれた概念を取り入れなくても、十分対応が取れたはずです。それなのに、能力評価をめぐる言葉の概念について、あまり整理しないでコンピテンシーの議論に入ってしまったがゆえに、日本企業の中でかなりの混乱が生まれてしまいました。これは、年功主義を排除しようという気持ちの強さが上滑りして、不正確な用語を連発したのが原因です。

■「能力評価」に関する理論の整理をしよう

コンピテンシーがアメリカでブームになるのはなんとなく理解できるのですが、能力評価の歴史が長い日本企業でこれだけブームになるというのは、いささか情けない印象を持ちます。しかも、「能力評価は、結局は潜在能力評価になってしまう。コンピテンシー評価は発揮能力を評価するので、年功主義を排除するためには不可欠である」という一見分かったような、しかし不正確な主張を聞くと、能力評価についての理論的な整理ができていない現状を嘆くほかありません。

図表38 能力評価の用語

能力の定義	潜在能力	行動事実によって能力の有り無しが確認されていないが、きっとあるだろうと推測された能力。
	顕在能力	行動事実によってたしかにあると確認された能力。
	保有能力	その言葉どおり、本人が持っている能力。顕在能力も潜在能力も含めた能力。
	発揮能力	成果を生み出すために発揮された保有能力。
評価方式	保有能力評価（獲得能力評価）	評価時点でどこまで保有能力のレベルが高まったかを評価する方式。昇格審査の際に職能資格基準を満たしているかという評価はこの方式。
	発揮能力評価	評価期間中に、どの程度の能力が発揮されたかを評価する方式。成果のうち「運」「不運」のような外的要因を除いた「再現性のある成果」を生み出すために発揮された能力を評価する。

図表38では、能力評価の用語の定義を試みています。是非、一つひとつを確認し、能力評価の議論をしていただきたいと思います。

①「潜在能力評価」と「顕在能力評価」

（ⅰ）顕在能力評価だけでよいのか

能力評価の議論で出てくる用語に、「潜在能力」と「顕在能力」があり、これらに加えて、「保有能力」と「発揮能力」という言葉があります。これらの言葉の定義が錯綜《さくそう》して議論されることが多いので、特に人事評価を学び始めた人にとっては、能力評価を理解することが非常に難しいものとなります。

「保有能力の評価をしようとすると潜在能力を評価することになるので、年功主義を温存させることになる」「保有能力を見ようとするのではなく、発揮能力を見ようとしないといけない」「潜在能力を評価するのではなく、顕在能力を評価すべきである」といった主張をどこかで聞いたことがあると思います。言いたいことは分かるのですが、これもなんとなく、分かったような分からないような印象を持つため、もう少し手順を追って、説明します。

図表39は、水に氷が浮かんでいる図です。氷は水と比べると１割ほど比重が軽くなるので、その分水面上に出てきますが、人の能力を見るときもこれと同じことだと言えるでしょう。他人から「あの人はこういう仕事ができるのだな」と、はっきりと能力が確認できる場合がありますが、このような「行動事実でたしかにあると確認された能力」を「顕在能力」と言います。

約１割分の氷しか水面に浮かばないため、この氷がどれだけ大きいのかは見えにくいわけですが、たしかに水面下にも氷は存在しています。それと同じように、本来人間は、いろいろな能力を持っています。仕事上はっきりと確認されたいわゆる「顕在能力」が水面に浮かんだ氷であるならば、必ず水面下の氷の部分である「潜在能力」があるわけです。まずは、こういうバランス感覚を持ってください。「行動事実でたしか

図表39　潜在能力評価と顕在能力評価

にあると確認された能力」（＝顕在能力）だけしか人間にはないという考え方は、基本的に採用できません。それゆえ、必ず顕在能力以外の能力がその本人に備わっているはずということになります。

行動事実から確認できないとなると、能力があるかどうかは推測の世界になります。したがって、推測して「あるだろう」と考えられる能力が潜在能力となり、図表38で、「行動事実によって能力の有り無しが確認されていないが、きっとあるだろうと推測された能力」と定義しています。

（ⅱ）潜在能力評価を抜きにして人事管理はできない

ある仕事を任せようとしたとき、すでにその仕事を立派にこなしている人に任せれば、比較的安心感があります。それは、顕在能力として、その能力の保有が確認されているからです。しかし、そういう仕事実績のある人がだれもいなかった場合には、仕事を任せる候補者を探して、その中からいちばん安心な人を選び出すことになります。そして、その選び方は、潜在能力を見付け出す以外にはありません。

そういう意味では、推測余地が非常に大きいのですが、これは単なる印象で評価をしろということを言っているわけでもありません。例えば、全社改革のプロジェクトリーダーを選ぶ際、その仕事の経験者が社内に１人もいなかったとしても、今までの会社での働きぶりなどから、最も可能性の高い人を探して、選ぼうとするはずです。たしかにプロジェクトリーダーをやれると判断するに足る根拠がそれほどあるわけではありませんが、少しでも類似の職務経験を見付け出して、他の候補者と比較するはずであり、このプロセスが、潜在能力を評価していくことになります。

「潜在能力評価が年功主義を温存させる」という主張がありますが、人事管理上、潜在能力を推測して任用実務をしないといけない事情があるわけですから、潜在能力という概念を持つことは人事管理において不可欠のことであり、「潜在能力評価」と「年功主義の温存」とは理論的には全く関係のない話だということがお分かりいただけると思います。

②「保有能力評価」と「発揮能力評価」

（ｉ）保有能力と発揮能力

次に、保有能力評価と発揮能力評価の話に入ります。図表38では、保有能力は、「その言葉どおり、本人が持っている能力。顕在能力も潜在能力も含めた能力」と定義しています。要するに、それまでの職務経験を通じて獲得した能力ということから、「獲得能力」という言い方もできます。したがって、保有能力評価（獲得能力評価）とは、「評価時点でどこまで保有能力のレベルが高まったかを評価する方式。昇格審査の際に職能資格基準を満たしているかという評価はこの方式」ということになります。

発揮能力とは、「成果を生み出すために発揮された保有能力」ですが、ここに「保有能力」という言葉が入っていることに注目してください。発揮能力とは、保有能力が前提であり、保有能力が評価者から見てたしかに発揮されていると確認された能力です。

この定義だと、顕在能力という言葉と同じ定義になりますので、特に発揮能力という言葉を使う必要がなくなります。そこで、図表38では、発揮能力評価の定義を、「評価期間中に、どの程度の能力が発揮されたかを評価する方式。成果のうち『運』『不運』のような外的要因を除いた『再現性のある成果』を生み出すために発揮された能力を評価する」としています。したがって、発揮能力評価とは、評価期間内の能力の発揮量が問題になり、「どの程度の能力をどれくらいの量、発揮したか」を見ることになります。

(ⅱ) 保有能力評価と発揮能力評価

行動事実によってたしかにあると確認された能力を「顕在能力」と定義しましたが、これは、一つひとつの能力を指しているために、特にその能力をどれくらいの量だけ発揮したかということは言葉の概念の中に入っていません。そこで、発揮量の概念が入っている発揮能力評価が重要となります。

もう少し説明をしましょう。保有能力評価（獲得能力評価）とは、どれくらいの能力が獲得されたかを評価するものです。とはいえ、評価の原則は、事実によって評価することであり、それは顕在能力であっても潜在能力であっても特に違いはありません。職務行動事実を見てたしかにその能力があると確認（心証形成）できれば、能力が保有されている（獲得されている）と評価すればいいのです。

しかし、発揮能力評価は、どこまで能力が獲得されているかには評価の焦点を置いておらず、どれくらい能力が発揮されているかを評価するところに焦点を当てています。例えば、Aという商談を１回やって成功させたならば、A商談能力は保有されていると判断できるかもしれませんが、１回だけでは能力の発揮量としては不十分だと評価されるかもしれません。評価期間中にA商談の機会が10回あったにもかかわらず、３回しかまじめに発揮しなかったようなことであれば、発揮能力評価は悪い評価結果になります。一方で、保有能力評価（獲得能力評価）としては、３回もA商談をうまくこなしているとなると一応A商談能力は獲得していると評価してもいいではないか、という結論になるでしょう。

そうであれば、あと7回うまくこなせなかったのはやる気がなかったからで、能力がなかったからではないということになります。

保有能力評価（獲得能力評価）は、そのように論理構成をすることが可能です。

(iii) 発揮能力＝成果÷外的要因

発揮能力評価は、発揮していないと評価結果を悪くする評価ですから、評価期間中に10回A商談をする機会があれば、10回うまくA商談をこなしていないとよい評価にはしないということになります（もちろん10回すべてではなく、5回うまくこなせていれば「B」評価にしてよいという場合は、状況によってはあり得ます）。これは、能力が獲得（保有）されているかどうかではなく、発揮されているかどうかを焦点にした能力評価なので、そのようになるのです。

「10回うまくA商談をこなしていれば、よい評価にする」とは、もちろん商談を成功させていることを意味しますが、これでは発揮能力評価というのは、成果評価と非常に近い概念になってしまい、混乱を生じさせます。

この問題を考えるときにもう一度、「成果＝能力×情意（態度・努力）×外的要因」という成果評価と外的要因との関係を思い出してください。つまり、成果評価は、出た成果をありのままに評価して評価結果を出しますので、図表35の「ⓥ本人の結果責任を問う」に該当します。しかし、能力評価は「ⓥⓘ本人の固有責任を問う」のグループであり、発揮能力評価は、10回のA商談を成功させていなくても、その成功できなかった要因が外的要因のせいであれば能力は発揮されているのですから、悪い評価にするわけにはいかないことになります。つまり、「発揮能力＝成果÷外的要因」です。

もちろん、成果が出ない原因が情意（態度・努力）ということもありますので、概念的には、「発揮能力＝成果÷（情意×外的要因）」にもなりそうですが、図表32でいう「成果＝能力×情意（態度・努力）×外的要因」とは保有能力（獲得能力）を念頭に置いたものなので、発揮能力を念頭に置いた場合は、「発揮能力＝保有能力×情意」という式を代入して「発揮能力＝成果÷外的要因」と考えればよいでしょう。

少し概念がややこしいかもしれませんが、これくらいのものを駆使できるようになっていただければ、人事評価の実務が分かったと言ってよいでしょう。

（iv）能力を発揮しない限り「発揮能力なし」となる

保有能力は、発揮されて初めて発揮能力として発揮能力評価の対象になります（図表40）。能力が保有されていても、発揮されなければ「発揮能力なし」ということです。また、保有能力がもともとなければ能力は発揮できませんので、当然「発揮能力なし」ということになります。もちろん、能力が発揮されていなくても能力が保有されている可能性があるということは、しっかりと押さえてください。

（v）職能等級制度における能力評価

図表41は、保有能力評価（獲得能力評価）にかかわる概念を示したものです。職能等級制度には、職能等級基準、つまり等級別の能力基準があり、その能力基準を満たせば（つまり基準となる能力を獲得できて

図表40　保有能力評価と発揮能力評価

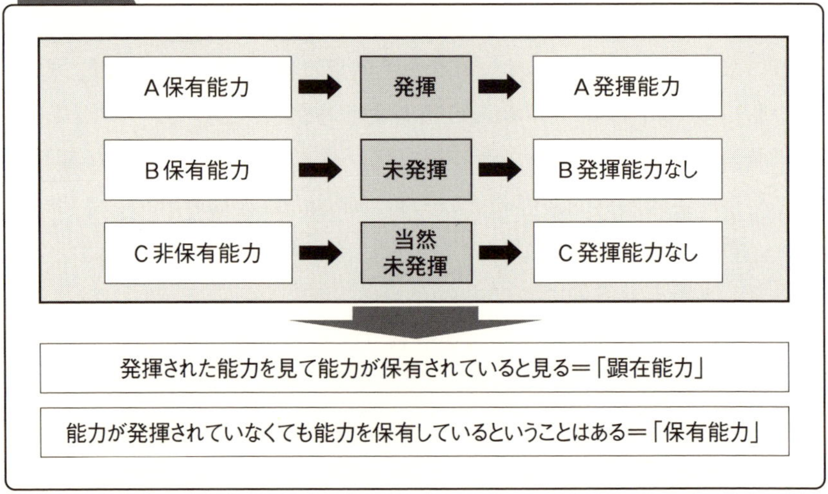

図表41 **能力の伸長度評価と達成度評価**

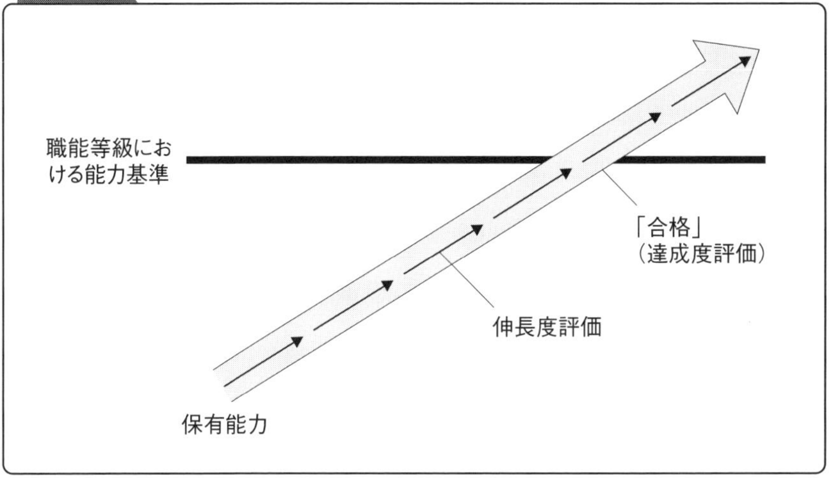

いたら）昇格するという制度になっている場合が多いと思います。

職能等級における昇格審査は、この能力基準をクリアしたかどうかで昇格可否を判定する典型的な保有能力（獲得能力）の審査です。能力とは、職務経験を積みながら獲得していくことになるため、通常の場合、年々少しずつ成長をして、何年間か掛けて、その等級を卒業して昇格をしていくことになります。

図表41では、横の太い線が、昇格基準としての能力基準を示しており、右肩上がりの大きい矢印と横の太い線との交点が、何年かに1度めぐってくる昇格審査での「合格」を示しています。この交点での昇格審査で、能力基準を満たす保有能力（獲得能力）が確認されれば昇格することを示しているわけです。この右肩上がりの大きい矢印の中にある小さい矢印は、年々能力的な成長を遂げながら、何年か後に昇格基準としての能力基準を満たしていく段階を示すものです。この部分の能力評価が、いわゆる年々の昇給評価に活用される能力評価だというように理解してください。したがって、年々の能力的成長に見合う定期昇給が用意されているのが日本的な月例給与制度の特徴であり、給与が高くなると

いうことは、それなりの能力的な成長があることを前提にしています。

とはいうものの、人事制度上、昇格基準としての能力基準以外に年々の能力成長基準というものをつくってはきませんでした。これは、基準作成が技術上大変難しいことに関係しています。それゆえ、本人の年々の成長度を管理者の判断力に頼って確認し、月例給与の定期昇給につなげることにしているわけです。このあたりの考え方も、是非よく押さえておいてください。

(vi) 成果主義時代の能力評価

月例給与の定期昇給といっても、一昔前は全員一律に同じ金額を昇給させるいわゆる「自動昇給」というものでした。「社員は年々経験を積み重ねながら成長している。だから、その成長に対して昇給をさせるべきである」、しかも、「年々の成長レベルを基準に照らして判定することは不可能なので、みんな同じだけ成長したと『みなす』」ことにして自動昇給をさせる、という年功主義の昇給ロジックが、ここに完成したのです。

実は、この年功主義の昇給ロジックは大変よく考えられたものなのですが、今の世の中は「同じだけ成長したと『みなす』」ことはしたくないので、無理にでも能力的な成長度を評価して、その成長格差を昇給格差につなげようとしているために、技術的に非常に難しい能力評価をしているのです。

昇格審査局面での能力評価には能力基準もつくられていますので、まだやりやすいのですが、年々の昇給評価に活用する能力評価では、このように結構難しい評価をしていることは、理解しておいてください。「同じだけ成長したと『みなす』」という考え方で自動昇給にする年功主義の考え方は、今の時代感覚には合わないとはいうものの、実務的には結構「優れもの」であることも、一応知っておくとよいでしょう。

(vii) 昇格審査と昇給審査で能力評価を使い分ける

年々の成長レベルの評価（＝年々の保有能力の獲得レベルの評価）を、日本企業は昇給評価に利用してきたと述べました。しかし、この部分の評価が難しいために、どうしても年功的な運用になってしまう反省から、発揮能力評価を昇給評価に利用しようという考え方に変化してきているのが、今現在の流れです。

「発揮能力＝成果÷外的要因」に基づき、被評価者本人が出した成果をよく見て、外的要因を割り引いて考えれば、本人の発揮した能力が見えてきます。発揮能力評価は、能力の発揮量という概念が入ってくるとも述べましたが、本人が出した成果を手掛かりにすれば、発揮量も判断しやすくなります。したがって、昇格審査は獲得能力評価で行うことにして、昇格基準としての能力レベルを獲得したかどうかで審査します。

一方、年々の昇給評価に利用する能力評価は、年々の獲得能力評価ではなく、発揮能力評価で行うのが成果主義の時代には合っているのではないかと考えられるようになってきています。

そうなると、昇格審査の能力評価と昇給額決定のための能力評価とは、同じ能力評価という言葉を使うにしても、前者を「獲得能力評価（保有能力評価）」とし、後者を「発揮能力評価」とする違いを持たせた考え方が結構有効であるように見えます。

③コンピテンシー評価とは何か

（ⅰ）コンピテンシーとは「成果を生み出すことにつながる能力」

1990年代末ごろに、日本の能力評価に大変なインパクトを与えたものが、「コンピテンシー」という概念です。バブル経済崩壊後、出口を求めて成果主義的な人事革新を模索する中で能力評価の必要性もコンピテンシーが認めたことから注目されたものです。そのときは、日本の能力評価がなんとなく曖昧《あいまい》なものになり、年功主義を温存させる元になっているのではないかと多くの日本企業が反省していたときでしたから、アメリカから「問題解決の打出の小槌《こづち》」でも出てきたかのような雰囲気で日本企業に受け止められました。

コンピテンシーの概要については図表42にまとめたとおりです。そもそもコンピテンシーとは「能力」を指す言葉であり、普通に「能力」

図表42　コンピテンシーとは基本的には「能力」のこと

定　義	成果を生み出すことにつながる能力。
導入意図	ともすると潜在能力を推測するという部分が多くなっていた能力評価を、実際に顕在化した行動を事実に基づいて能力を評価していく本来の方向に転換させようとした。
評価基準の特徴	業績優秀者（ハイパフォーマー）の行動特性を分析し、評価項目と評価基準を設定。
出発点	1970年代に、ハーバード大学の心理学者マクレランド教授がアメリカ国務省の依頼を受けて、外交官の業績に差が付く本人要因は何かを研究したのが出発点。その後、リチャード・ボヤティズが約2000名の管理者の仕事の成果と能力の関係を整理して、1982年に『The Competent Manager：A Model for Effective Performance』という書籍を発表。1990年代にアメリカで流行。日本でも1990年代末から流行。
基準表現の特徴	職能等級基準：…ができる コンピテンシー：…をしている　…という行動をとっている

と言われるだけでは何のインパクトもありませんが、カタカナで「コンピテンシー」と言われると何か特別な技法があるのではないかということで注目を浴びたわけです。

コンピテンシーという言葉を図表38でまとめた用語に素直に当てはめると、いわゆる「発揮能力」に近いといってよいと思います。ただ、コンピテンシー評価が、採用審査や管理者選抜の場面で使われると、成功可能性の高い人の素質を判断することができるために潜在能力評価に近いものになりますが、一方で現実に発揮された行動を評価するものであって期間概念も入ってきますので、発揮能力評価に近い性質を持つことになります。このように、コンピテンシー評価は二つの性質を合わせ持っています。

コンピテンシーといってもいろいろな定義が出されていますが、結局のところ、図表42でいう「成果を生み出すことにつながる能力」が最もオーソドックスな定義だろうと私は考えています。

図表38では、「発揮能力評価」を「評価期間中に、どの程度の能力が発揮されたかを評価する方式。成果のうち『運』『不運』のような外的要因を除いた『再現性のある成果』を生み出すために発揮された能力を評価する」と定義しています。コンピテンシー評価もまさにこういうもので、特に「再現性のある成果」という概念は、コンピテンシー議論の中では重要なものであるとされました。しかし、なかには「コンピテンシーとは、『再現性のある成果』だ」というような定義もされ始め、能力を問題にしているのか、成果を問題にしているのか非常に分かりにくいものとなってしまいました。こういう状態を混乱と言うのでしょう。

そもそも、図表42にある「成果を生み出すことにつながる能力」という私の定義にしても、コンピテンシーが日本に取り入れられる以前からあった考え方であり、目新しいものではありません。なんと言っても、「成果を生み出すことにつながらない能力」を日本企業が評価していたということはありませんので。

（ii）日本にはなかった「コンピテンシー」という名の科学的アプローチ

しかし、面白いもので、他の経営コンセプトと同様にいったんブームになると、今までの革新の取り組みや長年培ってきた概念体系など全く無視されるようになってしまうのです。

そうは言うものの、図表42のとおりアメリカでコンピテンシーが研究された経緯を見ると、普通の人のグループと業績優秀者（ハイパフォーマー）とを比較し、業績優秀者の行動特性を分析して評価項目や評価基準をつくり上げるという、事実をしっかりと踏まえた、かなり科学的なアプローチによって研究されたことが分かります。日本では、能力評価の歴史が長かった分だけ、どちらかと言うと経験的な形で能力評価を考えていた部分がありましたので、このアプローチが大変新鮮に見えたのは事実でした。

評価基準の表現としては、職能等級基準が「…ができる」という表現を使うのに対して、コンピテンシーの基準においては「…をしている」や「…という行動をとっている」という表現形式を使うものが一般的になりました。これは、職能等級基準にも大きな影響を与え、同様に「…をしている」や「…という行動をとっている」という表現形式を使うようになっていきました。どうも「…ができる」という表現では、「やらせればできるけれど、実際はやっていない」という部分を悪く評価できないと考えたのでしょう。

図表43に、私が所属しているJMACが活用しているコンピテンシーの項目例を載せました。

日経連（当時）が1969年に提唱した職能資格制度（職能等級制度と同じ）は、「○○業務ができる」という形で具体的な業務名とセットで能力基準を表現することを念頭に置いていますが、コンピテンシー項目は、もっと一般的な表現で評価項目を引き出すのが普通です。

後者のタイプの評価項目は、特定の会社の特定の職種を念頭に置いた

図表43 コンピテンシーの項目例

	内　容	コンピテンシー項目
プロフェッショナル志向性	お客様オリエンテッドで物事を考えると同時に、自らの仕事に誇りを持ち、自らの腕前を磨いて、お客様、関係者に貢献しようとするコンピテンシー	①使命感・信念・情熱、②顧客志向性、③分析力、④概念形成力、⑤自己革新力、⑥専門技術能力
変革指向性	経済社会環境変化動向、経営環境変化動向に関心を持って、長期的視点で自らを変革していくコンピテンシー	①戦略思考力（構想力）、②改革企画力、③改革シナリオ設定力、④ネットワーク力
達成動機	仕事を成功させようと頑張ろうとするコンピテンシー	①業績達成意欲、②率先垂範力（行動力）、③継続力、④決断力、⑤ストレス耐性
リーダーシップ	さまざまな関係者に、影響を与えて、先頭に立ってリードしようとするコンピテンシー	①押し出し力、②コミュニケーション力（プレゼン力、傾聴力）、③人の気持ち理解力、④求心能力（誠実さ）、⑤対立調整力、⑥異文化理解、⑦明るさ

ものではなく、いわゆる業績優秀者と言われる人の行動特性を分析し、その結果と突き合わせて、業績優秀者候補を見付け出そうという発想にあることを意味しています。ちょっと斜に構えてみれば、一般的な能力評価要素で評価をしている日本企業の能力評価表に書かれている項目とあまり変わらないではないかという言い方もできるかもしれません。

そうは言っても、データの蓄積をもとに議論しようとしている姿勢は、日本企業にはあまりなかったのは事実であり、こういうコンピテンシー項目を見たときに、年々の昇給額決定に使うための能力評価をコンピテンシー評価でやろうとか、昇格審査のための能力評価をコンピテンシー評価でやろうと日本企業は思ったわけです。

しかし、これは、発祥の地アメリカとは違う発想のものです。

(ⅲ) つくりこみ過ぎると業務の変化に対応できなくなる

アメリカの発想と大きく異なるもう一つは、職種別の職能等級基準の代用にしようと考えた点です。昇格審査のための能力評価をコンピテンシーでやろうとした関係で、「職種別職能等級基準のコンピテンシー版」とでも言える職種別かつ等級別コンピテンシーの基準を作成しようという発想が、日本では生まれました。

そもそものコンピテンシー評価でも、ある程度、職種別の基準を検討していける部分があります。図表43のコンピテンシー項目を活用して、営業職の業績優秀者の特徴をデータで調べ、その特徴を持っている人を営業職マネジャーに任用するというような使い方です。

ただし、この場合も、コンピテンシー項目とその評価基準（一般的には「コンピテンシー辞書」と言われています）については、あくまでも共通の定義を使います。例えば、「営業職の業績優秀者は、『業績達成意欲』が強く『顧客志向』で『押し出し力』や『コミュニケーション力』が優れていなければならないが、『戦略思考力（構想力）』や『異文化理解』などはそれほどたいしたものはなくてもよい」というような形で、重要な評価基準を共通基準の中から選んで設定していくことになります。

しかし、この日本版コンピテンシーの場合は、等級基準そのものを営業職の具体的な業務を念頭に、「…という状況では…という折衝を行っている」といったさらに具体的な表現にしていきます。もともと職種別職能等級基準を作成した今から20年ほど前には、そういうタイプのものをつくっていたことから、そのスタイルを念頭に、コンピテンシーの表現形式を使ってつくろうという発想です。これは、日本の人事管理をよく勉強している人が、アメリカのコンピテンシーに刺激を受けて作成しようとしたのだと思いますが、このやり方をとると一つの会社で1冊の本になるくらいのコンピテンシー評価基準ができることになってしまうため、少し大変だと思います。

昔の職種別職能等級基準も1冊の本になるくらいの分量になっていましたが、細かくつくり過ぎると、経営環境に応じた業務の変化に能力評価基準がついていけなくなります。最近はどんどん経営環境も変わりますし、所属する組織も大きく変わりますが、当然、部門の改廃や職種の改廃が行われれば、それに合わせて評価基準を変えなければなりません。しかし、結局はそのメンテナンスが間に合わなくなり、「もうこの評価基準は古くて役に立たない」と捨て去られ、評価基準がないも同然になってしまいます。まさに、これまで日本企業が経験してきた苦い過去と同じです。

何度も繰り返しますが、日本企業は能力評価については本当にいろいろな試行錯誤をして、いろいろな経験を蓄積してきたのです。そこから学んだ経験は、是非大事にしていただきたいと思います。

ですから、もしコンピテンシーを導入しようと考えるのであれば、アメリカ企業が導入している程度のレベル、すなわち「採用審査」「管理者選抜」「人材育成」の一部に活用できる程度のシンプルなものにすることをお勧めします。

④改めて能力評価の意義とは

(ⅰ) 職務評価と成果評価がかみ合えば人事評価は機能するが…

能力評価をめぐって、いろいろな概念があることがお分かりいただけたと思います。世界の多くの企業の実態を見るに、「職務評価」と「成果評価」の二つの概念があれば、人事評価は何とかなっていくはずです。

どういう難易度の職務を担当してもらうかは、その人の給与水準そのものに直接影響を持つものです。多くの場合は、職務と給与水準の間に、職務等級という仕組みを介在させています。つまり、職務ごとに給与水準を決めると管理が大変になるので、たくさんの職務をせいぜい10個程度の職務等級(グレード)に分類して、給与に連動させるスタイルです。したがって、人事評価の前提として、職務をどう評価してどの等級に分類するかは、大変重要な概念です。

こうして、各職務がどの等級に分類され、いくらの給与になるかが決まっても、それだけではインセンティブの効果は出ません。担当した職務をどこまで立派にやり抜いてもらったかを評価し(成果評価)、よい評価ならばプラスのインセンティブを出し、悪い評価ならばマイナスのインセンティブを与えていきます。この発想が、成果評価の発想です。

この職務評価と成果評価がうまく機能すれば、人事評価はおおむね支障ないはずです。

(ii)人を育てたい思いから生まれたのが能力評価

しかし、日本企業はそういう方向には行きませんでした。もっと積極的に、人材にアプローチをしようと考えたのです。もっと人材は成長するはずだ、もっと人材を育成していこう、資源のない日本企業は人材が最も大切な資源ではないかという思想が、能力評価を生み出す根底にあります。

1973年の第1次オイルショックをきっかけに、日本企業は年功的人事管理から職能主義(能力主義)へと人事管理のコンセプトを変えました。それは、年功的な人事管理では給与管理もポスト管理もできなくなったからです。しかし、年功的人事管理を改めるのであれば、直ちに成果主義に移行しても不思議ではなかったと思いませんか。世界から見るとむしろそのほうが普通だったのですが、日本企業は、何と言っても人を育てたかったのです。そのためには、能力に着目する必要があったのです。そうしたことから、職能主義（能力主義）が生まれてきたのです。

バブル経済崩壊以降、成果主義の人事管理が主流になりましたが、能力評価そのものを廃止した企業は、それほどたくさんはありません。成果主義により成果評価に大きなウエートを持たせた人事評価をするにしても、能力評価は温存させています。この点を、是非忘れないでください。

日本企業にとっては、優れた人材を育成することはほかの何物にも優先する経営戦略です。この経営戦略を実行するための制度的保障が能力評価であり、OJT・Off-JTを含めた人材育成制度ということになります。現在は、「成果主義の弊害」がいろいろな形で議論されている最中ですし、上記のような意味からも、能力評価そのものをなくそうということは、これから先もしばらくはないだろうと思います。

⑤日本的経営の根幹に能力評価がある

「日本的経営」という言い方があります。これは、欧米の経営とも東アジアの経営とも東南アジアの経営とも違うという自負が込められています。

はたして事実としてどれだけ違いがあるのかを見極めるのは、そう簡単ではありません。私もアメリカの企業に訪問して、その企業の人材マネジメントのやり方を教えてもらったことが何度もありますが、時には、これは日本企業以上に日本的な人材マネジメントをやっているなと思うことがありました。

ということは、本当に真剣に人材マネジメントをやろうとすると、どこの国の企業も大変似てくることが起こるのではないかとも思います。ですから、「日本的経営」という言い方は、経営実態の違い以上に、「企業経営は短期的に儲けたからといって勝ちではない」という日本人の価値観に対するプライドの持ち方なのだろうと思います。

図表44には、「日本的経営の階段」を示しています。企業ですから、業績を確保しなければ存続できませんので「業績づくり」を最終的に目指します。しかし、その「業績づくり」は健全な「社会づくり」に裏打

図表44　日本的経営の根幹は人づくり

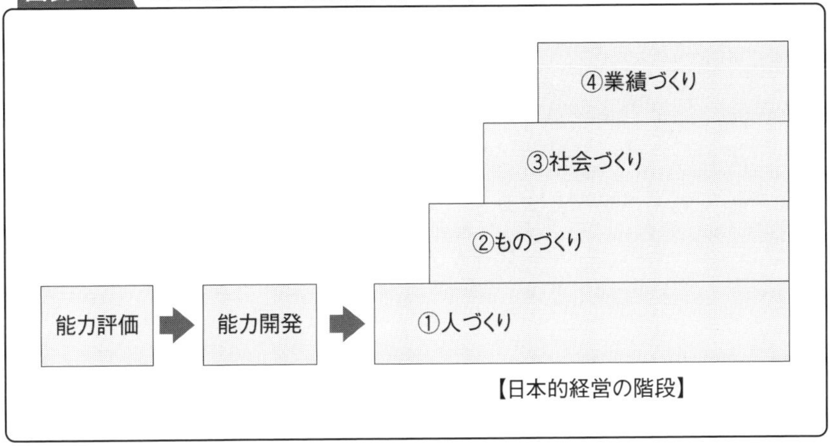

ちされたものでなければなりません。「公」の精神が入っているということです。健全な「社会づくり」は素晴らしい「ものづくり」から生まれますし、素晴らしい「ものづくり」は「人づくり」に裏打ちされています。

だからこそ、「能力開発」をしっかりやろうということになりますし、その前提として、「能力評価」を行って、一人ひとりの能力の現状を把握しようとすることになります。つまり、「日本的経営の根幹は人づくり」にあります。そのためにも、能力評価は重要な柱になると言えるでしょう。

今の日本企業が本当にそのようなプライドを持って事業活動を進めているかどうかは、たしかに怪しい面もあります。食肉偽装の問題、賞味期限偽装の問題、汚染米流通問題、製品品質データの改ざん問題、敵対的企業買収をめぐる品のない発言など、最近の企業不祥事を見ると、世界でいちばん日本的経営が行われていないのが日本企業ではないかと言ってみたくもなります。

しかし、そういう部分に対する反省も含めて、もう一度日本的経営に対するプライドを確立していく必要があると確信しています。そのためには、日本企業が自らの頭で考えて、現実と格闘しながらプライドを持って人材マネジメントをしていく必要があります。

能力評価は、日本企業の中で長い間運営されてきた日本的経営のシンボルです。何かの不具合が出ているからといって、どこかの外国に何かよい手法がないかと探すのではなく、より本質的に考えて独自のやり方を工夫していくべきでしょう。

特に、能力評価の実務経験と理論は、おそらく世界中で最も日本企業に蓄積されているはずです。こういう自信を、もっと持ってもよいのではないでしょうか。

（4）情意評価（態度・努力評価）の設計

①情熱意欲の評価は日本的経営にどういう意味があるのか

能力評価は「人づくり」とのかかわりで日本的経営の中に位置付けられましたが、情意評価というものも、同じように「人づくり」とのかかわりで日本的経営の中にしっかりと位置付けられています。

情意評価の「情意」という言葉は、日常の日本語の中ではあまり使われることはなくなりました。要するに「情意」とは、「情熱と意欲」を指しているわけですが、もっと素朴に言えば「態度」であり、地道な「努力」にかかわるものです。

前項で、日本的経営は単に「業績づくり」ができればよいのではなく、「社会づくり」「ものづくり」「人づくり」に根ざしているものだと述べました。それと同じ論法はこの情意評価にも当てはまりますが、何と言っても日本人は、「地道な努力」というものが好きなのです。ハゲタカのように短期的利益をかっさらっていくのではなく、長期的に考えて地道に努力をし、多くの人に利益を与えながら自分も利益を得るという、ものの考え方であり、図表45の右上の象限に当たる、長期的視野でよい取り組みを重視する経営に、日本的経営が位置付くことになります。

また、図表46のように、勤勉であることが人づくりの基本であり、

図表45 「長期的視点でよい取り組みを重視する」のが日本的経営

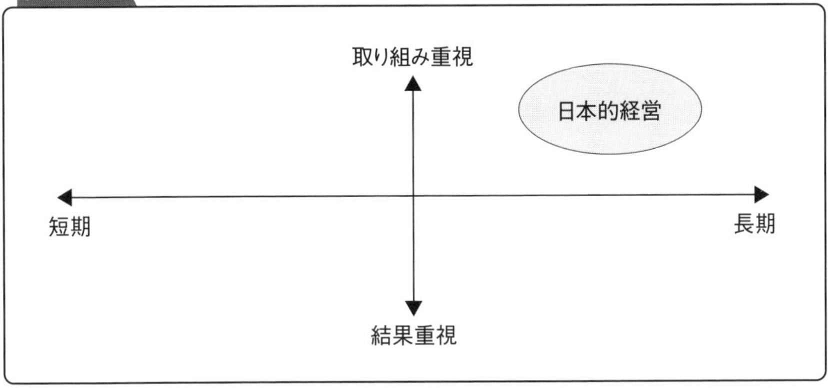

図表46 勤勉であることが日本的経営の根幹

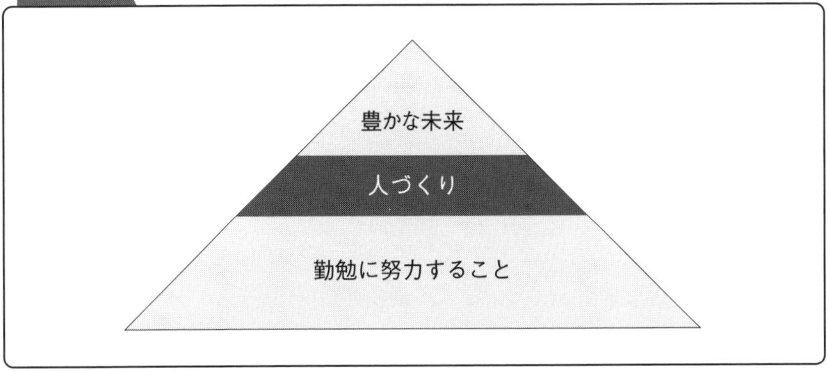

そのことが豊かな未来を保証します。これは日本人の伝統的な「信仰」の世界であると言ってもよいでしょう。いわゆる「努力信仰」と言われるものです。

「そんなものは今の日本人に存在するのか」という反論も出てくるかもしれませんが、それを大事にしようという人がいる限り、そのエネルギーは、なかなかなくなるものではありません。

図表47 情意評価の機能

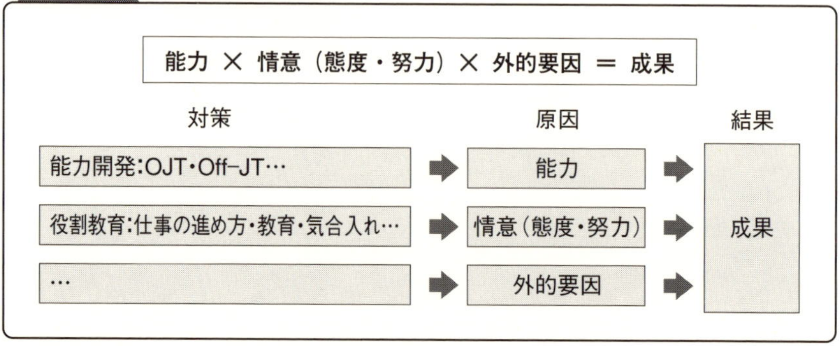

②情意評価の機能

図表47に示したように、成果を出すためには、高い能力も景気などの外的要因も関係しますが、やはり「情意」がどうしても必要です。要するに、「やる気」がなければ、どんなに高い能力を持っていても、全く能力を持っていない人と同じ成果しか出せません。そういう認識に基づいて、情意という問題を人事評価の中に組み込んだのが、日本的な人事評価制度の特徴といってよいでしょう。

伝統的な情意評価には、五つの評価要素があります。それは、①規律性（遅刻などせず、上司の指示にもきっちり従って、あいさつなどもしっかりやるという情熱・意欲）、②責任性（自分の仕事をしっかりやり抜こうという情熱・意欲）、③積極性（新しい取り組みを自発的に行おうという情熱・意欲）、④協調性（職場の人と協力して部署の仕事全体をうまく進めようという情熱・意欲）、⑤自己啓発（自分の能力開発をしようという情熱・意欲）といったものです。

本人の成果をもっとあげるために、個人の力で景気をよくしようとしても無理がありますので、外的要因にはなかなか対策を打てません。そうなると、本人の能力開発をしていくか、情意に働き掛けるかということになります。

能力のある人には何とか仕事をやらせて成果を出させることはできま

すが、能力のない人はどう頑張っても仕事ができないので成果を出すことはできません。やはり、手順を追って時間を掛けて能力開発をしていくことが求められます。

一方、情意（やる気）がない人は、どんなに能力が高くてもどうしようもありません。そうなると、情意を高めようという対策は、能力開発のやり方とは全く違うものになりそうです。

失恋でやる気を失っている人であれば、少しそっとしてあげて時間が解決するのを待つということも大事でしょう。金銭的なインセンティブがないことが原因でやる気の出ない人には、インセンティブを仕組むことも必要でしょう。職場に嫌いな同僚がいるのでやる気が出ない人には、一緒に仕事をしないでも済むような配置替えを行ったり、じっくり話し合わせて互いを理解させるやり方もあると思います。こういう対策を見付け出していこうというのが、情意評価の機能です。

もちろん、情意を評価する仕組みづくりをすることで、やる気を周りに示さないといけない気持ちにさせる引き金にもなるでしょう。

③情意評価は必要か

最近の成果主義の動きの中で、この情意評価が本当に必要なのかということが何度も議論されてきました。「どんなに頑張ったかではなくて、成果が出たかどうかが大事なのだから、情意評価は廃止しよう」とか「20代は情意評価が必要かもしれないが、係長以上の役職者には必要ないのではないか」というのが、廃止論の主な論点です。

やる気が大事なのではなく、成果が出たかどうかだという前者に対しては、「日本的経営が大事だ」というイデオロギーからの反論が可能でしょう。しかし、社員を年代別や役職別に分けて、この階層には必要だがこの階層には特に強調する必要がないという後者の論法に対しては、どう考えればよいでしょうか。この考え方の基本認識は、若い人には情意というものを言って聞かせる必要があるが、係長にもなったら、情意などというものは当然のこととして、自分で考えさせればよいのではないか、もう十分わきまえているのではないかというものです。

しかし、能力以上に安定しないのが情意（やる気）だという人もいます。多くの企業で情意評価を人事評価の中に入れるかどうかを議論した際に、時折出てくる面白い意見は、「管理者こそ情意評価をやるべきだ」というものです。

リストラ策の進行とともに、チャレンジ意欲をなくしてしまった管理者もたくさん見てきました。役職定年になった元管理者がおしゃべりばかりして周りの人の仕事の邪魔をしているという話や、管理者になって時間管理があまり厳密でなくなったことをきっかけに、いわゆる重役出勤ばかりして、なんとなく「しめし」がつかなくなっている職場があるということもよく聞きます。

このように、たしかに情意は移ろいやすいと言えます。ですから、やはり何らかの組織的な働き掛けも必要ではないかと思います。そのきっかけとして、情意評価というものがそれなりの役割を果たしそうなのは、たしかです。

④バリュー行動評価への転換

管理者にも情意評価を行う意味がありそうですが、「その程度は当然のこととしてやってくれよ」という気持ちにうなずけるのも事実です。それは、情意評価の評価要素のネーミングにも問題がありそうです。

図表48の左側には、従来の情意評価の評価要素名を挙げています。規律性、責任性、積極性、協調性、自己啓発という文言では、たしかに管理者に対して、少し子ども扱いしているようにも見えます。積極性をなくした管理者に何らかの刺激を与え、積極性を持ってもらうように話し合いを持たないといけないのは事実ですが、別のアプローチ方法があるかもしれません。

そこで出てくるのが、図表48の右側にある「バリュー行動評価」と言われるものです。これは、企業価値を高めるために求められる社員の行動を示して評価するもので、社員に望む行動の実践に向けて、強いメ

図表48 情意評価からバリュー行動評価へ

【従来の情意評価】	【バリュー行動評価】
どの会社でも必要とされるもの。	企業価値を高めるために求められる社員の行動。社員への強いメッセージ性を持たせようとする。
規律性	お客様志向
責任性	スピード
積極性	品質志向
協調性	全体最適
自己啓発	誠実さ
	コンプライアンス
	⋮

ッセージを発しようとしているものです。

例えば、「お客様志向」の基準を、「将来のお客様のニーズ（潜在ニーズ）を予測し、現在のお客様ニーズと比較してどのような変化があるかを推測し、今から対応すべき事業強化上の打ち手を検討しようと心掛けている」とすると、どうでしょうか。あるいは、「全体最適」を、「自部門の利益だけを主張するのではなく、常に事業強化につながるような全体最適を考える主体的な取り組み姿勢で事業活動を展開しようとしている」という基準にすると、どのような印象になるでしょうか。

こういうタイプの情意評価を「バリュー行動評価」と呼んで、管理者の情意評価としてふさわしい、少し新しい装いの情意評価にしようとしています。

5 人事評価基準の設計

(1) 等級基準の設計

こうして成果評価、能力評価、情意評価についての評価要素を設計した後は、その評価要素ごとに、等級単位別の評価基準をつくっていくことになります。

例えば、図表49の例のような等級別・評価要素別に評価基準をつくります。この例は、能力評価にかかわる四つの評価要素(「企画力」「実行力」「折衝・調整・対策力」「人材育成力」)を設定して、等級別に基準化したものです。

この基準は、「…ができる」という表現になっていますので、保有能力評価(獲得能力評価)をする前提で評価基準としてつくり上げたものです。発揮能力評価を前提とする場合は、「…をしている」とか「…という行動をとっている」という表現になりますが、図表49のような表に評価基準が書き込まれるスタイル(記述方式)に、特に変わりはありません。

もちろん、このタイプのものは、情意評価(バリュー行動評価)や成果評価についても同様な評価基準をつくることになります。

こういうものについては、一つひとつ丹念に言葉で基準を書き込む形で具体化していきますが、企業の中には、このようなタイプの評価基準を省略してしまうこともあります。この場合、評価基準がないために、すべて評価者個々人の評価能力に頼って、個別の判断を行っていくことになります。評価基準がていねいであれば、評価者が判断する際のより所が多くあることになりますが、評価基準が抽象的ないしは欠落しているのであれば、それは評価者の判断力によって補ってもらうことになる

図表49 全社共通等級基準（例）

	等級基準項目	一般職			
		1等級 定型定常業務遂行者	2等級 複雑日常業務遂行者	3等級 自立的業務遂行者	4等級 日常業務先導者
等級基準	企画力	自己の当面の作業計画が立案できる。	1カ月単位での作業負荷を予測して、自己の作業計画が立案できる。	日常業務の中で発生する判断業務について、前例をよく理解したうえで的確な解決策を提案できる。	担当グループ全体の業績目標達成のために、メンバーの日常業務上の動き方を効果的に計画できる。
	実行力	定型定常業務を担当し、決められた手順に従って処理することができる。	簡単な例外処理を含む複雑な日常業務を担当することができる。	日常業務のみならず、ある程度の高度な判断を前例に基づいて処理する業務を担当することができる。	自己および担当グループの目標を設定し、より効果的な業務遂行ができる。
	折衝・調整・対策力	手順どおりに進められない業務に遭遇した際に、的確に上司・先輩に報告し、指示を仰ぐことができる。	手順どおりに進められない業務に遭遇した際に、自分の処理方針を形成したうえで、上司・先輩に指示を仰ぐことができる。	ある程度高度な判断業務を遂行するに当たり、上司・先輩・関係先によく説明し、巻きこんだうえで推進することができる。	担当グループの目標達成を目指し、関係先への必要な対策立案・折衝調整を上司と連携しつつ進めることができる。
	人材育成力	定型定常業務の処理手順について、後輩の質問に答えることができる。	簡単な例外処理を含む複雑な日常業務について、後輩に処理方法・処理の考え方を教えることができる。	ある程度高度な判断業務を含めた日常業務全般について、後輩の業務指導ができる。	担当グループメンバーの能力開発上の課題を把握し、上司と調整しつつ、中期的視点で育成計画を立案・推進できる。

図表50　全社等級定義（例）

	等級	ライン管理職群	スペシャリスト職群
基幹職群	A	**経営執行者** 全社経営全般にわたる中長期的な経営政策を企画・推進する。	
基幹職群	B	**部門管理者** 部またはそれに相当する部門の統括者（経営意思決定補佐）。担当部門の業績目標の達成と中長期の成長性を確保する。	**世間一流の専門家** 極めて価値が高く、世間一流の専門サービスの提供を通じて競争優位を実現する。
基幹職群	C	**部門業績推進リーダー** 部またはそれに相当する部門の統括者補佐。担当部門の業績目標の達成と中長期の成長性に貢献する。	**上級の高度専門家** 極めて高度な専門課題の提起および極めて高度な専門サービスの提供を通じて競争優位を実現する。
基幹職群	D	**部署管理者** 課またはそれに相当する部門の統括者。担当部門の業績目標の達成と成長性を確保する。	**高度専門家** 専門領域における高度な企画提案、専門サービスの提供を通じて競争優位を実現する。
一般職群	4	**日常業務先導者** 自己および担当グループの目標を設定し、より効果的な業務遂行を指導することができる。	
一般職群	3	**自立的業務遂行者** 日常業務のみならず、ある程度の高度な判断を前例に基づいて処理する業務を担当することができる。	
一般職群	2	**複雑日常業務遂行者** 簡単な例外処理を含む複雑な日常業務を担当することができる。	
一般職群	1	**定型定常業務遂行者** 定型定常な日常業務を担当し、確実・迅速に遂行することができる。	

でしょう。

本書では、人事評価の実務を焦点に解説を加えているので、等級制度設計に関する説明はしていませんが、図表49の等級基準（評価基準）の前提として、人事制度の要となる全社の等級定義を設定することが必要です。

図表50では、全社のすべての等級区分ごとに、どういう人材を求めるのかを言葉によって定義しています。等級区分ごとに１文で定義を書いているものですが、これは人事評価という面でも、いろいろと活用できます。もし、具体的な評価基準に欠落がある場合、この全社等級定義に照らして、評価基準を補って評価します。このあたりの補足能力を付けるのは、そう簡単ではありませんが、評価者は大なり小なりそういう補足をしながら評価を行うことになりますので、この能力は、まさに評価能力そのものといってもよく、この点のトレーニングは、評価者研修の場面で行われることになります。

(2) 人事評価尺度基準の設計（標準型・現実感型・加点型）

こうして評価基準を設計したうえで、評価尺度基準の設計に入ります。この評価尺度基準の設計については、すでに第２章の第14節でかなり説明を加えていますが、ここでは、人事評価設計手順に沿って、もう少しだけ突っ込んだ説明をします。

図表51に見るように、人事評価尺度基準については、「絶対評価基準タイプ」と「相対評価基準タイプ」の二つのタイプがあります。絶対評価基準タイプとは、出してほしい成果、身に付けてほしい能力、いつも実践してほしい情意に対して、現実の職務行動がどのようなレベルであったかを比較対比して結論を出すものです。図表20にまとめた人事評価尺度基準は、そうした絶対評価尺度基準を表現しています。

相対評価基準タイプとは、被評価者の母集団の中での順位をもとに、図表51の右側のような割合を会社ごとに決めて、評価結果を導き出すものです。したがって、絶対評価基準タイプでは、全員が素晴らしい職務行動をとって素晴らしい成果をあげていれば、理論上は、全員が「Ｓ」や「Ａ」評価をとることが可能ですが、相対評価基準タイプでは、全体

図表51　人事評価尺度基準の種類

絶対評価基準タイプ

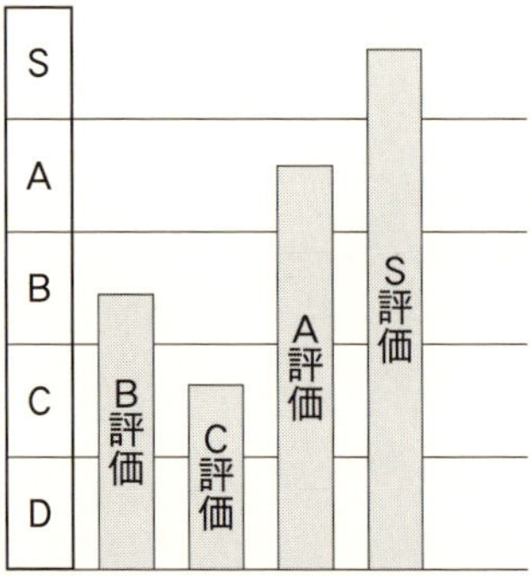

評価尺度に対して絶対基準を設け、それをもとに評価結果を導き出すタイプ

相対評価基準タイプ

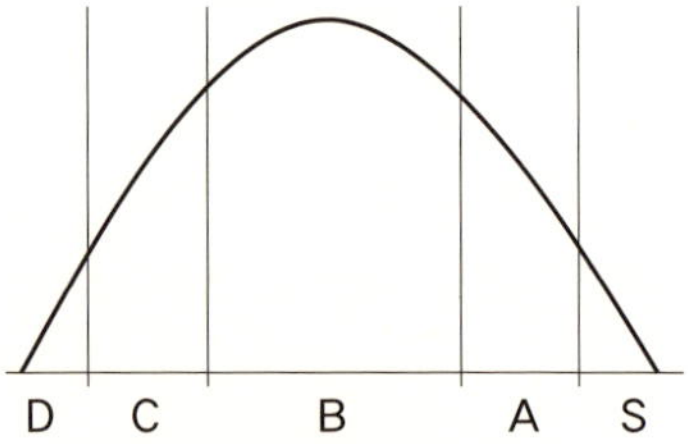

S	上位5%
A	上位5～25%
B	上位25～75%
C	上位75～95%
D	上位95～100%

被評価者の母集団の中での順位をもとに上記の割合で評価結果を導き出すタイプ

がどんなによくても、あるいはどんなに悪くても、S・A・B・C・Dの出現比率は同じということになります。

相対評価は一昔前の古いタイプであると思われている人も多いかもしれませんが、必ずしもそうではありません。絶対評価基準では、運用上、評価結果が「A」「B」に流れる「寛大化傾向」や「中心化傾向」が出てきがちです。しかし、それが非難できないケースも出てきます。なぜなら、社員が「評価者の期待」に応えようとして頑張るからです。評価者もいろいろな指導・支援をしますので、それなりの結果も出てきます。ですから、評価結果が「A」「B」に流れたと言っても、単なる中心化傾向とか寛大化傾向とは必ずしも言えない場合もあるのです。しかし、みんなが同じような評価であれば、結局はインセンティブになりにくいので、相対評価基準タイプで対応したほうがましだというのが、相対評

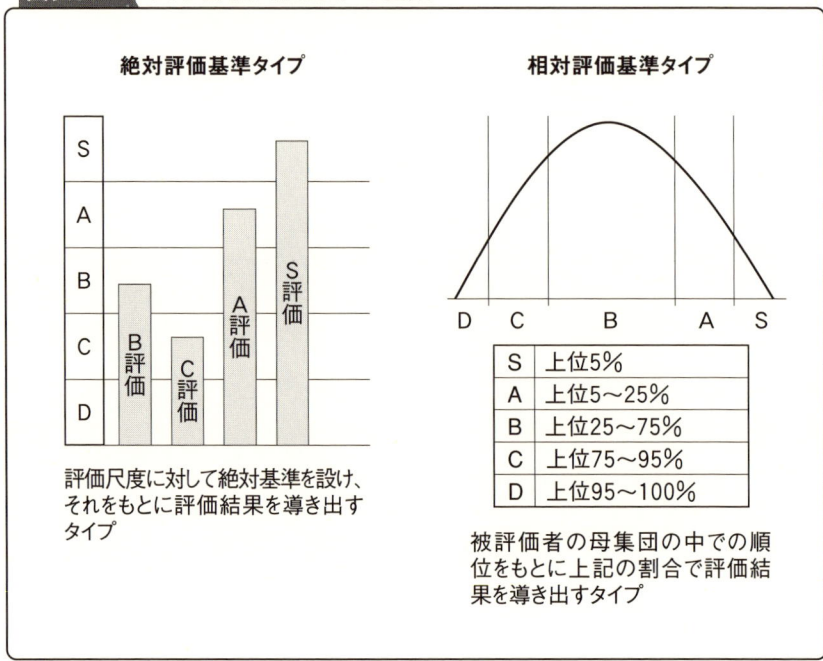

図表52 評価尺度基準（絶対評価基準タイプ）（例）

標準型

尺度	得点	評価基準
S	5	一つ上の等級の期待レベル
A	4	当該等級の期待を上回る
B	3	当該等級の期待どおり
C	2	当該等級の期待を少し下回る
D	1	当該等級の期待を大幅に下回る

現実感型

尺度	得点	評価基準
S	5	当該等級の期待を上回る
A	4	当該等級の期待どおり
B	3	当該等級の期待を少し下回る
C	2	当該等級の期待を大幅に下回る
D	1	業務に支障が生じたレベル

加点型

尺度	得点	評価基準
S	5	一つ上の等級の期待レベル
A	4	当該等級の期待を大きく上回る
B	3	当該等級の期待を上回る
C	2	当該等級の期待どおり
D	1	当該等級の期待を少し下回る

価基準タイプを採用する最大の理由です。

図表52に整理したように、絶対評価基準タイプを取り上げてみると、「標準型」「現実感型」「加点型」のようにいくつかのタイプに分かれます。

（ⅰ）標準型

すでに第２章（76頁以下）で見た「標準型」（期待どおりが「Ｂ」）が基本形になりますが、「当該等級の期待どおり」であれば「Ａ」を付けるべきではないかという議論は根強くあります。

評価尺度基準のどのタイプが正解だというように、客観的な正しさが証明されているものではありません。ですから、基本的には会社の方針で決めてよいものと言えます。しかし、絶対評価基準タイプの人事評価尺度基準を設計する場合、この三つのタイプが、自社にとってどういう意味を持つかはよく考えておいてください。

(ⅱ) 現実感型

勢いというか、精神主義的というか、どうしても高い目標を掲げてしまう体質を持っている企業の場合は、「現実感型」が有効でしょう。「A」が「当該等級の期待どおり」となっているのは、そういう意味ですので、自分の会社の体質をよく考えて決めてください。もちろん理屈からすると、「当該等級の期待どおり」というのがどのタイプになっても同じなので何も変わらないと言えばそのとおりなのですが、人間には「B」よりは「A」のほうが高い評価だという単純な印象がありますので、これをうまく活用したいというのが「現実感型」の意味合いです。

(ⅲ) 加点型

さらに、「加点型」というものがあります。今度は、「当該等級の期待どおり」が「C」に位置付けられています。この場合、「C」より下の評価の尺度数が少ないところが特徴です。「当該等級の期待」を上回る部分を細かく分けていますので、少しよい実績で、ぐっとよい評価になった感じがして、なんとなく明るい気分になれるということを狙っているのです。

こういう点を踏まえながら、人事評価尺度基準を設計してください。

6 人事評価者体系の設計

(1) 人事評価の機能との関係で人事評価者体系を検討

①評価者を決める場合の基本

人事評価者体系とは、だれがだれを評価するかを決めて、全社的に抜け漏れがないように体系化したものです（58頁参照）。図表53の例は非常に単純なモデルですので、イメージが付きやすいと思います。組織が複雑になっていけば、この人事評価者体系も、しだいに複雑になっていきます。評価者から評価表を回収して確認していると、評価表がない人がいたり、「そういえば、あそこの佐藤さんはだれが評価するか決めていなかったな」と不備が見付かるという失敗が起きたり、評価に漏れが

図表53 人事評価者体系（例）

評価者／被評価者	一次評価者	二次評価者	最終評価決定機関
一般職	課長	部長	担当役員
課長	部長	担当役員	常務会
部付 スタッフ管理職	部長	担当役員	常務会
部長	担当役員	—	社長

生じたりしないようにすることがポイントです。

通常は、ライン組織（職制）に沿って被評価者と評価者を決めていけばよいのですが、部付きのスタッフ管理職の場合などでは悩むこともあります。組織図上は部付きですから、部長の直属の部下ということであっても、仕事の実態は、担当役員から直接仕事の指示が出ている場合や部長が単なる形式的な上司に過ぎないという場合に、一次評価者をどう決めるかは少し難しくなります。こういう場合は、何はともあれ、あらかじめ評価者を決めて明確にしておき、だれが上司なのか、だれが評価者なのかを後になって迷わないようにしておくことがポイントです。

また、兼務でプロジェクトに参加している人の場合、通常の職制上の上司以外に、プロジェクトリーダーという上司もいることになります。その場合、まずプロジェクトにかかわる部分の「一次評価」をプロジェクトリーダーにしてもらい、その情報を踏まえて、職制上の上司がプロジェクト業務も含めた全体の業務を一次評価するという形もあります。また、プロジェクトリーダーも職制上の上司もそれぞれ評価をして、プロジェクトにかかわった業務ウエートの割合で案分して結論（一次評価結果）を出し、二次評価者に引き渡すことも行われます。これらは、兼務したプロジェクトと元々の業務との関係や、職制上の上司がどの程度プロジェクト業務状況を把握できる立場にいるのかを踏まえて決定していくことになります。

評価者を決める場合の基本は、①だれが主要な管理監督者か、②だれが本人の業務実態を把握できる立場なのかを定めておくことです。「あらかじめ決めておく」ことが非常に大切であると、改めて強調しておきます。

②360度評価

さて、次に最近目立つものとして、部下が上司を評価したり、同僚同士で評価をし合う「360度評価」というものがあります。これも、人事評価者体系にかかわる話です。部下が上司を評価することになると、これもあらかじめ評価者を決めて、人事評価者体系に組み込んで、社員に明示しておく必要があります。

こういう360度評価のようなものが出てきたことで、人事評価者体系についての議論が大変複雑になってきました。しかし、人事評価の機能をよく考えてもらえれば明確な結論の出し方が分かりますので、よく理解してください。

(ｉ) 処遇格差付け

図表54にその考え方をまとめました。まず第１に、人事評価は当然処遇の格差付けに活用します。処遇の格差付けは、いわゆる「本人の働きに対する信賞必罰」にかかわることですので、これは経営としての判断であり、それを決定する根拠は経営権ということになります。したがって、処遇格差付けの目的は、「上司による部下への評価」であり、「部下の上司評価」が入ってくる余地はないはずです。

ただし、できるだけ公正性を担保する必要があることから、一次評価・二次評価といった多段階の評価を行って、多くのライン管理者の目で確認しようとはします。この多段階評価とは、基本的には、このよう

図表54　人事評価の機能と人事評価者体系

人事評価の機能	人事評価者体系の考え方
処遇格差付け	・上司による評価が筋 ・多段階評価（公正性の担保）
会社方針の徹底 （目標展開・浸透）	・上司による評価が筋 ・上下間での目標面談・育成面談重視 ・360度評価の形式で上司の上司が情報を把握するという意義がある。
コミュニケーション・ 人材育成の促進	
管理職の反省・ 管理職の自己啓発	

な公正性の担保に意味があります。

一方、世の中には、部下の上司に対する評価結果を直接上司の処遇格差付けに活用しようという企業も出てきています。上司の仕事ぶりの情報を部下の上司評価という形式を使って把握するところに主眼があるのであれば、部下が上司を評価することに説明が付きますが、そうでなければ、「信賞必罰にかかわる人事評価を行う根拠は経営権である」という筋が通らなくなります。経営権の発動は上司から部下に対して発せられるのであって、部下から上司に発動するものではないからです。

これについては、「人事評価を行う根拠は社員と会社の契約である」という考え方もあります。契約を守っていない上司は部下から悪い評価をされて当然であり、信賞必罰の評価にはね返って当然だという考え方ですが、あらかじめそのような上司と部下の関係について具体的な契約をしているわけではありませんので、契約を根拠にするにしても包括的に経営権の存在を契約していると見るべきです。

したがって、処遇格差付けという人事評価の機能から見ると、上司を評価する評価者として部下を当てることは、たとえ部分的なことではあっても筋が通りにくい話です。

(ⅱ) 会社方針の徹底

第2に、「会社方針の徹底（目標展開・浸透）」という機能から見ると、どうでしょうか。これも会社方針の徹底の責任は会社にあり、上司にあるわけですから、会社方針に無関心であったり、会社方針に否定的であったりする部下に、何らかの信賞必罰を与える権限が上司にあってしかるべきです。

しかし、上司の情報を部下から集約する必要性はあります。つまり、本当に会社方針の徹底のために、しかるべき動きを課長がしているかという情報を課長直属の部下に評価させようということですが、この場合も、実は部下が人事評価をしているのではなく、部長が課長の人事評価を行うときの情報を部下から集めているに過ぎません。

私はかなり筋論を大切にして論理展開をしていますが、これは、人事評価の理論と実務に無用な混乱を起こさせないためであり、とても大切なポイントです。

(iii) コミュニケーション・人材育成の促進

第3に、「コミュニケーション・人材育成の促進」という機能から見るとどうでしょうか。これも、今まで述べてきたことと同じ理屈になります。人事評価としては、「上司による部下への評価」で十分であり、「部下の上司評価」という概念は人事評価者体系の中に入ってきません。課長の職務行動を部長が具体的に把握するためには、部下による上司評価という形式を活用することもあるだろうという程度の話として理解してください。

(iv) 管理職の反省・管理職の自己啓発

それでは、第4の「管理職の反省・管理職の自己啓発」という機能から見ると、どうなるでしょうか。この場合も、今までの考え方と同じように部下の上司評価や360度評価という形式を活用することは、反省や自己啓発という面では情報集約的な意味を持ちますが、要するに、部長が課長を評価してよく面談をしてほしいという筋の話がいちばん大切なものとなります。

人事評価の世界では、360度評価に関して、いろいろな概念が乱れ飛びました。人事評価の勉強をほとんどしていない若い社員でも、360度評価という言葉だけは知っていて、「私は、上司の評価に納得できないものがあります。一方的に上司に評価されるというのはおかしいのではないかと思います。世の中の会社では360度評価をして、部下が上司を評価している会社もあると聞きます。わが社にも、360度評価を入れてほしいのですが、いかがですか」というような提案を投げ掛けてくることがあります。

360度評価というものに何か進歩的なもの、民主的なものを感じるため、肯定的に受け止めたくもなります。しかし、360度評価とは、人事管理の施策の一つではありますが、本来の人事評価とは少し別筋の話であるということは理解してください。

(2) 360度評価の功罪

上記のとおり、360度評価を導入したからといって、だれがだれを評価するかという人事評価の基本にそれほど大きな変更をもたらすものではないわけですが、その一方で、この360度評価を導入した企業には、さまざまな功罪が現れています。

図表55には、部下からの言い分、上司からの言い分をまとめています。部下としては、360度評価によって上司を評価できるということで、上司を牽制《けんせい》する武器を持った気分が生まれてきます。また、上司よりも同僚のほうがよい評価をしてくれるので、きっと自分自身の評価がよくなるのではないかという気持ちにもなります。

そういう意味では、もっと自己主張ができるようになり、主体的に仕事ができるような感じになり、しかも同僚評価により、きっと評価がよくなるだろうという気持ちになることは、部下サイドにとっては、功罪の「功」の部分と言えるでしょう。その一方で、上司が何を考えて評価したのかを注意深く聞く姿勢に欠けてきます。もともと上司の評価を信用していないことからスタートし、ついにその不満が制度的にも受け入れられたと考えてしまうのが、360度評価の功罪の「罪」の部分です。

一方、上司の言い分もあります。上司にも部下にもいろいろなレベル

図表55　360度評価に対する言い分

部下からの言い分	「うちの上司の評価は、どうも納得がいかない。この際、部下サイドからも上司を評価する仕組みを入れてほしい」 「プロジェクト業務などは、直接の上司よりも、プロジェクトで一緒の同僚のほうがよく事実を知っている。事情を知らない上司に評価されたくない」
上司からの言い分	「競争優位に立つための苦労の意味も分からず、評価のことも分かっていない未熟なものに、とやかく言われたくない」

の人がいることが前提なのですが、上司サイドから言えば、「偉そうに言うが、お前はまだ仕事の全体が見えていないだろう。競争優位というもっと高い視点で考えてもらわないといけない。それが、私が悪い評価を付けた意味なんだ」「人事評価の難しさは、管理者としての自分のほうがよく分かっているし、勉強もしている。お前は何の勉強もしていないだろう」という思いです。このように、なんとなく部下との間がギクシャクした感じになるのが、360度評価の功罪の「罪」の部分です。

この上司が課長だとすると、その上司である部長は、また少し違う感じを持ちます。360度評価によって、課長の職務に対する情報がたくさん入ってきますし、そのことによって特に指導をしなくても、課長は自分の欠点を自ら考えるようになるでしょうから、部長にとっては、たしかに助かります。360度評価の功罪の「功」の部分です。

こういう功罪をよく吟味して、うまく人事評価と絡ませながら、企業ごとの社員意識の状況を少しでも改善するために、360度評価の利用の仕方を考えてください。

(3) 人事評価の対象者の数の問題

①「管理スパン＝評価スパン」が本当の姿

人事評価者体系を考える場合にも大きな問題となるのが、1人の評価者が何人の部下を評価できるかという点です。少数の部下しか評価できないとなると、評価者をたくさんつくる必要がありますし、多くの部下を評価できるのであれば評価者を絞ることができます。

これは管理職の管理スパン（管理を及ぼす範囲）の問題と、ほぼ等しいものです。例えば、50人も60人も社員が働いている工場の製造化の課長は1人ですが、それだけの部下を1人で評価できるのであれば、評価者はこの課長1人でよいことになります。しかし、それは無理だということになれば、例えば、三つの係をつくり、3人の係長を置いて一次評価をしてもらうスタイルをつくることになるでしょう。

図表56　被評価者の人数の目安

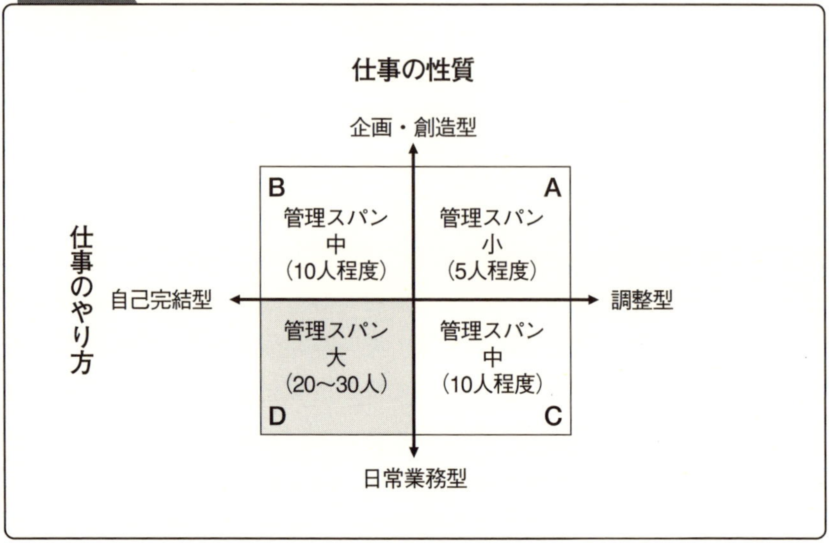

こうした評価者の評価スパン（評価を行う範囲）をどのように設計するかは、人事評価者体系を設計する前提になります。

本来、この管理スパンと評価スパンは等しくなるはずです。業績を向上させるために人と仕事を管理することが前提にあり、それをうまくマネジメントする手段の一つとして人事評価があるわけですから、管理スパンと評価スパンが掛け離れることは正常な状態ではありません。

ですから、管理スパンをどう設計するかが分かればよいわけですが、いろいろな事情によって管理スパンが大きくなったり小さくなったりするというのでは、あまりにも手掛かりがないので、参考として「被評価者の人数の目安」を図表56にまとめました。

②被評価者の人数

管理スパンは、「仕事の性質」と「仕事のやり方」で大きく変わってきます。

まず、「仕事の性質」ですが、比較的手順の決まった「日常業務型」

か、手順が決まっていない「企画・創造型」かに区分をします。次に、「仕事のやり方」ですが、多くの関係先との調整・折衝を求められる「調整型」か、自分ひとりで判断しながら最初から最後まで仕事をやりこなせる「自己完結型」かに区分をします。

そうすると、最も管理スパンが小さくなるのは、図表56の右上にあるＡ区分の「企画・創造型」「調整型」のところです。この区分の仕事は、働く人が多くの人と折衝調整をして、自分の頭で考えて判断をし、知恵を絞って仕事をすることが求められる領域ですので、管理者は部下の仕事をなかなか掌握できにくいという特徴があります。掌握できにくいといっても、管理者が評価をするには、職務行動事実を把握しなければなりません。そうなると、どうしても管理スパンを小さくして、被評価者の数も少なくする必要があります。Ａ区分で、事実に基づく一次評価をするとなると、せいぜい５人程度が妥当なところだろうと見られています。

対極にあるのが、やり方の決まった「日常業務型」で、かつ「自己完結型」であるＤ区分です。要するに、あまり例外事項がなく、決められたことをどんどんこなしていくタイプの仕事であり、大量の定型的な事務処理を行う事務センターの仕事や工場の組み立てラインの仕事などが当てはまります。仕事の流れについては、管理者は掌握しやすい関係にありますし、普通であれば部下たちがどういう仕事をしているかが分かりますので、イレギュラーなことだけを見ていればおよそ問題はないことになります。こういう場合は、多数の部下の評価が可能ですので、管理スパンも大きくなって構いません。実際、事務センターや工場などの管理スパンが広いのは、たいていそういう事情があるからです。

左上のＢ区分と右下のＣ区分は、Ａ区分とＤ区分の中間ということになります。

Ｂ区分は「企画・創造型」で「自己完結型」ですので、いわゆるＲ＆Ｄ（研究開発）にかかわる仕事が典型です。応用開発型の仕事はＡ区分に入りますが、基礎研究の仕事はＢ区分に入ります。「自己完結型」ですから、管理の手間があまり掛かりませんが、「企画・創造型」の仕事は、その内容について把握をし、指導をするのがなかなか難しいので、それほど広い管理スパンにはできません。しかし、部下たちは自立して仕事をしますので、そんなに小さな管理スパンである必要もありません。

C区分は「調整型」で「日常業務型」ですので、生産管理や資材管理にかかわる仕事を念頭に置けばよいでしょう。おおむねのやり方は決まっていますが、関係先の状況に対応していろいろな調整が必要ですので、管理者はその内容を把握しないと管理も評価もできません。そうなると、あまり管理スパンを広げるわけにはいきませんが、調整される内容については、経験豊かな管理者であれば、ある程度想定できる内容です。したがって、A区分とD区分の中間の管理スパンということになります。

こういうようなことを手掛かりに、組織管理としての管理スパンと評価スパンを考えてください。各企業は、おおむね経験的に管理スパンと評価スパンを決めているのですが、改めて意識的に検討してみることが必要でしょう。

(4) 多段階評価の意義と役割

多段階評価とは、一次評価、二次評価というように同じ被評価者を多数の人が評価することです。通常は、課長が一次評価をし、部長が二次評価するというように、職制の階層と連動して多段階の評価者を決定しています。

一方、一次評価や二次評価といった多段階の評価を最終結論に結び付ける方法には、図表57に示した「直列型」と「並列型」の二つのタイプがあります。

「直列型」とは、一次評価者の結論を二次評価者が必要ならば全面的に修正することも可能なタイプです。一方の「並列型」とは、一次評価者と二次評価者の評価ウエートを決めて、そのウエートの範囲でそれぞれ評価を行い、両者の評価結果を足し算して最終的な結論を引き出すタイプです。どちらかというと「直列型」のほうが一般的な方式で、「並

図表57 **多段階評価のタイプ**

直列型	・一次評価者の評価結果を、二次評価者など上位評価者が修正・調整含めて、全面的に見直しを掛けることを前提にした評価のタイプ。 ・かなり多くの企業で導入されている方式である。
並列型	・一次評価者の評価結果、二次評価者等の上位評価者の評価結果が、一定のウエート配分の中で、最後まで修正・調整されずに残っていくタイプ。例えば、一次評価者の評価得点が60%の割合で、二次評価者が40%の割合で集計され、その合計が、本人の最終評価結果として採用されるというもの。 ・二次評価者の行う修正・調整に対する一次評価者の不満が多く発生した場合に、この方式を採用している企業がある。直列型に比べれば多くはないが、それなりの支持を得ている方式である。

列型」はそれほど多くの企業で採用されていませんが、時折見かけます。

「並列型」は、一次評価者と二次評価者の評価結果の違いをどのように調整するかに当たって、最後まで一次評価者の評価結果を尊重しようという気持ちが強い仕組みです。例えば60%が一次評価者のウエートならば、その範囲で一次評価者の結論は最後まで影響を持ちますので、二次評価者が一次評価者の評価結果がおかしいと感じてもその修正の範囲は限られたものになります。

「並列型」が採用される理由は、二つです。第1が、最も被評価者の近くにいて職務行動をよく見る立場にいる人の評価結果がいちばん尊重されるべきであるという筋目の考え方であり、第2が、二次評価者は被評価者の事情がよく見えないので、印象評価になってしまうのでないかという二次評価者への不安です。

「直列型」が採用される理由は、評価者が課長・部長という職制と連動していることから、通常の業務命令権と同様に上の権限のほうが当然強くあるべきだという、組織政策上の常識が働いているからです。また、一次評価者（課長）は管理者としてはまだまだ未成熟な面があり、二次評価者としての部長が差配するほうがバランスがよいということも、採用の理由になっています。

通常、多段階評価という場合、採用例が圧倒的に多い「直列型」を念頭に置いています。「直列型」が分かれば「並列型」も理解できますので、これからの説明は、「直列型」を念頭に説明を加えていきます。

さて、一次評価と二次評価というように多段階に評価が行われることはよく理解されていますが、どのような役割の違いがあるかについてはあまり省みられていません。「直列型」というイメージからなんとなく「上の評価者のほうが権限が強い」というレベルで考えている人が多いかもしれませんが、人事評価の実務を本格的に理解するのであれば、それだけでは困ります。

図表58に一次評価者と二次評価者、最終評価決定機関の役割をまとめましたので、ご覧ください。

①一次評価の意義と役割

一次評価と二次評価は、評価の局面が違うわけですから、「直列型」の場合、当然役割も違います。

一次評価者は、一般的には、被評価者本人の仕事ぶりをいちばん把握できる立場にいる第一線の管理者である課長がなることが多いでしょう。評価は事実に基づいて行われなければなりませんから、最もふさわしい人です。

したがって、一次評価者は、事実に基づいて評価を行い、ふさわしい方法で被評価者本人にフィードバックをしていくことになります。このように、一次評価者の役割は明確です。

②二次評価の意義と役割

二次評価者は、一次評価者の出した結論を受け取ったうえで、評価を行います。二次評価者は、一次評価者の出した結論を尊重しなければな

図表58 多段階評価者の役割

評価者	役　割
一次評価者	・被評価者本人の仕事ぶりをいちばん把握できる立場にいる管理者。 ・事実に基づいて評価し、本人に合ったフィードバックの仕方を考える。
二次評価者	・統括する多数の一次評価者の評価結果を見て、評価のバラツキを把握できる立場にいる管理者。 ・一次評価者の評価能力や評価傾向を把握し、一次評価結果についての甘辛調整を行うと同時に、間違いだと思われる一次評価結果を修正する。
最終評価決定機関	・評価結果を確定させ、昇給・賞与・昇格などの処遇格差付けを最終決定する機関。 ・部門業績評価などを手掛かりに、二次評価者ごとに発生する甘辛調整を行う。
人事部	・ライン部門が評価をしやすくなるように手順を示したり、評価表を配布したり、集約したりする。また、必要であれば、評価結果の集約表を作成し、評価者への支援を行う。 ・その一方で、公正な評価が行われるように、ライン部門に対しての牽制機能を果たす。寛大化傾向、中心化傾向等、問題が発生しているかもしれないと思われるケースに出くわした場合は、直接アラームを出す。
被評価者（自己評価）	・被評価者本人が、自己評価を行うように仕組まれている場合に行う。 ・自己評価は、被評価者本人が直接の上司（一次評価者）に自分がなったと仮定して自分を見たときに、どのように自分を評価するかという視点で行う自己反省である。

らない立場ではありますが、一次評価者の出した結論を修正したり、管理スパンにある他の一次評価者の結論と比較して甘辛調整をしたりします。

一次評価者が課長だとすると、二次評価者は部長がなるケースが多いと思います。通常一つの部に三つ四つの課がありますから、二次評価者はそれらの一次評価者の評価を比較できることになります。それらの評価を見て、本当に正しいのだろうかという観点から検討を加えます。

この検討の視点は、二つあります。

（ⅰ）一次評価者の評価結果に間違いがないか

第1の視点は、一次評価者の評価結果に間違いがないかというものです。二次評価者は被評価者本人の職務行動を直接マネジメントしているわけではありませんので、間違いをなかなか見付けにくいと思いますが、それでもいろいろな場面で被評価者の職務行動を垣間見ることができると思います。

そうして把握した被評価者の職務行動を二次評価者はよく吟味する一方で、直接のマネジメント対象である一次評価者（課長）の評価能力や評価傾向をよく把握したうえで、一次評価者の評価に対して間違いがないかどうか目安を付けます。間違っているのではないかと気になるケースが出てきたら、一次評価者を呼んで説明を求め、二次評価者として納得できるかどうかをよく吟味します。

一次評価者の評価結果にもし納得できないならば、一次評価結果を修正することになります。

（ⅱ）評価に甘辛傾向がないか

第2の視点は、他の一次評価者との関係で評価の甘辛傾向があるかどうかです。これは一次評価者の評価の誤りということともかかわりを持つのですが、一次評価者の評価傾向の違いで平均点やバラツキの出方にアンバランスなものが出ていると判断する場合は、その部分の調整を行います。これを「甘辛調整」と言います。間違いを直すのを「修正」と呼び、甘辛やバラツキに対する対応を「調整」と言って区別します。

この調整は、被評価者個々人の事情を調べあげたうえで行うのではなく、一次評価者の評価結果全体を数値的に見て対応します。一種の相対評価的な調整と言ってよいでしょう。ある一次評価者の評価結果の平均点が他の一次評価者よりも100点満点で20点少ないならば、その分を全員の評価結果に加えるなどの調整をします。当然、この場合にも一次評価者と面談を行い評価結果に対する事情把握を行うことが前提ですが、個人別の修正ではなく、一次評価者の評価スパンにある人全員に対して一律に調整を行うことになります。

とりわけ、一次評価者の評価能力には、バラツキがあることが多いものです。課長になり立てで人事評価を初めて行う人もいるでしょうし、年齢が高くなり部長になるタイミングを失したという気持ちでなんとなく士気があがらなくなった課長もいるでしょう。あるいは、課長になったものの管理能力のなさが露呈して自信を喪失した人もいるかもしれません。このように、課長のレベルは部長以上にバラツキが大きいと見るのが普通ですから、公正な評価をしようと考えるならば、二次評価のスクリーニングを掛けたほうがよいことになります。

もちろん、二次評価者にもいろいろな人がいるでしょう。しかし、一次評価者（課長）よりも二次評価者（部長）のほうが優れており、管理者としての経験も踏んでいることを前提に、多段階評価が組み立てられています。

「修正」にせよ、「調整」にせよ、二次評価者が手を加える場合は、一次評価者とよく話し合うことが基本です。二次評価者が一次評価者の評価結果を尊重しなければ、多段階評価の意味がなくなりますし、一次評価などなくてもよいではないかという極論に発展しないとも限りません。

しかし、よく話し合っても一次評価者の納得が得られない可能性があります。その場合は、一次評価者の納得がないまま二次評価者の結論を正式な結論として、人事評価の手続きを進めます。「直列型」タイプの場合は、そのように割り切ります。

企業で使われている人事評価マニュアルを見ると、ときどき一次評価者の納得がないと二次評価者が評価結果を直せないと読めるものがありますが、それは妥当ではありません。一次評価者の評価結果を尊重することと二次評価者の結論を優先することとは、矛盾するものではありません。そうでないと、一次評価者と二次評価者の考えが違った場合に、人事評価の実務が進まなくなります。

もちろん、「並列型」タイプでは、そういう問題は起こりません。一次評価者と二次評価者のそれぞれの割合で集計されるだけです。

③最終評価決定機関の意義と役割

(ⅰ)個人別評価結果を問題にしない

さて、そうして二次評価結果が確定すると、今度は最終評価決定機関で二次評価結果が審議にかけられます。最終評価決定機関とは、最終的な評価結果を確定させ、昇給・賞与・昇格などの処遇格差付けを確定する機関です。

最終評価決定機関による最終評価決定会議で二次評価者の評価結果の概略が人事部門より説明され、承認に向けた議事進行が行われるのが普通です。その際によく出てくる問題が、「この佐藤君の評価がSだということだが、どう考えてもAがいいところだろう。何でこれがSなんだ。佐藤君にSを付けるのならば、うちの田中君もSにしてくれよ」というような個人別の議論が行われることです。これは最終評価決定会議には全くふさわしくない発言です。そういう発言はしないよう、会議メンバーの認識統一が必要です。

そもそも、最終評価決定会議は、個人別評価の修正を行う場ではありません。それは二次評価者の段階で終了しているものとして扱い、ここでは議論しないことが鉄則です。たまたま何かの象徴的な事実を把握したのかもしれませんが、直接管理スパン(評価スパン)に入っていない人に対してもともと職務行動をしっかり見る立場でもないし、見えるものでもないのに、不正確な議論によって、それまで一次評価、二次評価と積み上げてきた議論を台無しにする可能性があるのです。

ですから、何か言いたくなったとしても、最終評価決定会議では個人別の評価結果を問題にしないことを原則にしてください。

(ⅱ) 部門業績評価結果をもとに二次評価の甘辛調節をする

最終評価決定会議の役割は、部門全体の業績評価結果と、二次評価者別の評価結果との関係にアンバランスがないかどうかを議論して結論を出すことにあります。一次評価、二次評価と進んできて、たいていの議論は尽くしていますが、まだ議論されていないのは、二次評価者ごとの「甘辛調整」であり、これを行うところに役割があるのです。

「甘辛」を判断する手掛かりは、成果評価の場合であれば部門業績評価の結果です。賞与評価の際に情意評価が組み入れられている場合は、これも含めて部門業績評価の結果を手掛かりに、甘辛調整をすることが多いです。要するに、部門業績評価結果との関係で、二次評価者ごとの評価分布に問題がないかどうかを見ます。この点に絞って議論をし、結論を出してください。調整が必要な場合は、問題となる二次評価者の評価スパン全体の評価結果に、例えば、上に上げたり、下に下げたり、バラツキを大きくしたり小さくしたりという数値的な調整を加えます。くれぐれも、個人別評価の「修正」についての議論をしないようにしてください。

能力評価の「甘辛」判断の手掛かりを見付けることは、簡単ではありません。それには、二次評価者ごとの実際の評価分布の違いに着目してみる以外にないでしょう。そこに手掛かりを設けないと、個人別の評価の再検討になってしまいます。その際に、どの部門も「正規分布」があるはずという擬制を前提に評価せざるを得ません。実務的には、データ的に甘過ぎるのではないか、辛過ぎるのではないかを見ながら、異常な二次評価者の分布を見付けるという発想が必要です。

④人事部門の意義と役割

このように一次評価者、二次評価者、最終評価決定機関の役割を整理していくと、人事部門はどういう役割を果たせばよいかを説明する必要が出てきます。

コンサルティング先の社員にインタビューを行う際に、「うちの人事部の評価はどうもおかしいと思う」というような不満を言う人に出くわすことがよくあります。そこで、「人事部は直接社員の評価を行っているのですか」と人事部長に聞くと、「そんなわけないじゃないですか。ライン組織で評価は行っていますが、人事部がやるのは人事評価事務手続きの実施と、二次評価者や最終評価決定会議のために集約表をつくる程度です。もちろん、あまりにも寛大化傾向が強いようなことが判明したら見直してください、というアナウンスはしますが」というような答えが返ってきます。ごくごく常識的な人事部門のかかわり方だと思います。

私の20数年のコンサルティング経験の中で、数社ほど人事部長が最終評価決定機関になっている会社がありましたが、その場合も、ライン組織での評価結果の承認作業を行う程度で、特別な問題がなければ、ほぼそのまま追認していました。

要するに、人事評価の実質的な判断に人事部門は基本的にかかわらないということです。しかし、「うちの人事部の評価はどうもおかしいと思う」といった疑問が出てくるのは、「30％もの人がＳ評価というのは少し変ではないですか」「もう少しＣ評価の割合が大きくなると思いますが、いかがですか」というような人事評価の甘辛についてのアラームを出したり、ライン組織が行う評価への牽制《けんせい》機能を人事部が果たしているからでしょう。これが、直接人事部門が評価を下しているという誤解を発生させているのかもしれません。

誤解は晴らしたほうがよいと思いますが、人事評価事務手続きや人事評価の集約表の作成というような仕事だけではなく、人事評価が公正に行われるための牽制機能も、やはり人事部門の役割です。この点は、いろいろ批判があっても曖昧《あいまい》にしないほうがよいでしょう。

⑤自己評価の意義と役割

自己評価が組み入れられている人事評価制度や人事評価表が、最近は多くなっています。その際の自己評価には、どのような意義と役割があるのでしょうか（55頁参照）。

よく自己評価を行うに当たって、「自己評価であまり低い評価を付けていると甘く見られて最終結果も悪くされるかもしれないので、よい自己評価にしておく」とか、「自己評価を思いっきり高くしていると、上司も気を遣って、あまり低い評価にはしないだろう」という被評価者の声を聞くことがあります。また、一次評価者からも「部下の自己評価が高いと、なんとなくそれよりも低く評価するのに遠慮が出てしまう」という声を聞くこともあります。これらは、いずれも、自己評価の意義を理解していない発言です。

自己評価を人事評価制度に入れる理由は、被評価者本人も自分を見つめ直し、自己反省を加えて、自分自身の課題を自ら理解するよう促進させるためです。

つまり、被評価者本人が自分を見つめ直すことで、「自分が自分の上司だと仮定したときに、上司としての自分は、被評価者としての自分をどのように評価するだろうか」と自問してほしい、つまり、自分を客観的に見てほしいのです。なかなか自分のことは分からないものですが、できるだけ頑張って自己評価をし、上司との認識のギャップを見ていくことが大事なポイントです。

自己評価と上司の評価とのギャップを見付けることは、評価全体のプロセスの中では大変重要な意味を持ちます。部下はよくやったと思っていても、上司はダメだと思っていることもあるわけです。そういう部分は話し合って認識を合わせないと、これから先もそのやり方でよいと部下は思い続けてしまいます。そうなると、その部署の業績はよくなっていきません。

自己評価とは、被評価者本人側が、上司にプレッシャーを与えたり、見栄を張ったりするための手段ではありません。また上司サイドとしても、被評価者本人の自己評価結果に影響をされて自分自身の評価判断を変えるようではいけません。

7 人事評価期間の設計

（1）人事評価期間とは

人事評価期間とは、被評価者を評価する際の対象期間のことです。人事評価の活用目的に照らして、一定の期間を定めて評価をするようにします。通常は、1年を超えることはなく、半年とか1年を評価期間としているところが多いようです。

（2）人事評価期間設定の考え方

①評価期間は長くても1年以内とする

最近は、人事評価期間を、会社の会計年度に合わせて設定している会社が多くなっています。3月末決算の会社の場合は、4月1日～翌年3月31日の1年間を人事評価期間にします。1年間だと長過ぎると思う会社は、4月1日～9月30日の上期と、10月1日～翌年3月31日の下期に分けて、それぞれを人事評価期間とします。

また、管理者の評価期間は会計年度と同じ1年間とし、一般社員の評価期間は上期・下期に分けた半年ごとにするというように、社内階層によって人事評価期間を分けている場合もあります。

人事評価期間を会計年度と連動させるのは、会社の業績向上の取り組みと人事評価を連動させることで、より効果的に人事評価を利用しようと考えているからです。人事評価期間が1年間の場合も、上期・下期の半年ずつの場合も、決算に現れる業績を向上させる取り組みと人事評価を連動させようとしていることに、基本的には変わりありません。

管理者の評価期間を1年、一般社員の評価期間を半年にするというように役職ごとに違いを設けるのは、階層ごとのマネジメントサイクルとの関係を意識してのことです。管理職が担当する仕事は比較的難しい仕事ですし、仕事の成否が見えてくるのにある程度長い期間が掛かります。かといって、1年を超える評価期間は会計年度とのかかわりを弱くしてしまいますので、1年間を評価期間とするものです。

その一方で、一般社員の評価期間を半年にするのは、一般社員が日常業務を担当していることから、比較的仕事の成否が短いサイクルで把握できることと関連しています。しかも、評価によるインセンティブの受け取りがあまりにも先だと、有り難みがなくなることもあります。この点は、管理者についても同じことが言えそうですが、一般社員のほうが活動とインセンティブの期間を短くしていく傾向にあります。しかし、あまりにも短いと人事評価事務が煩雑過ぎることから、半年を人事評価期間とするわけです。

なかには、3カ月単位で評価したり、(究極的ですが) 1カ月単位で評価をすることもあるようですが、これも、この間の成果主義的な人事制度革新の絡みから出てきました(図表59)。

②研究開発者や技術開発者であっても考え方は同じ

その一方で、特に研究開発者や技術開発者からは、評価期間が1年というのですら短過ぎるという意見も出ています。研究開発者や技術開発者の仕事は、スタートしてから結論が出るまでに、5年、10年と掛かるものもあります。これに対する彼らの言い分は、「最初の1年はぜんぜんうまく行かず、挫《ざ》折《せつ》しかかっていたが、2年後になってようやく、そのときの試行錯誤の中に大変よい取り組みをしていたことが分かり、一気に開発を前進させることができ、5年後の商品化にこぎ着くことができた。その際、最初の1年を悪く評価されていたら、一気になえてしまって、その先はなかったと思う」というものです。

たしかに、研究開発者や技術開発者の仕事の管理期間は会計年度よりは長い場合が多いと言えます。しかし、そうであっても、企業で働いて

図表59 **人事評価期間とメリット・デメリット**

	メリット	デメリット
年間評価	決算期間と連動した評価期間となるため、会計年度業績にこだわる体質づくりに貢献できる。	評価期間が長く、努力と報酬との連動性が薄れる。また、期首に目標管理シートに書かれる課題目標も、1年間の中での状況変化に応じて取り組む意味がなくなるものも出てくる。
半期評価（上期・下期評価）	会計年度の上期・下期と連動するため、会計年度業績にこだわる体質づくりに貢献できると同時に、中間できちんと評価して、次の半期に向けた体制をつくることができる。	長期に取り組む必要のある課題よりも、半期単位で、はっきりと結果が出るタイプの短期的な目標に取り組むようになる。
3カ月・1カ月間評価	短サイクルで評価し、処遇と連動させるため、努力と報酬との連動性が強くなり、インセンティブ効果が強くなる。	腰を据えてかかる課題目標に取り組むよりも、短期に成果のあがる当面の業務に気持ちが集中するため、課題目標に取り組まなくなる。

いる以上、企業が年々決算を発表することや市場から評価を受けることから逃れるわけにはいきません。もし、よい評価を受けられないのならば、その企業は市場から退場しなければなりません。したがって、１年を超える評価期間を設定することは妥当ではありません。研究開発者や技術開発者としても、自らの職業人としてのプライドを掛け、「最初の１年を悪く評価されていたら、一気になえてしまって、その先はなかったと思う」と言うことを自ら許していてはいけません。その一方で、会社としては、発明報奨制度やその他の開発奨励制度を設けるなど、人事評価以外の人事施策も研究していく必要があるでしょう。

今まで、人事評価の期間設定の考え方を述べてきました。それで大体は説明が付いているのですが、もう一度、評価期間とその功罪についてまとめます。

(3) 年間評価の功罪

年間評価については、何と言っても決算の業績へのこだわりを訴え掛けることができるメリットがあります。先ほどの研究開発者や技術開発者のような微妙な話もありますが、彼らとて会社の決算と無関係に仕事をやっているわけではありません。たしかに、1年1年の結果が必ずしも5年後の成功を保証しないかもしれませんが、企業としては年々の業績にこだわらざるを得ないのです。その気持ちをあらゆる職種の人に共通認識として持ってもらい、頑張っていく体制をつくるためにも、年間評価は大切なものなのです。特に、担当している仕事の成果が短期には見えにくい研究開発者や技術開発者、管理者には、この年間評価が合っています。

一方、デメリットもあります。一生懸命頑張ったらその見返りがほしいのが普通であり、できるだけ早くもらえるほうが、気分が盛り上がります。そういう意味では、頑張って目立った成果をあげたら、翌日にでも見返りがほしくなります。しかしながら、年間評価結果の見返りとして報酬がもらえるのは必然的にだいぶ先になることから、なんとなくインセンティブとしての効果が希薄になっていくきらいがあります。

また、目標管理制度と連動しての人事評価の場合、1年経つうちに立てた目標が状況に合わなくなることもよくあり、そういうことが何回かでもあれば、どうせそのうちに状況が変わるから、それほど目標設定にこだわらなくてもいいだろうという気持ちにもなります。要するに、目標管理に対する信用がなくなるということです。

（4）半期評価の功罪

主に日常的な業務を担当している一般社員には、半期評価のほうが仕事の管理期間とも合っていると考えられています。しかも、決算期間とも連動し、夏賞与や冬賞与に評価結果を反映させる人事評価となりますので、比較的努力とインセンティブとの関係が近く、そういう意味でも一般の企業では支持率が高い評価期間です。

一方で、半年を超える管理スパンの課題解決業務に対する関心が、少し弱くなるかもしれません。しかし、この半年の評価期間には、功罪の「功」のほうが比較的多いことから、採用しやすい評価期間です。

（5）3カ月評価、1カ月評価

３カ月評価や１カ月評価の導入事例はあまり多くありませんが、雑誌などで少しだけ紹介されたりしています。これだけ短期の評価になると、課題解決などのいわゆる定性的な評価は、なかなかやりにくいのが現状でしょう。したがって、個人別の売上高や受注高といった業績数値評価を軸に、どちらかというと歩合制的な給与制度と連動させているとお考えください。

例えば、月々の売上高が６カ月積み上がり、その評価によって半期の賞与が決まるとします。その評価に対して、特に定性的な部分（頑張ったとか、改善を行ったとか等々）を見ないのであれば、月々の売上高を直接反映し、集計月の翌月の給与に反映させてもよいわけです。そうすれば、頑張り即報酬ということで、非常に感度の高いインセンティブになり、メリットにもなります。

ただし、評価指標となる売上高や受注高などの業績数値にどうしてもこだわるようになりますので、少し長めのスパンで行う改善などの課題目標は省みられなくなりやすいものです。

8 人事評価表の設計

こうして人事評価要素が決まり、人事評価基準や人事評価者体系、そして人事評価期間が決まったなら、次はいよいよ人事評価表を設計することになります。

(1) 人事評価表のいろいろ

人事評価表にも、いろいろなパターンがあります。しかし、企業として一つのスタイルに慣れていると、それ以外のものがあることに気が付かなくなることがありますので、ここでは、図表60の５種類の人事評価表のパターンを確認していきましょう。

この五つのパターンは、①から⑤へと数字が大きくなるにつれて複雑な人事評価表になっていきます。

第１が、一人ひとりに評価表を用いないで、部署のメンバーを一覧表で評価をし、評価結果を記入するタイプ（図表61）です。一応、成果・能力・情意という評価項目に評価点を付けて、一次評価合計点を付けるようになっています。また、一次評価合計点によって順位を付けて、Ｓ・Ａ・Ｂ・Ｃ・Ｄといった評語を一次評価結果欄に入れ、二次評価者

図表60 人事評価表のパターンを決めるもの

①一人ひとりに評価表を用いるか

②評価基準（着眼点）を入れるかどうか

③自己評価を入れるかどうか

④業務実績についての自己記入欄を入れるかどうか

⑤評価表を１枚にまとめるかどうか、評価要素群別に分けるかどうか

図表61　人事評価表（一覧表で評価結果を記入する例）

No.	資格	氏名	一次評価項目			一次評価合計点	順位	一次評価結果	二次評価結果
			成果	能力	情意				

は、一次評価者の評価結果であるＳ・Ａ・Ｂ・Ｃ・Ｄの結果を見て、二次評価を行うタイプです。いずれにせよ、非常に単純なものです。

第２が、一人ひとりに評価表を当て、その人事評価表に評価基準や着眼点を入れたものを評価者が参照しながら評価を行うタイプ（図表62）です。この図表にある評価基準は、ある等級のものですから、会社ごとの職能等級や職務等級などの等級区分の数だけ評価表をつくることが前提です。ちなみに、図表65の人事評価表の（2）欄の中にも「着眼点」が入っていますのでご覧ください。

図表62では、評価要素ごとに評価基準を入れてウエートを設定し、一次評価および二次評価でそれぞれ合計得点を出すようになっています。

第３が、自己評価欄を入れるかどうかですが、図表63は、自己評価欄が入っているタイプを示しています。図表62には自己評価欄が入っていませんが、この評価表の「一次評価」欄の左側に全く同じ「自己評価欄」を設ければ、このタイプのものになります。自己評価をさせて一次評価に回すのは、評価基準を公開して、本人に自己反省をしてもらうという趣旨からです。自己反省を真摯《しんし》にしてもらっていると、本人の成長にもよい影響が出ますし、評価面談がスムーズに運びます。

第４が、被評価者本人の評価要素別の業務実績を自己記入してもらう

図表62 人事評価表（1人1枚の評価表・評価基準入りの例）

評価要素群	評価要素	評価基準	ウエート①	一次評価 ②評価（1点～5点）	一次評価 評価点 ②×①	二次評価 ②評価（1点～5点）	二次評価 評価点 ②×①
成果評価	業績目標達成度	該当等級にふさわしい難易度の目標数値（目標管理表による）	15%				
	課題目標達成度	該当等級にふさわしい難易度の課題解決目標（目標管理表による）	15%				
	（目標管理以外）日常業務の成果	目標管理以外の日常的な業務、組織貢献、人材育成等の成果。当該等級にふさわしい成果実績を評価。	10%				
		成果評価小計	40%				
能力評価	企画・計画力	自チーム全体の業務遂行について、業務負荷についての先読みをしつつ、チーム全体の作業効率を上げていける計画を立てることができる。	10%				
	実行力	自チームが担当している日常業務全体について、独力で遂行できるとともに、後輩の育成ができる。	10%				
	対策立案力	時折発生しがちな例外処理について、前例を参考に、かつ関係者とも相談しつつ、主体的に処理することができる。	5%				
	改善力	自チームが担当している日常業務について、主体的に改善の問題意識の提案ができる。	5%				
		能力評価小計	30%				
情意・態度評価	責任性	担当している業務について困難な事態が発生しても、粘り強く取り組み、それでも困難なことに出くわした場合は、タイミングを外さず、助けを求めている。	10%				
	積極性	自チームの日常業務の遂行にとって、有効な効果がありそうであれば、未経験の方法でもそれを試そうとしている。	10%				
	協調性	後輩の仕事ぶりを見ていて、大変なようならば、自ら進んで手助けをしている。	10%				
		情意・態度評価小計	30%				
		人事評価点合計	100%	—		—	

図表63 人事評価表（業務実績自己記入欄・自己評価欄入りの例）

評価要素群	評価要素	評価基準	主な業務実績（被評価者本人の自己記入欄）	ウエート①	自己評価 ②評価（1点〜5点）	自己評価 評価点 ②×①	一次評価 ②評価（1点〜5点）	一次評価 評価点 ②×①	二次評価 ②評価（1点〜5点）	二次評価 評価点 ②×①
成果評価	業績目標達成度	該当等級にふさわしい難易度の目標数値（目標管理表による）		15%						
	課題目標達成度	該当等級にふさわしい難易度の課題解決目標（目標管理表による）		15%						
	（目標管理以外）日常業務の成果	目標管理以外の日常的な業務、組織貢献、人材育成等の成果。当該等級にふさわしい成果実績を評価。		10%						
		成果評価小計		40%						
能力評価	企画・計画力	自チーム全体の業務遂行について、業務負荷についての先読みをしつつ、チーム全体の作業効率を上げていける計画を立てることができる。		10%						
	実行力	自チームが担当している日常業務全体について、独力で遂行できるとともに、後輩の育成ができる。		10%						
	対策立案力	時折発生しがちな例外処理について、前例を参考に、かつ関係者とも相談しつつ、主体的に処理することができる。		5%						
	改善力	自チームが担当している日常業務について、主体的に改善の問題意識の提案ができる。		5%						
		能力評価小計		30%						
情意・態度評価	責任性	担当している業務について困難な事態が発生しても、粘り強く取り組み、それでも困難なことに出くわした場合は、タイミングを外さず、助けを求めている。		10%						
	積極性	自チームの日常業務の遂行にとって、有効な効果がありそうであれば、未経験の方法でもそれを試そうとしている。		10%						
	協調性	後輩の仕事ぶりを見ていて、大変なようならば、自ら進んで手助けをしている。		10%						
		情意・態度評価小計		30%						
		人事評価点合計		100%			—		—	

図表64 人事評価表（成果評価表を独立させた例）

【成果評価表】

年度　上・下　期	所　属		等　級		社員No.		氏　名	印	一次評価者	印	二次評価者	印

(1) 目標達成度
①業績目標

No.	目標項目	目標値	今期実績	達成率	ウエート	自己評価	評価者	一次評価	評価点	二次評価	評価点
1				%		S25 A20 B15 C10 D5		S25 A20 B15 C10 D5		S25 A20 B15 C10 D5	
2						S25 A20 B15 C10 D5		S25 A20 B15 C10 D5		S25 A20 B15 C10 D5	
3						S25 A20 B15 C10 D5		S25 A20 B15 C10 D5		S25 A20 B15 C10 D5	
4						S25 A20 B15 C10 D5		S25 A20 B15 C10 D5		S25 A20 B15 C10 D5	
5						S25 A20 B15 C10 D5		S25 A20 B15 C10 D5		S25 A20 B15 C10 D5	
						小計		小計		小計	

	本人コメント	
自己評価		
評価者	一次評価者コメント	二次評価者コメント

②課題目標

No.	テーマと目標	レベル	ウエート	自己評価	評価点	実施内容（本人コメント）	一次評価	評価点	一次評価者コメント	二次評価	評価点	二次評価者コメント	備考
1	テーマ 目標			S25 A20 B15 C10 D5			S25 A20 B15 C10 D5			S25 A20 B15 C10 D5			レベル加点 2C…きわめてチャレンジング　+8点 C…チャレンジング　+5点 S…スタンダード　そのまま S 評価者の期待を特別に上回っている（上位等級でも申し分ない） A 評価者の期待を大いに満たしている B 評価者の期待どおりである C ほぼ評価者の期待どおりであるが、もう一つ D 評価者の期待にひどく反している（業務に支障が発生）
2	テーマ 目標			S25 A20 B15 C10 D5			S25 A20 B15 C10 D5			S25 A20 B15 C10 D5			
3	テーマ 目標			S25 A20 B15 C10 D5			S25 A20 B15 C10 D5			S25 A20 B15 C10 D5			
				小計			小計			小計			

③日常業務の成果

No.	<目標管理以外>日常業務にかかわる成果	レベル	ウエート	自己評価	評価点	実施内容（本人コメント）	一次評価	評価点	一次評価者コメント	二次評価	評価点	二次評価者コメント	備考
1	項目 実績			S25 A20 B15 C10 D5			S25 A20 B15 C10 D5			S25 A20 B15 C10 D5			レベル加点 2C…きわめてチャレンジング　+8点 C…チャレンジング　+5点 S…スタンダード　そのまま S 評価者の期待を特別に上回っている（上位等級でも申し分ない） A 評価者の期待を大いに満たしている B 評価者の期待どおりである C ほぼ評価者の期待どおりであるが、もう一つ D 評価者の期待にひどく反している（業務に支障が発生）
2	項目 実績			S25 A20 B15 C10 D5			S25 A20 B15 C10 D5			S25 A20 B15 C10 D5			
3	項目 実績			S25 A20 B15 C10 D5			S25 A20 B15 C10 D5			S25 A20 B15 C10 D5			
				小計			小計			小計			

図表65 人事評価表（能力評価表を独立させた例）

【能力評価表】

年度　上・下　期	所 属		等 級	

(1) 担当業務必要スキル評価

No.	スキル項目	ウエート	自己評価	評価点	本人コメント	一次評価	評
1			S50 A40 B30 C20 D10			S50 A40 B30 C20 D10	
2			S50 A40 B30 C20 D10			S50 A40 B30 C20 D10	
3			S50 A40 B30 C20 D10			S50 A40 B30 C20 D10	
4			S50 A40 B30 C20 D10			S50 A40 B30 C20 D10	
5			S50 A40 B30 C20 D10			S50 A40 B30 C20 D10	
			小計			小計	

(2) 保有能力評価

No.	評価項目	着　眼　点
1	企画力 担当グループ全体の業績目標達成のために、メンバーの日常業務上の動き方を効果的に計画できる。	□ 担当メンバーの業務課題が把握できる □ 担当メンバーの業績向上のための当面の動き方が企画できる □ 困難な仕事でもさまざまな工夫検討をすることができる □ 具体的で実効性のある行動提起ができる □ 課題の本質を深堀できる
2	実行力 自己および担当グループの目標を設定し、より効果的な業務遂行を行うことができる。	□ タイムリーに意思決定することができる □ 逃げないで困難に立ち向かうことができる □ 優先順位を考えて行動できる □ 状況に応じた柔軟な行動ができる □ 常に改善を考えながら進めることができる
3	折衝・調整・対策力 担当グループの目標達成を目指し、関係先への必要な対策立案・折衝調整を上司と連携しつつ進めることができる。	□ 困難点を見付けたら、上司とよく相談することができる。 □ 困難を克服するための方針を上司と連携しながら煮詰めることができる □ 調整をお願いする関係先の事情をよく把握したうえで、折衝することができる □ 折衝においては相手に不快な印象を与えないようにすることができる □ 折衝に当たっては、自らのことばかりを考えず、関係先の有利な面もよく説明するようにすることができる
4	人材育成力 担当グループメンバーの能力開発上の課題を把握し、上司と調整しつつ、中期的視点で育成計画を立案・推進できる。	□ 後輩の能力開発課題を日常の仕事ぶりを観察する中で、気付くことができる □ 後輩に対し、自分が習得したノウハウを伝えることができる □ 先輩として、部下・後輩の模範となることができる □ 後輩に対して育成を考えて適切に業務を配分することができる □ 後輩の能力や個性を活かす適切な指導・アドバイスをタイミングよく行うことができる

	評価要素	一次評価点		二次評価点	
能力	担当業務必要スキル評価	(1) a		(1) A	
	保有能力評価	(2) a		(2) A	
	合計				

	社員No.		氏　名	印	一次評価者	印	二次評価者	印

価　点	一次評価者コメント	二次評価	評価点	二次評価者コメント	備　考
		S50 A40 B30 C20 D10			S 当該等級の期待を特別に上回っている（上位等級でも申し分なし） A 当該等級の期待を大いに満たしている B 当該等級の期待どおりである C ほぼ当該等級の期待どおりであるがもう一つである。 D 当該等級の期待にひどく反している（業務に支障が発生） ※求められる能力水準は別途定める「スキル一覧表」を基準とする。
		S50 A40 B30 C20 D10			
		S50 A40 B30 C20 D10			
		S50 A40 B30 C20 D10			
		S50 A40 B30 C20 D10			
		小計			

	自己評価	一次評価	二次評価
	S A B C D 10 8 6 4 2	S A B C D 10 8 6 4 2	S A B C D 10 8 6 4 2
	S A B C D 15 12 9 6 3	S A B C D 15 12 9 6 3	S A B C D 15 12 9 6 3
	S A B C D 10 8 6 4 2	S A B C D 10 8 6 4 2	S A B C D 10 8 6 4 2
	S A B C D 15 12 9 6 3	S A B C D 15 12 9 6 3	S A B C D 15 12 9 6 3
	小計	小計	小計

本人コメント
一次評価者コメント
二次評価者コメント

図表66 人事評価表（情意・態度評価表を独立させた例）

【情意・態度評価表】

年度　上・下　期	所　属		等　級		社員No.		氏　名	印	一次評価者	印	二次評価者	印

No.	評価項目	今期に該当する業務実績（象徴的なものを記入ください）	自己評価	一次評価	二次評価
1	責任性 （定　義） 担当業務をどうしても成功させようという熱意をもって頑張ったか。		S A B C D 10 8 6 4 2	S A B C D 10 8 6 4 2	S A B C D 10 8 6 4 2
2	積極性 （定　義） 周りの人があまり詳しくない事柄に対しても自らの努力で理解し、仕事に取り入れて、成果につなげようと工夫をしていたか。		S A B C D 10 8 6 4 2	S A B C D 10 8 6 4 2	S A B C D 10 8 6 4 2
3	協調性 （定　義） 周りの人の仕事ぶりをよく見て、苦労をしているようであれば、自発的に支援していたか。		S A B C D 10 8 6 4 2	S A B C D 10 8 6 4 2	S A B C D 10 8 6 4 2
			合計	合計	合計

本人コメント
一次評価者コメント
二次評価者コメント

＜評語＞

	評語
S	当該等級の期待を特別に上回っている（上位等級でも申し分なし）
A	当該等級の期待を大いに満たしている
B	当該等級の期待どおりである
C	ほぼ当該等級の期待どおりであるが、もう一つ
D	当該等級の期待にひどく反している（業務に支障が発生している）

	評価要素	一次評価点	二次評価点
情意・態度評価	責任性		
	積極性		
	協調性		
	合計		

タイプ（図表63）です。この人事評価表の中央には「主な業務実績（被評価者本人の自己記入欄）」として空欄だけありますが、ここに本人が特に目立った業務実績を記入することになります。このことによって、評価者は評価の対象となる職務行動事実を把握しやすくなります。

このタイプのものには、たいていは自己評価欄もあって、自己評価を求めているものが多いようです。ただ、１枚の評価表で、すべての人事評価要素群や人事評価要素を評価しようとしますので、業務実績の記入欄が広く取れないのが欠点です。

しかし、あまり記入欄が大きいと、記入に対するプレッシャーを本人に与えることも事実ですので、その分の負担を軽くして、本人が重要だと思うものだけを記入してもらい、評価のプロセスに入ろうというものです。これでも十分、被評価者としては自分を見つめる機会になります。

第５が、人事評価表を１枚でまとめないで、評価要素群別に分けるタイプ（図表64〜66）です。図表64が成果評価表を独立させたもので、図表65が能力評価表を、図表66が情意・態度評価表を独立させたものです。いずれも本人の自己記入欄や上司のコメント欄が広めにとってあります。自己記入欄を広めにとって、ていねいに評価を進めていくことを重視すると、このように評価要素群別に独立させたタイプになっていきます。

評価とは、事実に基づいて行うことを非常に大切にしますが、このように本人に記入してもらえれば、評価者としては大変楽になります。また、本人が記入したものがあれば、思い出しやすくもなりますし、本人の受け止め方もよく分かります。評価者にとっては、直接評価を行う際だけではなく、評価結果のフィードバック面接を行う際にも大変助かる情報となります。

もちろん、被評価者本人が記入した業務実績やコメントがすべて真実だというわけではありませんから、評価者はよく吟味する必要があるのは言うまでもありません。

(2) 人事評価表設計上の注意点

人事評価表のいろいろなパターンを見てきましたが、人事評価表には人事評価制度のいろいろな考え方が凝縮されて表現されています。そういう意味では、人事評価制度の顔と言っていいですし、やはり顔は見せるべきものでしょうから、特別な事情がない限りは、人事評価表は社員に公開するべきでしょう。

公開しないほうがよい特別な事情とは何かと問われれば、①人材育成上の特別の配慮から、評価を意識させないで、上司にもどんどん物申す体質としたい場合、②評価方法について社員が特別に反発しているような事情がある場合を挙げます。

人事評価表を公開することは、どういう評価を行うのかという会社のメッセージを社員に伝えることです。そのメッセージは、評価要素や評価基準に現れていますので、「別途人事評価マニュアルで説明しているので、そちらを見てもらえばいいではないか」ということではなく、人事評価表の中にもできるだけ掲載しておいたほうがよいでしょう。

また、月例の給与制度や賞与制度への評価結果の反映の仕方にもかかわりますが、最近は評価による格差を大きく付ける傾向が出ていますので、できるだけ自己記入欄を広めにとってあげたほうが、評価結果のフィードバックがスムーズに進みます。

ということになると、1枚の評価表ですべての評価を行うよりも、評価要素群ごとに人事評価表を分けるほうが望ましいと思います。少し面倒な印象がありますが、人事評価結果をどの程度大きな処遇格差につなげるかとの関係で考えるべきものです。かなり大きな処遇格差を生み出す人事制度を持っている場合は、人事評価はていねいに進めたほうがよいでしょう。ていねいに進めるというメッセージは、ていねいな人事評価表になっているという形で表現できます。

9 評価に堪え得る目標管理のあり方

(1) 成果評価における目標管理のあり方

①「目標」は部署の業務の一部に過ぎない

目標管理については成果評価とのかかわりですでにそれなりの説明をしてきましたが、ここでは評価に堪え得る目標管理のあり方について、目標管理制度側に力点を置いて、もう少し説明を加えていきたいと思います。

目標管理で扱う「目標」には、いろいろな種類があります。しかし、すでに本書で指摘しているとおり、理論からしても運用の現実からしても、目標管理で扱う「目標」は、その部署の担当業務の一部を構成しているに過ぎないと考えてください。

目標管理は、重点管理の思想が最初から入っています。したがって、部署としては、部署の重点管理事項を目標としますし、被評価者本人にとっても本人の重点業務に関して目標化します。

②六つある「目標」の種類

次に目標の種類ですが、図表67を手掛かりに考えると目標管理で扱う「目標」が分かりやすくなります。ヨコ軸に時間の流れ（年月）を取り、タテ軸に業績の水準を取ります。

「現状」とは、今の業績水準を表すものとして、それが例えば1年後はどうなるかを考えてみます。今のままのやり方を変えずにこのまま行ったらどうなるか、と想定できる業績水準が「成り行き」です。このまま踏襲すると業績的には「ジリ貧」になってしまうことを、この図では

図表67　目標の種類

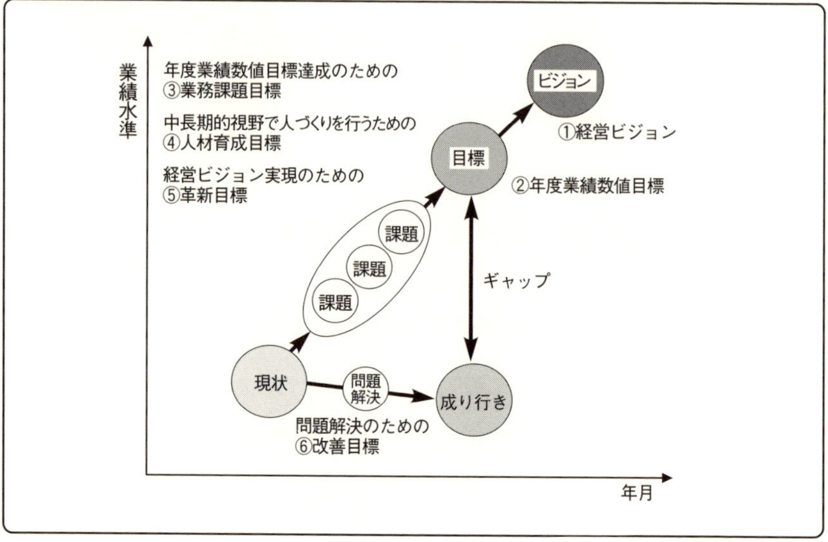

表現しています。「今のままのやり方」とは、どれだけ必死に残業をして頑張っていても、あるいは、なんとなく適当に仕事をしていても、とにかく同じように仕事をしていくということであり、仕事は何も変わらないまま業績だけが「ジリ貧」になるわけです。これは、競合企業は必死に改善や改革を繰り広げているのに、今と同じままの仕事のやり方では徐々に競争に負けてしまうという世間一般の感覚に合っています。

1年後の業績が「成り行き」水準でいいのならば、特に目標管理などという面倒な回りくどいマネジメント手法をとる必要はありません。よく慣れた仕事を繰り返すわけですから、特に心配はいらないでしょう。

しかし、実際には、この1年後の業績が「成り行き」水準でよいというわけにはいきません。企業は、長期的な視点で「①経営ビジョン」を考え、実現するために中長期の業績目標を打ち立てます。さらには、1年後の業績水準についても想定して、業績目標を立てます。それが図表67の図の右上にある「目標」であり、経営の強い意志の下、この「目標」まで持っていこうと宣言することになります。これがいわゆる「1

図表68　各種目標の内容

	目標の種類		内容
①	経営ビジョン		長期的視野から、企業活動をどのような方向に変化させるかについてのイメージ。これに基づいて、長期的視野での骨太の革新が企画されると同時に、単年度での業績数値目標も導き出されるのが基本的な考え方である。目標管理シートには直接は反映しない。
②	年度業績数値目標		年度の業績をしっかり確保するために、全社・各部門、各部署・各個人に要求する売上・利益などの、主として財務数値をベースとした数値目標。
③	課題目標	業務課題目標	年度業績数値目標の達成のために、是非とも解決しなければならない業務上の解決課題についての目標。年度の業績数値目標達成には、不可欠な重点管理項目として設定される目標。
④		人材育成目標	中長期的視野で人づくりを行うために、目標管理期間の範囲で行うべき重点人材育成課題に基づく目標。人材育成は日常業務として扱うべき部分でもあるが、特に重要な人材育成の取り組みは目標管理シートで管理する項目となる。
⑤		革新目標	経営ビジョン実現のための課題目標。必ずしも単年度の業績数値向上に寄与するものではないので、ともすると忘れられてしまいがちな目標。明快な定義を与えて、目標管理シートの中に反映させるべきもの。
⑥		改善目標	日常業務をより効率的・効果的に進めるためには、地道な改善活動が求められる。その活動に焦点を当てて、大事なものを目標管理シートの中で管理しようとする目標。

年後の業績目標（＝②年度業績数値目標）」になります。

この「目標」と先に説明した「成り行き」との間にギャップがなければよいのですが、今までの仕事のやり方をしていたのでは「成り行き」水準までにしかいかないわけですから、このギャップを埋めるためには何か特別な課題解決を講じなければならないことになります。それが図表の「現状」から「目標」に向けて「課題」が三つ並んでいることの意味です。これらの課題解決を行うに当たって、何を実現しなければならないかを明確にしなければなりませんが、それが図表の「③業務課題目標」「④人材育成目標」「⑤革新目標」になります。また、今までと同じやり方をして「成り行き」水準を維持するにしても、もう少し上手に行うことも必要なので、そのために「⑥改善目標」も立てることになります。

これらの六つの目標が、すべて目標管理で扱う目標の品種になるわけです（図表68）。

③重点管理の視点から目標を導き出す

「①経営ビジョン」については、②以下の目標を引き出す指針となるものですので、直接目標管理表で管理をするものではなく、「①経営ビジョン」を実現するために②以下の目標を何とか実現していこうということになります。

目標は可能な限り数値を用いたほうがよいという話はあるものの、目標管理がすべて業績数値目標だということではありません。それは目標値をどう表現するかの問題であって、何も常に「②年度業績数値目標」だけを目標管理の対象にすべきだという話とは違います。したがって、その点を間違えないようにして、いわゆる「課題目標」のグループに入る「③業務課題目標」「④人材育成目標」「⑤革新目標」「⑥改善目標」をしっかり立てて、取り組んでいただきたいと思います。

もちろん、１人がすべての品種の目標をやるべきだということでもなければ、部署単位で見ても、一つの部署がすべての品種の目標をやるべきだということでもありません。すべては「経営ビジョン」実現に向けて、どういう目標に挑戦すべきかを重点管理の視点から導き出し、そのうえで、その目標管理の取り組みを人事評価にも利用していこうというものです。

(2) 目標管理表のいろいろ

目標管理を効果的かつ効率的に進めるためには、「目標管理表」という帳票（フォーマット）を活用することになります。この帳票には、大きく分けると三つのタイプ（図表69、70、71）があり、いずれを活用するかは、目標管理のねらいや、目標管理の適用対象者などによって変わっていきます。

この項では、具体的に帳票を見ながら解説を加えていきます。

①目標の種類を分離しないタイプ

今、目標管理表として最も活用されているのではないかと思われるタイプが、図表69に示したものです。この帳票の特徴は、図表68で説明した目標の種類を特に区分せず、被評価者本人にとって設定される目標のすべてをこの１枚で管理できるようにしたところです。いわゆるオールラウンド型です。また、実施手順・スケジュール欄もあって、半年ベースでの大日程計画を立てて実績と対比しやすいタイプでもあります。

その一方で、評価欄を外してあります。そのことによって、目標管理だけに集中させようとしたタイプです。もちろんこのタイプのものの中には、一次評価欄、二次評価欄を入れたタイプもあります。

図表69のタイプは、業績数値目標を持って仕事をしている人も、間接部門の人のように業績数値目標を持たないで仕事をしている人も、同じ帳票で目標管理ができる利点があります。また、役職や等級による差もあまり意識しないで、この帳票で目標管理ができます。要するに、帳票の保管、枚数管理、配布が簡単だということです。

しかし、その一方で、どんな目標を掲げるにしても、記入上の自由度があるがゆえに、目標設定についての混乱が起こることがあります。管理者がよくわきまえて、部下や上司とよく話し合って解決していければよいのですが、得てして管理者サイドの理解不足が原因で、混乱を生じさせることになります。

図表69　目標管理表（目標の種類を分離しないタイプの例）

【目標管理シート】

年度　上・下　期	所属		等級		氏名		評価者	目標面接	印	中間面接	印

No.	テーマと達成水準	実施方法			修正後	実施手順・スケジュール						目標設定時	中間面接	
			レベル	ウエート	ウエート	月	月	月	月	月	月	上司コメント	中間自己評価	上司指導
1	テーマ 達成水準：													
2	テーマ 達成水準：													
3	テーマ 達成水準：													
4	テーマ 達成水準：													
5	テーマ 達成水準：													
追加・修正目標	テーマ 達成水準：													
			計	100	100									

		評語
レベル	2C	きわめてチャレンジング
	C	チャレンジング
	S	相当

例えば、受注高目標だけを営業社員に与え、受注をとることだけで目標管理にしようということが起きます。それはそれで理解できますが、受注をとるために、今までと同じやり方でよいのかというとそうではありません。とにかく気合で頑張ればいいのだと言うのならば、目標管理など必要ないのです。受注目標を与えてその達成率をウォッチして、「頑張れ！」と督励するマネジメント手法をとればいいわけです。しかし、それはノルマ管理と言われるもので、目標管理とは関係ありません。

目標管理と言うからには、特別な取り組みを組み入れる必要があります。受注高目標を持つにしても、今までのやり方ではなかなか達成しにくいという認識の下、営業活動そのものの中に、新しい方法や、他の営業所で成功したもののまだ試みていない提案技法を取り入れてみようという取り組み（＝業務課題目標）があるはずです。また、新たに営業部門に異動してきた人を戦力化するために人材育成をしていかないと部門の受注高目標が危ういとなれば、人材育成目標を設定して、人材育成に取り組む（＝人材育成目標）必要があるはずです。そういうものを、目標管理表の中に書き込んで、組織的に確認しながら進めていくのが目標管理なのです。

したがって、受注高目標（＝年度業績数値目標）を達成するための道筋を構想し、その中で、今までのやり方と違う特別な取り組み（業務課題目標）や人材育成策（人材育成目標）などを可能な限り具体化していこうという要素、つまり、具体的なプロセス論を入れる要素が、目標管理には不可欠なのです。

もし、こういうことが目標管理の中に入らないのであれば、意味のないものになります。近年「成果主義の弊害」が言われていますが、上記のような結果を出すためのプロセスを具体化していこうという考えが目標管理に込められていないことが原因であるものも、結構あります。

図表69の帳票には、業績数値目標も、業務課題目標も、人材育成目標等々についても、全体として部門業績数値目標を達成するためのプロセスを構想しながら、具体的に検討して分担した結果が書かれていない

といけません。しかしながら、帳票上の記入自由度が高いので、そのあたりに気が回らず、曖昧《あいまい》にされてしまうことが起こりやすくなります。

そこで登場するのが、図表69のタイプから業績数値目標を分離して記入するようにした図表70のような帳票です。

②業績数値目標を分離したタイプ

この二つはほとんど似ていますが、図表70では、上のほうに「１．業績数値目標」欄が独立しています。これは、業績数値目標はしっかりと立ててもらうが、そのためのプロセスもしっかり考えてほしいことを強調したものです。これだと、業績数値目標を立てただけでは帳票のほとんどが埋まらないわけですから、いやがうえにもプロセスに考えが及び、今までにない取り組みを工夫するようになるだろうということになります。

このように、業績数値目標だけを分離して記述させるだけで、目標管理の認識レベルが一歩高まると言ってよいでしょう。

これでも、問題が発生しないわけではありません。今まで見た中では、たしかに「１．業績数値目標」の欄に「受注高目標」が書かれているものの、「２．課題目標」欄にも「A商品の受注高目標」「B商品の受注高目標」「C商品の受注高目標」と書いて全体の「受注高目標」を構成要素別に分解しただけというものがありました。これでは、「業績数値目標」を分離する意味がなくなります。また、受注高目標を達成することが、成果評価要素群の中の「１．業績数値目標」と「２．課題目標」の二つの要素で評価されるという、いわゆる「ハロー効果」のパターンにはまってしまいます。

しかし、こうした間違いを、帳票の工夫だけでカバーするのにも限界があります。管理者としては、やはり何のための目標管理なのかをよく考えてもらい、意味のある取り組みにしていくように訴えることが必要です。

図表70 目標管理表（業績数値目標を分離したタイプの例）

【目標管理シート】

年度 上・下 期	所属		等級		氏名		評価者	目標面接	印	中間面接	印

1．業績数値目標

No.	目標項目	目標値	備考	No.	目標項目	目標値	備考

2．課題目標

No.	テーマと達成水準	実施方法	レベル	ウエート	修正後ウエート	実施手順・スケジュール						目標設定時	中間面接	
						月	月	月	月	月	月	上司コメント	中間自己評価	上司指導
1	テーマ 達成水準：													
2	テーマ 達成水準：													
3	テーマ 達成水準：													
4	テーマ 達成水準：													
5	テーマ 達成水準：													
追加・修正目標	テーマ 達成水準：													
			計	100	100									

		評語
レベル	2C	きわめてチャレンジング
	C	チャレンジング
	S	相当

③人材育成目標に焦点を当てたタイプ

図表71は、今までのタイプとは少し違い、いちばん左側の欄が「業務内容」となっていて、その右に「習熟目標」「具体的実施事項」とつづきます。これは、担当する業務をできるだけ早く習熟できるようにしていくための目標管理帳票です。要するに、人材育成目標に焦点を当てて、少しでも早く仕事ができるようになるための取り組みを促進させようというものです。

この帳票は非常に古くからあるタイプもので、最近のように、「業績数値目標」や「課題目標」を設定して達成度を人事評価につなげるという時代になると、少し使いにくい感じがするかもしれません。ただ、「課題目標」といっても、若い人にはおそらく難し過ぎるでしょうから、入社して３年くらいまでは、このタイプの目標管理帳票を使って少しでも早く仕事をマスターさせることに集中するのも大切なことだと思います。そういう場合であれば、現在でも有効な帳票といえるのではないでしょうか。

若手にはこの帳票を使い、実務の中堅になると図表69のような帳票を使い、ベテランないしは職制を預かる身（管理監督者）になると図表70の帳票を使うということも考えられます。このような発想を持って、目標管理表の帳票のパターンを研究してみてください。

(3) 人事評価に堪え得る目標とは

目標管理における「目標」とはどういうものか、この理解自体が大きくバラついているのが現状です。そのあたりの認識統一をしないままに、成果主義という名の下で大きな処遇格差につながる人事評価に目標管理を利用しようとしたことは、いろいろな弊害を生み出しました。

目標管理を人事評価に直接利用しないやり方をとるならば、やりたいことが上司と部下の間でおおよそ理解し合える程度の「目標」を設定すれば十分です。しかし、人事評価に直接利用しようと考えた場合の目標

図表71 目標管理表（人材育成目標に焦点を当てたタイプの例）

【目標管理シート】

平成　年度　上期・下期	所属		氏名		一次評価者		二次評価者		最終決定者	

No.	業務内容	習熟目標	具体的実施事項	ウエート	自己コメント	自己評価	課長コメント	部長コメント
1								
2								
3								
4								
5								
追加・修正目標								
			計					

図表72 人事評価に堪え得る目標とは（目標の３要素）

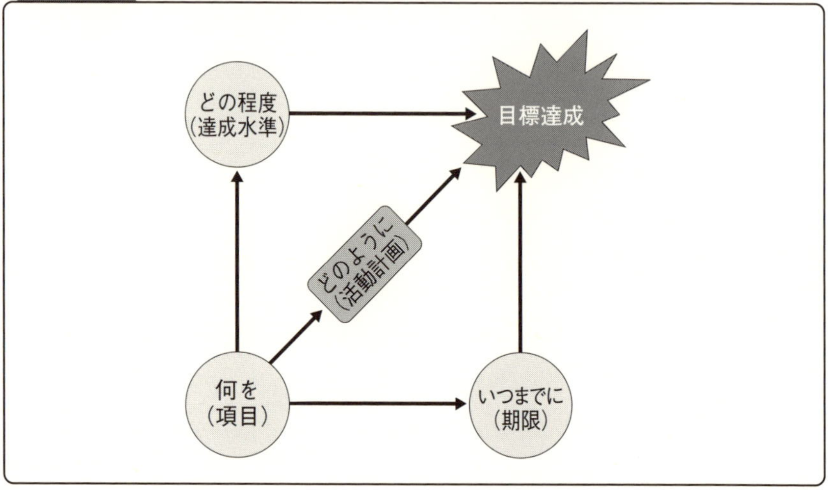

は、もう少ししっかりとしたものでなければなりません。

それでは、どのような目標が人事評価に堪え得るのかというと、それは図表72に示した①「何を（項目）」、②「どの程度（達成水準）」、③「いつまでに（期限）」という三つの要素を備えたものです。まずは、設定した目標がこの三つの要素を満たしているかどうかを確認してください。

①数値で表せる「定量目標」

例えば、業績数値目標にかかわるもので「○○商品の売上高を将来的に大きく伸ばす」という表現には、①「何を（項目）」はありますが、②「どの程度（達成水準）」、③「いつまでに（期限）」はありません。これでは将来何かの実績が出ても、それがいいのか悪いのかの判定ができないために、人事評価には堪えられません。いくら何でもこのような目標を立てる人はいないだろうと考えるかもしれませんが、コンサルタントとして目標管理の導入教育にかかわった経験からすると、このタイプのものが結構目に付くのです。目標管理を人事評価に直接活用しないとい

図表73　定量目標と定性目標

定量目標	何らかの形で達成水準が数値で表現できる目標
定性目標	数値で表現できない目標 以下の二つの内容を組み合わせて目標にするのが基本 ①アウトプット目標 アプトプットの定義によって目標とする 〈改善報告書・販売促進企画書等々、アウトプットのレベルについてのイメージが共有化されているものは、その内容が目標となる〉 ②進捗目標 〈重要な実施手順を決めて、いつまでにその手順を終了させるかを決め、それを目標とする〉

うのであれば、「まあ、本人の頑張りの方向性が確認できたからいいではないか」ということになるでしょうが、これでは、目標管理を人事評価には活用できません。

「今年度（４/１～翌年３/31）の○○商品の売上高を１億円（昨年度売上高の1.2倍）にする」というのであれば、実績が9500万円であったとか１億1000万円であったと比較することができるので、人事評価の指針としては申し分ありません。

このように数値に表現できる目標を「定量目標」と言い、数値ではなかなか表現できない目標を「定性目標」と言います（図表73）が、目標の設定方法については、ある程度理解をしたうえで目標管理制度を設計し、かつ教育の企画を立てる必要があります。

「目標はできるだけ数値で表現する」という原則は、目標の３要素のうち、②「どの程度（達成水準）」が分かりやすいからです。先ほどの例のように、「将来的に大きく伸ばす」という表現では②「どの程度（達成水準）」がまるで分かりませんが、「１億円」というような数値で示せば、②「どの程度（達成水準）」に疑いがなくなります。

②数値で表せない「定性目標」

その一方で、このように定量的に目標が表現できない場合もあります。例えば、「業績が向上していかない原因をつかめ」という号令の下で行われる業務は、定量目標（数値目標）にはなかなかなりにくいですが、部門としては絶対に必要な業務ですし、課題目標の候補にしっかりとなっていくものです。

このようなタイプを定性目標といい、いくつかの工夫をして、人事評価に堪え得る目標に仕立て上げていかなければなりません。

（ⅰ）アウトプット目標

図表73では、定性目標は、二つの性質を組み合わせるようにしています。

第1の性質が、アウトプットの定義を言葉で示す「アウトプット目標」です。言葉で示すということですので、数値に比べればどうしても曖昧《あいまい》なものを残しますが、そこは多少目をつぶるわけです。例えば、同じテーマのものではないにしても、その部署では何度も書かれている「改善報告書」や「販売促進企画書」などは、ある程度それと同じようなアウトプットを期待しているなという一種の見本になり、②「どの程度（達成水準）」を示すことになる場合がありますので、それは目標として活用できることになります。

先ほどの「業績が向上していかない原因をつかめ」から行われる業務を、「業績が向上しない原因を列挙し、マーケティングデータとインタビューデータを根拠に、上位三つの原因を選び出す。それを『業績分析報告書』として、経営陣に報告できる形式にする」というように表現すれば、②「どの程度（達成水準）」の表現としては、かなりよいものになってきています。数値で表現はできないものでも、これくらい表現されていれば、かなり人事評価に堪え得るようになってきます。

（ⅱ）進捗目標

定性目標の第2の性質は、重要な実施手順の下で、いつまでに終了させるかを決め、それを守ることを目標とする「進捗《しんちょく》目標」です。「改善報告書」「販売促進企画書」の例でも、いつまでに作成して報告をするのかを決めれば、それが「進捗目標」になります。

同様に「業績が向上していかない原因をつかめ」から行われる業務の場合、アウトプット目標との組み合わせで表現すれば、例えば「業績が向上しない原因を列挙し、６月15日の課内ミーティングで議論して抜け漏れを確認し、７月31日までにマーケティングデータとインタビューデータを集約する。それを根拠に、業績が向上しない原因の上位三つを選び出して、８月10日の課内ミーティングにかけて、課メンバーの意見を取り入れ、それを８月31日までに『業績分析報告書』としてまとめ、経営陣に報告できる形式にする」ということになります。

ここまで表現できれば、人事評価に堪え得る目標としては許容されるのではないでしょうか。原因究明をして報告書を作成するといっても、どういう原因が見えてくるかは分かりません。なぜ「業績が向上しない原因の上位三つを選び」出すのかは、経験的なものに裏打ちされているに過ぎず、おおよそ三つくらい重要な原因を特定できれば、８割方問題は解決するという感じがしているだけです。もちろん、分析しているうちに、やはり上位四つの原因を出したほうがよさそうだということになればそうするまでであって、三つ原因を特定すると言っていたのだから目標の超過達成だということにはなりません。

人事評価に堪え得る目標とは公正な人事評価を行うためのものであって、すべて数値目標にしなければならないものではありません。人事評価は、業績を向上させるための人材マネジメントとして行うわけですが、数値にしてマネジメントをしさえすれば業績を向上させられるものでもないでしょう。会社の実際の業務には数値にならないものが多数あり、それを人事評価の対象にしないで公正な評価ができるわけでもないですし、業績を向上させることもできません。その点を念頭に、①「何を（項目）」、②「どの程度（達成水準）」、③「いつまでに（期限）」の三つが明確になればよいわけです。

10 目標管理によらない職務目標の考え方

通常、人事評価は、期首に設定する目標からスタートすることになります。この期首の目標というのは、通常は目標管理制度によって立てられていますが、必ずしもこのスタイルをとらなくとも目標を設定することは可能です。それが、職務記述書による職務目標の設定です。

図表74は、人事課長の職務記述書の例です。この図表では、人事課長の使命、業績責任、業績指標、担当職務、求める成果、業務ウエート、期待がまとめられています。目標管理表では、その期に担う目標が具体的に書かれますが、職務記述書では、必ずしもその期だけに限定された職務目標が書かれるわけではなく、もう少し「賞味期限」があるのが普通です。その分、人事課長に要求される使命の理解を深めつつ、長期的な視野を持って仕事に取り組むことができるように仕組まれます。

例えば、この図表74の人事課長の職務記述書により、人事課長使命として、「会社の事業運営方針に沿った良質な労働力の確保（採用・リテンション・モラール向上）と能力開発を推進する」という記述がされています。これにより、人事課長はそういう使命感を感じながらこの文言の持っている意味について深く考え、仕事をすることになります。

次に、「採用目標の達成」という業績責任項目と、それに連動する業績指標として挙げられている「コース別人材採用人員数目標達成率」と「採用適性試験（能力得点含む）合格者平均点」に絞って、目標管理制度の目標設定との違いを説明します。

通常、目標管理制度では、その期の目標を、例えば「採用人員数20人」と「採用適性試験（能力得点含む）合格者平均点80点」というように具体的数値で目標を立てます。しかし、職務記述書による職務目標の設定は、必ずしもそうではなく、指標名だけの指摘にとどまります。

図表74　職務記述書による職務目標の与え方

	所属部：人事部　所属課：人事課	役職：人事課長	氏名：○○○○	等級：M等級
	人事課長使命	業績責任項目	業績指標	
貢献業績	会社の事業運営方針に沿った良質な労働力の確保（採用・リテンション・モラール向上）と能力開発を推進する。	①採用目標の達成 ②優秀者の定着率の向上 ③能力開発目標の達成 ④モラールの向上 ⑤給与実務・評価実務・人事異動実務の公平な実施	①コース別人材採用人員数目標達成率、採用適性試験（能力得点含む）合格者平均点 ②コース別定着率目標達成率 ③研修実施目標達成率、管理者による育成面接実施率 ④提案制度における１人当たり提案件数（モラールアップ指標として） ⑤人事管理業務作業工数、苦情処理件数	
No.	担当職務	求める成果	業務ウエート	期　待
1	①採用業務総括指導 ②書類選考最終判断 ③採用適性審査による二次選抜総括	・応募者数の伸長 ・書類・一次採用審査後の人材レベルの向上	15%	優秀な採用希望者を集めて、二次面接に送り込んでほしい。
2	①退職希望者との面談・原因究明 ②管理者との話し合いと対策指導	・不合理な職場環境の改善 ・管理者対応スキル向上	15%	どうしても退職者は出るが、不合理な問題によって退職を決意してしまうことは防いでほしい。
3	①部門の育成ニーズの収集 ②全社共通での研修体系の整備 ③個別の研修企画と実施計画 ④育成面談実施促進のＰＲ	・全社的に底上げをすべき教育テーマの煮詰め ・研修実施・参加率向上 ・育成面談の促進	20%	部門固有の育成ニーズは部門主導で進めていけるよう支援し、全社共通で行うべき育成ニーズをうまく把握して、研修企画をしてほしい。
4	①苦情に対する相談 ②モラール向上企画と全社ＰＲ	・１人当たり提案件数増加	15%	モラールの定義が難しいが、さまざまな工夫が多発している状態をモラールが高い状態と定義し、今年は提案件数に着目したい。
5	人事課業務の総括（給与実務・評価実務・人事異動実務等）	・効率的な実務の実現 ・不公正な処理の防止	35%	ベテランの実務者をうまく活用して、できるだけ効率的な作業状態をつくっていってほしい。

それは、単年度用ではなく長期的に考えているからです。

特に管理部門などは、具体的な数値目標が今一つなじまない傾向にあります。仮に、「採用人員数20人」としても、優秀な応募者がどうも少ないと感じたら、その時点から「採用人員数20人」にこだわらないように気持ちを切り替えないといけませんし、採用数が16人にとどまっても、一定の基準を満たしていない人を不合格にしないといけません。それを「採用人員数20人」という目標にこだわって採用すると、後々問題を起こすことになります。

その切り替えは、目標管理制度では難しいものがあります。「採用適性試験（能力得点含む）合格者平均点80点」の目標と組み合わせればよいのではないかと思うかもしれませんが、これも合格者平均点を重視するあまり、「この人は少し点数が低いが、今の社員にない才能を持っているようだから採用しよう」という面接官の感性のようなものを働かせないようにする可能性があります。

したがって、目標管理制度は、具体的な数値を出すことのよさがある反面、行き過ぎも生み出しやすい面もあります。

職務記述書による職務目標設定の場合は、指標名を出してはいるものの具体的な数値には落としていないことから、あげる成果の意味合いを伝えることを重視しています。そうなると、社員が素直にくみ取り、対応するようになります。この職務記述書タイプのものは、ある程度の志の高さが前提ですが、一方で、仕事の出来栄えについての裁量余地があるがゆえに、一層主体的な取り組みが期待できます。人事評価についても、常に具体的な目標対実績で判定しなくても、やってほしいことの基準がよく合意されているならば、制度として十分堪えられます。しかし、もし志に不安があるのならば、目標管理制度的な形の目標設定がよいでしょう。

特に管理部門や研究開発部門、技術開発部門などでは、こういうタイプによる職務目標の設定についても十分研究をしてみてください。

11 人事評価結果を処遇へ反映させる仕組みの設計

さて、これまで人事評価制度の設計に関して話を進めながら、人事評価とはいかなるものかを見てきました。ここでは、その最後として、処遇の格差付けに活用される人事評価の結果は、どのような理屈付けによって活用させるのか、どのように処遇に反映させていくのかという仕組みについて説明します。

処遇といえば、「昇給」「賞与」「昇降格」「役職任用」ということになります（図表75）。それぞれについて、いかに人事評価要素群の評価結果を組み合わせて結論を出すかが、ここでの検討課題です。

例えば、昇給評価表や賞与評価表というように目的別に人事評価表を設計する場合もありますが、その中身はやはり、「成果評価」「情意（態度）評価」「能力評価」によって構成されているのが普通です。そうであれば、いずれにせよ図表75に見るように、「昇給」「賞与」「昇降格」「役職任用」それぞれの処遇の性質に従って、「成果評価」「情意（態度）評価」「能力評価」を組み合わせて活用することになります。この図の場合、「賞与」に対する「成果評価」「情意（態度）評価」に「◎」が入り、「能力評価」には「—」が入っています。これは賞与額決定に対し

図表75　人事評価結果の処遇への反映（例）

評価要素群	昇　給	賞　与	昇降格	役職任用
成果評価	○	◎	○	△
情意（態度）評価	○	◎	○	△
能力評価	◎	—	◎	△

て、「成果評価」「情意（態度）評価」の二つに大きなウエートを持たせることを意味しています。同様に、月例給の「昇給」額決定や「昇降給」については、「能力評価」に大きなウエートを持たせるものの、「成果評価」「情意（態度）評価」もバランスよく組み合わせることを示しています。また、「役職任用」では、すべての人事評価要素群に「△」が付いています。これは、すべてにわたって情報を集約したうえで任用の可否の決定を行うものの、厳密には人事評価の結果を活用しないことを示しています。

この考え方は、以下説明するとおり図表76に描くような数値的なウエートになっていきます。

(1) 月例給与の昇給への反映方法

図表75に対して図表76では、等級別に数値でウエートが表現されています。昇給については、一般職層も管理職層も「能力評価」のウエートがいちばん高いことが分かります。

図表76　人事評価結果の処遇への反映ウエートの考え方（例）

■昇給・昇降格

評価要素群	一般職層		管理職層	
	1～2等級	3～4等級	課長格	部長格
成果評価	10	20	30	40
情意（態度）評価	20	20	20	10
能力評価	70	60	50	50

■賞与

評価要素群	一般職層		管理職層	
	1～2等級	3～4等級	課長格	部長格
成果評価	30	60	80	100
情意（態度）評価	70	40	20	—
能力評価	—	—	—	—

このウエートは、月例給与の性格をどのように見るかで決定します。通常、月例給与はその人のベースとなる給与ですから、その人を総合判断することによって決めるべきだと考える傾向にあります。総合判断とは、過去の実績と、将来の期待についての評価ということになります。そういう意味では、三つの評価要素群がすべて評価に活用されてしかるべきです。「成果評価」「情意（態度）評価」は過去の実績に対する評価ですし、「能力評価」はその人の将来の期待を評価するものだとも言えます。「能力評価」が職務行動実績を見て行うとしても、能力があるということは将来も高いパフォーマンスをあげるだろうという期待を感じさせるからです。

昇給は将来にわたって給与を上げることを約束するものですから、その人の期待可能性を評価の中に大きなウエートで入れる傾向にあります。その理屈でいけば、月例給与の「昇給」のためには、「能力評価」に大きなウエートを持たせるべきだということになります。図表76では、数値によるウエート表現でそのことを記述しています。「能力評価」の割合は、一般職層ほど大きく、また管理職になっても50％を下らないように設計しています。

こうして、三つの評価要素群ごとの得点にウエートを掛けて総合得点を出し、「昇給」額決定のためのＳ・Ａ・Ｂ・Ｃ・Ｄといった最終の評語を決定します。そして、月例給与の昇給ルール（例えば、「Ｓ」：6000円、「Ａ」：5000円、「Ｂ」：4000円、「Ｃ」：3000円、「Ｄ」：2000円）に従って、昇給額が決まっていくスタイルになります。

(2) 賞与への反映方法

賞与とは、その人が将来活躍していくだろうという期待で額を決定するのではなく、あくまでも実績によって額を決定して支払うべきだと考えるのが普通です。結果として生み出した利益の配分という意味が賞与にはあるため、そういう考え方になったわけです。

図表75では、思い切って「能力評価」を活用しないという結論にし

ているわけですが、図表76でも同様の扱いとしています。

「能力評価」を活用せずに「成果評価」と「情意（態度）評価」だけを活用するといっても、等級によって、その内訳が違います。図表76では、等級が下位であるほど情意（態度）評価のウエートが大きく、上の等級にいくほどウエートが小さくなっています。特に部長格のところでは「情意（態度）評価」は外され、「成果評価」が100％になっています。賞与は実績を重視しますが、等級が下位の人は本人の成果よりも情意に重きを置いて、しっかりとした執務態度で仕事をすることの大切さを意識付け、上の等級になったら成果実績をズバリ見るようにすべきだということです。つまり、部長格の人の執務態度は当然の前提として、結果としての成果にこだわる意識を持ってほしいという考え方を、図表76は表現しています。

こうして、評価対象となった二つの評価要素群ごとの得点にウエートを掛けて総合得点を出し、「賞与」額決定のためのＳ・Ａ・Ｂ・Ｃ・Ｄの最終の評語を決定します。そして、賞与額決定テーブルに従って、「賞与」額が決まっていくスタイルになります。

(3) 昇降格への反映方法

昇降格の審査における三つの評価要素群の活用とそのウエートについて、図表75、76では、昇給の決定と同じになっています。この考え方は、やはり昇降格には過去の実績を反映させつつも、その人がこれから先、どのように活躍していくかについての期待評価も組み入れるべきだというものであり、昇給のところで説明したことと同じです。将来に向かって継続的に給与を高くしたり低くしたりするわけですから、その本人の能力レベル（＝これからどのように活躍してくれそうかの期待）を大きなウエートで評価しようというものです。

昇降格については、昇給のところで述べたような最終の評語であるＳ・Ａ・Ｂ・Ｃ・Ｄの評価結果が、何年間かにわたってどのように積み上げられるかが大切になります。例えば、過去３年「Ａ」を取り続けた人が昇格候補者になるとか、過去３年「Ｃ」評価を取り続けると降格候補者になるというような形で、年々の評価結果の累積を判断材料にすることが多いようです。

しかし、このような人事評価の結果は、あくまでも昇格や降格の候補者を絞り込むことに使うだけで、実際に昇格させるか降格させるかは、人事評価の次に行われる昇格審査、降格審査を待つことになります。

いずれも、別途定めている等級別の能力基準をベースに改めて評価を行い、そのうえで、昇格させるか降格させるかを決めるものであり、面談をしたり、論文を書かせたり、適性検査を行ったりして、それらの総合評価をもとに決定を下すことになります。

(4) 役職任用への反映方法

役職任用について、たいていの場合はこれら三つの評価要素群の評価結果を参考材料程度にとどめるのが一般的です。役職任用は、任用すべき個々の役職に対してだれがふさわしいかで候補者を出し、その中でだれがいちばん「マシ」かを判断して決めることになります。要するに、全くの相対評価と言えます。

個々の役職では、要求される知識や実績が違います。その違いを前提にして、任用候補者を探すわけですから、管理者にふさわしいかどうかについて一般的な得点を出して、その得点順位で決めることとは少し異なるため、「昇給」「賞与」「昇降格」ほどに、その審査手続きがオープンではありません。図表75では、そのことを表現する意味で、「役職任用」に対して「△」を付けています。また、役職任用評価に関しては、図表76のような評価ウエート配分を数値で示す形では基本的に表現しないのが普通です。

第４章

評価フィードバックはどのように行うか

評価フィードバックには、会社としての評価結果を本人に理解させるだけでなく、本人の今後のチャレンジ方向や次の目標設定に関する方向性を確認するなどの機能もあります。

フィードバック面談をどのように進めていけばよいかをイメージして評価すれば、たとえ考え方の違う部下であっても自信を持ってフィードバックできる準備ができますし、ひいては部下のモチベーションアップにもつながります。

1　評価フィードバックは必要か

（1）今後の育成・指導がねらいだったかつての評価フィードバック

評価結果を何らかの形でフィードバックすることは、人事評価が業績を向上させるための人材マネジメントの一環である限り、避けて通れるものではありません。しかし、評価結果、すなわち「Ｓ」「Ａ」「Ｂ」「Ｃ」「Ｄ」といった最終的に決定された評語を管理者が直接本人に対して面談によってフィードバックするかどうかは、時代によってその扱い方が違っていました。

評価結果のフィードバックを管理者が直接面談で本人に伝えるべきという発想は、かつては年功主義から能力主義に切り替わる段階で議論されてきましたし、ある程度実施もされてきました。しかし、本格的に評価結果のフィードバックが産業界で行われるようになったのは、何と言っても成果主義の導入を待つことになります。

それ以前の評価フィードバックは、評価結果そのもののフィードバックに重きを置かず、今後の育成・指導という観点から行われていたため、Ｓ・Ａ・Ｂ・Ｃ・Ｄといった最終的に決定された評語を本人に伝えるかどうかは、相手の状況を見て、管理者の裁量で判断してよい仕組みになっていました。「評価結果をフィードバックせよ」というルールでは、必ずしもなかったわけです。

今から考えると、そのやり方は少し理屈に合わない感じがしますが、次のような当時の状況を見るとそれなりに理解できます。

第１に、人事評価の結果による処遇格差がそれほど大きくないことがあります。それほど差が付かないのに、殊更に人事評価結果の評語ばかりクローズアップすると、結局よい評価でも悪い評価でもあまり差がないなという印象を被評価者に与えることにもなりかねません。

そういうモラールダウンを避けたい気持ちは、評価フィードバックのやり方に影響を与えます。もちろん、昇格審査結果のように、だれでもはっきりと評価結果が見えるものに対しては、ずいぶん前から直接管理者が理由付きで説明する傾向にありました。その場合も、昇格しなかった人にはていねいに説明をするという程度であって、昇格した人には「昇格したぞ。よかったな。これからも頑張ってくれ！」という程度のフィードバックだったことも事実です。

第2に、評価者としての管理者に面談スキルがそれほどなく、評価結果の理由説明ができるかどうか不安であったということもあります。管理者の面談スキルは、成果主義の流れの中にある今現在も、そんなに高くなっているものでもないでしょう。しかし、昔のほうが評価結果による処遇格差がそんなに大きくないわけですから、面談スキルの弱い管理者が面談をして、かえって上司と部下の間の不信感が大きくなるリスクを負わせることはないだろうという考えが成り立ちます。管理者としては、自分と部下の関係などを考えると、あまり無理のない範囲で評価のフィードバックを行うルールにしたほうがよかったわけです。

もちろん、育成指導という意味で、何らかの働き掛けが管理者から被評価者本人に行われるべきであることについては、昔から異論はありませんでした。

(2) 時代とともに変わる評価フィードバックのねらい

どちらにしても、人事評価結果による処遇格差があまり大きくないという事情が、実務に大きな影響を与えていたことは確かです。しかし、成果主義の時代に入り、もっと大きな処遇格差が付くようになってきたため、「こういう時代にあっては、管理者の面談スキルが弱いというようなことを言っていられない。きちんと人事評価結果を説明付きでフィードバックしないと、かえって混乱が生じる。面談スキルが弱い管理者には早急に面談スキルを付けてもらって、頑張ってもらうしかない」と

図表77 評価フィードバックの必要性

	非公開型評価 （秘密主義評価モデル）	公開型評価 （オープン主義評価モデル）
考え方	・まじめに仕事をしていると、それなりに処遇は付いてくるという考え方。 ・細かい評価をあまり気にさせないで仕事をさせる。 ・とは言え、人間は評価を気にするもの。評価結果が明示されない分だけ、すべてに気を回して頑張る。	・秘密主義評価モデルが前提とした評価による処遇格差よりもずっと大きな処遇格差が前提。これだけ大きな格差を単年度で付けるとなると説明が必要という考え方。 ・目標を意識させ、評価をはっきり意識させてモチベーションアップにつなげようとする。
職場の空気	以心伝心 阿吽の呼吸 （フィードバックは邪魔）	根拠提示 説明責任 （フィードバックは必要）

いう考えに転換してきました。

人事評価のフィードバックのあり方については、より深く理解を進めるために、「非公開型（秘密主義評価モデル）」と「公開型（オープン主義評価モデル）」の二つのモデルで比較検討が加えられています。

今までの人事評価の教科書では、いわゆる進化論的な考え方から、「非公開型」→「公開型」へと変わっていくべきという論調で書かれています。

私は、今の時代では「公開型」を念頭に置いて人事評価の実務を進めていくべきだと考えていますが、まずは、この二つのモデルの背景にある考え方をしっかりと理解しておくことが大変重要です。特に、現在否定される傾向にある「非公開型」の考え方をよく研究することが大事です（図表77参照）。

①評価を「気にさせない」ことも重要

86～88頁でも説明したように、「非公開型（秘密主義評価モデル）」

は、「人事評価をあまり意識させない人材マネジメント」モデルという言い方もできます。ですから、「見ている人はちゃんと見ている。まじめに仕事をしていると、処遇は後から付いてくる。評価のことなどあまり気にしないで仕事に集中しろ」という思想が、背景にあることになります。

この思想は大変重要です。我々は何のために仕事をしているかというと、お客様、ひいては社会のためであり、管理者のためでも、人事評価でよい点をもらうためでもありません。この思想は日本的かもしれませんが、世界に向かって課題提起をしてもよいくらいだと思っています。人事評価のコンサルタントが人事評価を気にさせないようなマネジメントの存在価値を認めることは、矛盾していると思われるでしょうか。しかし、私は決してそうは考えません。

本当にお客様や社会のことを考えて、仕事の有り様を真剣に考えれば考えるほど、自分の仕事のやり方の未熟さや自分の会社の「弱み」が見えてきます。それを真剣に考えれば考えるほど、よりよい仕事をするために同僚とも上司とも真剣に議論をしたくなるはずです。それなのに、上司にこういうことを言うと人事評価を悪くされるのではないかという気を起こさせてしまうことは、人材マネジメントの視点からは邪魔であって、特に若い成長期の人たちに対して評価を気にさせないことが、実は結構重要であると理解してください。

これが、(名前は悪いのですが)「非公開型（秘密主義評価モデル）」の意義であり、今でも生き延びている理由です。

ただし、評価を気にさせないようにしようとしても、人間というのはやはり評価を気にするものです。しっかりフィードバックをしていれば、こういうところが悪くて、こういうところがよかったんだなということが分かりやすいので傾向と対策が打ちやすくなるのに、評価についてのフィードバックがあまりないと、どこで悪い評価を付けられるか分からないという気遣いも引き起こします。

しかし、裏を返せば、あまりフィードバックしないわけですから、自然と上司の考え方がどうかと気を遣うようになり、「以心伝心」「阿吽《あうん》の呼吸」で伝わる関係ができあがってきます。これだと評価フィードバックは重視されなくなりますし、むしろ邪魔だという言い方もできるでしょう。

②業績アップ・モチベーションアップのためのフィードバック

これはこれで悪くはない考え方のはずですが、これが成り立つ前提となる企業文化や社員意識の範囲は限られるかもしれません。

そういう意味では、時代の変化とともに、「以心伝心」「阿吽の呼吸」で理解し合えるような関係づくりが難しくなり、なおかつ、企業としても、より厳しい人事管理を要求しないといけない時代になってきたことから、評価フィードバックについての考え方も変える必要があるのではないかとなったわけです。そこで出てきたのが、「公開型（オープン主義評価モデル）」です。

成果主義が導入された時代とは、グローバル競争の中で日本企業が大改革を行おうとしていた時代です。総額人件費コストについても、業績にリンクするように変動費化させないとコスト競争力がなくなるという危機感があったことから、総額人件費は全社の業績と連動させ、個人の年収水準は個人の評価結果と連動させようとしました。それまでは、せいぜい60万〜80万円くらいしか評価格差が付かなかった評価による年収格差は、メーカーの課長層でも200万〜300万円くらい付くように変化していったわけですから、結構目立つ仕組みです。

評価による処遇格差が大きくなると、その結果を説明しないといけないという気持ちが出てきます。評価結果を説明（フィードバック）することは、評価を意識させるように持っていくことを意味します。評価を意識させて、そのことによってモチベーションを図ろうという考え方です。それゆえ、評価結果だけではなく、評価結果に至る根拠についても説明を求めていくことになります。

加えて、公的機関の情報公開に対するさまざまな議論が政治絡みで進んでいた時代の流れも関係したと思います。しかも、「説明責任」という言葉も時代のものとなっていましたので、そういう意味からも、管理者に評価結果のフィードバックが求められるようになっていきました。

③企業の「個性」が生きる人材マネジメントを目指そう

人事評価が業績を向上させていくための人材マネジメントの手段であるという前提からすれば、何らかのフィードバックが必要だという結論になることは間違いありません。しかし、必ずしも「公開型（オープン主義評価モデル）」のやり方である必要はなく、「以心伝心」「阿吽の呼吸」によるやり方もないわけではないのです。

世の中における価値観の多様化という潮流の影響を受けたとしても、独自の企業文化を創ることは十分可能です。独自の企業文化がグローバル競争を勝ち抜く源泉になることは、よくあることです。「公開型（オープン主義評価モデル）」のフィードバックは大変な労力が掛かりますので、コスト増といえばコスト増です。一方、「以心伝心」「阿吽の呼吸」型のフィードバックは労力が掛かりませんから、それができるのであれば、それはそれで競争に有利に働く可能性があります。

私は、評価結果のフィードバック一つをとっても、あまりワンパターンで考えないほうがよいと考えています。これだけ成果主義が言われているときに、入社後10年間は処遇格差を付けない人事制度を導入した企業もあります。こういう個性が人材マネジメントには必要ですし、その個性を競争力の源泉にしていくようにするべきでしょう。

2 評価フィードバックの機能

評価フィードバックにはいろいろな取り組み方がありますが、手法的な話の前に実現すべきことを、この項ではまとめてみます。

評価フィードバックはどういう機能を果たすべきかについて、ここでは「根拠論証型」である「公開型（オープン主義評価モデル）」を念頭に置いて考えていきましょう。

きちんと根拠を示して説明することによって何を実現していくのかを、図表78をもとに見てみます。

①会社としての評価結果を本人に理解させる

「公開型（オープン主義評価モデル）」で言えば、評価結果を本人に伝え、その理由を理解させるということを、「以心伝心」「阿吽の呼吸」ではなく、可能な限り言語によって行うものです。

②本人の今後のチャレンジ方向を明確にする

評価期間中には、うまくいったことやうまくいかなかったことなどがいろいろあり、それらの総和が評価結果になります。したがって、うま

図表78 評価フィードバックの機能

①会社としての評価結果を本人に理解させる。
②本人の今後のチャレンジ方向を明確にする。
（ⅰ）成功・失敗の要因は何かを解明する。
（ⅱ）本人責任要因は何かを解明する。
（ⅲ）本人の能力課題・情意上の課題を明確にする。
（ⅳ）当面、どういう行動をとるかを明確にする。
③次の目標設定の方向性について共通認識をつくっていく。
④処遇の変動について、受け入れる精神状態をつくる。

くいったことやうまくいかなかったことは何で、その要因は何かを、評価者側からの音頭で、一緒に解明していくことになります。

もちろん、これらの要因には、いわゆる外部要因（景気や突発事故等）もあれば、本人責任要因もあります。そのうちの本人責任要因を解明して、管理者と被評価者本人とが了解し合うようにし、うまくいったこと、うまくいかなかったことの要因から本人の能力課題や情意上の課題を明らかにして、これからどういうチャレンジをしていくかを明確にしていきます。

③次の目標設定の方向性について共通認識をつくっていく

人事評価は業績を向上させていくための人材マネジメントの手段ですから、評価フィードバックの場面によって、業績を向上させていくために必要となる今後の活動が明確になっていく機会にならないといけません。

そういう意味で、人事評価のフィードバック機能としては、今後の目標設定に関する方向性についての共通認識をつくっていくことが非常に大切なものとなります。

④処遇の変動について、受け入れる精神状態をつくる

前提として、人事制度がどういう仕組みになっていて、この評価結果ならばどういう処遇になるかについては、いろいろな場面で本人の理解を得ていないといけません。そのうえで、手順を追って評価のフィードバックを行っていると、徐々にその処遇の変動を受け入れていく精神状態をつくっていくことができます。

3 評価フィードバック面談の進め方

評価フィードバックの機能（実現すべきこと）を説明した次は、その面談、すなわち評価フィードバック面談の進め方の話に入ります。この面談には、最低でも1時間は掛かるものと考えてください（図表79）。

①アイスブレーク（緊張のほぐし・ねぎらい）

評価フィードバック面談というのは、日常的な上司部下の打ち合わせとは違います。すなわち、公式な行事であるということです。普段から非常によいコミュニケーションを上司と部下の間で持つことができている場合であってもそうでなくても、日常とは違う別の行事として面談に取り組むことが、いろいろな意味でよい効果を引き出します。よいコミュニケーションが維持されている場合には、馴れ合いにならずに、きちんと分析的な話ができますし、日ごろあまりよくないコミュニケーショ

図表79 評価フィードバック面談の進め方

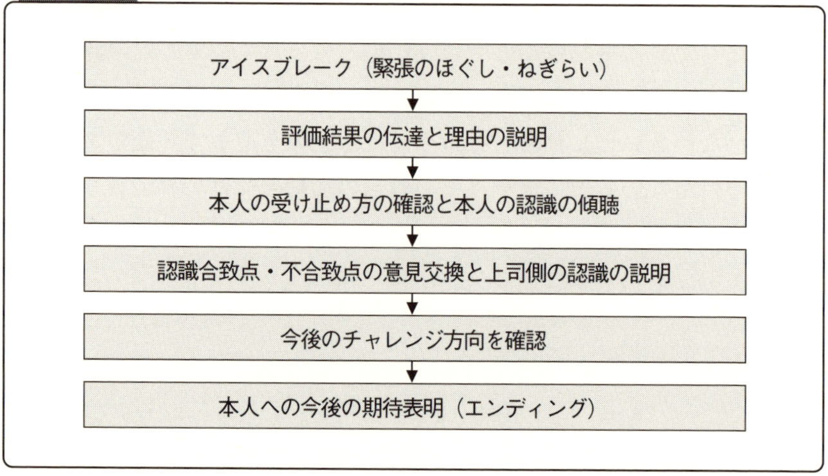

ンレベルの場合でも、この面談という公式行事を理由に、しっかりと話し合う時間がとれることになります。したがって、あくまでも公式な看板を掲げて、面談をすることをお勧めします。

公式の看板を掲げていますので、評価フィードバック面談では、多少ぎこちなくても図表79のとおりアイスブレークから入ったほうがよいでしょう。多少の冗談を言うのも大変よいことですが、管理者としては、何人も面談を繰り返していくと、その都度冗談を言う気分にもならなくなるでしょう。そういうときは何はともあれ、ねぎらうことです。「このところ大変苦労を掛けていますが、体調は大丈夫ですか。君のおかげでうちの部署はもっているようなところがあるから、体には気を付けてくださいね」というような話から始めることが大事です。どれくらい気持ちがこもるかが本質ですが、何はともあれ、そのようなスタートを心掛けてください。

②評価結果の伝達と理由の説明

この②の手順を、面談の始めにもってくるか、もっと後にもってくるかは状況によるところがあります。ただ、本書の流れでいくと、はっきり評価フィードバック面談という看板を掲げて面談をするわけですから、最初に評価結果を伝えてから評価結果の主要な理由を話し始めるのがオーソドックスと考えてよいでしょう。裁判所の判決でも、最初に主文が読み上げられてから理由の説明になりますが、極刑の場合には理由の説明から入って主文を最後に話すこともあり、そういう意味では評価フィードバック面談でも、特別な事情がある場合は順番を変えても構わないでしょう。

ここでの評価理由の説明は、すべてにわたってのものではありません。ここはあくまでも導入部分ですので、仮に評価結果の最終評語が「Ｃ」であった場合、「今回の評価結果はＣでした。受注高実績があと1000万円多くなるか、販売促進企画書の内容がもう少しよければＢになった可能性がありましたが、そのあたりが大きな意味での分かれ道になりました」のように要点を話すことにとどめます。本格的に話し合うのは、もう少し後の手順となります。

③本人の受け止め方の確認と本人の認識の傾聴

評価結果とその主要な理由を管理者が述べた後、管理者は「…という結果ですが、自分の自己評価とは、だいたい合致していますか、それとも同じような感じですか」というように言って、被評価者本人に話をしてもらうように振ってください。「だいたい合っている」「私の自己評価よりもよい結果でした」ということであれば、次の進め方の手順に入っていけばよいです。また、「もう少しよい評価結果だと思ったんですが」という話であれば、「どういう理由で、そのような気持ちになるのですか」と被評価者本人に話してもらうようにしてください。

自分で話しているうちに徐々に納得していく場面も多くありますので、できるだけたくさん話してもらったほうがよいでしょう。

④認識合致点・不合致点の意見交換と上司側の認識の説明

おおよそ評価表の項目に連動して、上司と部下との間で一つひとつよい評価だったか悪い評価だったかを突き合わせながら、意見交換をしていきます。上司としてはあまり説得調にはならずに、しっかりと評価理由についての考え方を伝えてください。もし、本人が納得できないのであれば、その場で理由を説明してもらいます。

しかし、評価結果は、すでに確定していて変更できないのですから、いくら説明を聞いても、本人の言い分が正しいように思えても、受け入れることが仕組み上できません。ですから、評価結果に対する受け止め方をよく話し合い、お互いの気持ちを理解し合うところがポイントです。

加えて、上司と部下との間で、仕事の受け止め方についての共通認識を少しでも広げる場にしていってください。仮に意見の不一致が残っても、今後の人事評価には必ず生きていくことになります。

この手順で、評価結果について部下に納得してもらうことがいちばんよいのですが､人間というのはそう簡単に納得するものではありません。どうしても納得しないというケースが出ても、管理者はあまり自分を責め過ぎないようにしてください。その場合でも、管理者側からの評価結果に対する説明によって、「私はちょっと納得できない面もありますけれど、課長のおっしゃることは分かりました」というくらいの、少しは歩み寄りを得られるよう、努力することがポイントです。

また、前向きな面談にするためには、相手を尊重することです。被評価者本人はＡ評価だと思っているにもかかわらず、管理者としてはＣ評価だということもあります。その場合、「何でそう考えているんだ」と責めて、評価結果に対する考え方の違いを強調するよりも、「自分が成果をあげようと頑張ったことは、上司も認めてくれた」というように一致点を強調するようにしましょう。

⑤今後のチャレンジ方向を確認

これは、これから先の頑張り方についての共通認識化ということになります。評価結果とその理由についてまだ納得できない面が残っても、今後のチャレンジ方向についての合意はできると思います。この手順では、来期の目標イメージも話し合いますので、できるだけ前向きな方向に話を持っていってください。繰り返しになりますが、そのためには、相手の意図を尊重することです。

⑥本人への今後の期待表明（エンディング）

この評価フィードバック面談は、日常業務の延長ではなく公式な行事として行うべきだという意味でも、「今後も、きっとよい活躍ができるものと期待しているよ」「やはり君は頑張る人だから、大変頼もしく思っています。来期もよろしくお願いします」というように、大見得を切って、今後の期待を表明してください。評価フィードバック面談が日常業務とは違う公式な看板を掲げているということを、改めて身をもって示してください。

4 育成課題を踏まえた評価フィードバック方針の立案

（1）フィードバックの事前準備は評価能力も高める

このような評価フィードバック面談を行うとなると、管理者としては事前に準備をしておかなければなりません。何の準備もなく、突然評価フィードバック面談に入るのは相当に無謀であることは言うまでもないでしょう。面談を行う一人ひとりの評価理由と今後の育成課題について取りまとめ、どういう手順で話して面談を進めていくかの評価フィードバック方針を立てる必要があります。

受注高目標が未達の人の場合、提案能力をもう少し鍛えないといけないという認識であれば、その話し合いをするための題材を用意します。「例えば、この提案書が典型なんだが、当社製品を活用することによる、お客様が気付いていない波及効果を整理して、提案の中に入れたらよかったと思いますよ。こういう潜在ニーズ把握についてのトレーニングは、これから機会をつくってやっていこうと思います」というように、特にカギとなりそうなところについては、その題材と今後の指導方針について準備しておいたほうがよいでしょう。

例えば、情意評価のフィードバックに当たり、「君はどうも積極性がないよね。もっと頑張ってくれよ」という言い方をすると、被評価者本人は、例外なく不愉快に感じるはずです。だれしも自分は頑張っていると思っていますから、頭ごなしにそれを否定してはいけません。もっと積極性がほしかった場面をよく思い出し、その事実関係を一応整理しておく必要があります。そのうえで、「９月のＡ社さんとの打ち合わせで、突然お客様から新しい要望が出たとき、少したじろいだ雰囲気を見せてしまったよね。そのときお客様は、わが社に経験がないのかなと思ってしまったようなんだ。あの手の話は、必ず我々のネットワークを使えば対応がとれるものなので、自分に自信がなくても、『きっと大丈夫ですので、上司と相談してすぐに対応の仕方をご報告させていただきます』というように対応してほしかったね。少し自分でしまいこんで悩んでしまい、お客様への返事が遅れたこともあって失注になったようだね。もっと、いろんな人の助けを積極的に借りようよ。そして、新しいことをどんどんやっていこうよ」といった話し方ができるよう、面談のカギとなる局面でのフィードバックの仕方を、あらかじめよく考えておいてください。

面談の都度、こういう思いをめぐらせてフィードバック方針を考えていると、年々の積み上げの中で評価者としての能力がますます付いていきますので、あいまいにせず確実に行ってください。

(2) 面談方法にも一工夫を

評価フィードバックにおいては、ネガティブ・フィードバック（悪い点のフィードバック）についても恐れてはいけません。必要な指摘はすべきです。ただ、ほめるべき点、ねぎらうべき点も必ずありますので、バランスよく両方を入れ込んで、面談の仕方を計画してください。

面談場所についても工夫が必要です。許されるならば、できるだけ静かで落ち着いた環境を選んでください。応接室などで、正面に座って面談するよりも向かい側の一つ隣の席に座ってもらうなどしてもらったほうがよいでしょう。机の角越しに座ると、比較的安心して話せるものです。二人の距離もゆったりとってください。なかなかよい面談場所がとれないということもあると思いますが、重要な面談ですので、可能な限り演出をしてください。

5 評価フィードバック面談の困難な点

多少繰り返しになりますが、ここで評価フィードバック面談の難しい点をまとめておきましょう。評価フィードバックとは、人事評価の最終プロセスです。この困難さを理解して乗り越えられれば、それまでの人事評価のやり方についても、いろいろ考え直す点が見付かるでしょう。

基本的には、被評価者本人を納得させられるかどうかに集約されますが、そのためには、次の３点をクリアしなければなりません。評価フィードバックの難しさが分かれば、それまでの評価プロセスをうまく進めるポイントも分かります。

①被評価者本人を納得させられる事実把握量が確保できているか

実際問題として、これは、なかなか難しいと思います。もちろん、事実に基づいて評価することが何より大切であり、そのためにいろいろな準備を評価者は行い、自信を持って評価ができるまで評価対象となる職務行動事実をよく見てから人事評価をするはずです。もともとすべての事実を見ることは無理なわけですが、できるだけたくさんの事実を見て評価をしようとするのは正しいことです。

評価に堪え得る事実把握量の合格ポイントとは、被評価者本人を納得させられる事実把握量と言えます。そのためには、自分の仕事がうまくいっている状態がどういうものかについて被評価者本人に認識させる必要があります。それとの関係で、ほめるべき点、問題だと指摘すべき点が整理されていればよいわけです。すべての事実を押さえるというよりは、被評価者の現状の認識レベルに訴えかけるポイントとなる事実は何かという視点から、整理してみてください。この事実を根拠に評価フィードバックをすると、全体がうまくいきます。

②部下の気分感情の把握

被評価者が納得するかどうかは、事実に基づくフィードバックに左右されることもありますが、被評価者の気分感情という面も避けては通れません。人は感情の動物ですから、この部分を大切にしてください。

被評価者の感情を理解する際にポイントとなるのは、どのような気持ちで仕事に取り組んだかという被評価者の動機の部分です。仮にピントの外れた仕事振りで失敗したとしても、本人は成功させようと考えて取り組んでいた事実があれば、その頑張ったこと自体はしっかりと認めてあげる必要があります。そこが、被評価者の気分感情のより所です。この点を認めてあげれば、評価結果に対する認識に違いがあったとしても、被評価者としても受け入れる気持ちになれます。ですから、前向きな動機を示しているところについては、日ごろからよくチェックをし、賞賛できるように準備をしておいてください。

評価の対象となる職務行動事実を把握する際に、特に前向きな動機については、注目しておきましょう。

③将来の業績向上のための活動の構想と人材育成の構想

管理者とは、いつも将来の業績向上のための構想を考えているものです。しかし、業績向上のためにどういう活動が必要か、人材育成をどう進めるつもりなのかについてビジョンがないのではないかと被評価者から思われた場合、評価フィードバックは成功しません。そこで、考え続けて、いろいろな課題意識を持っていることを、日常的に部下に見せるようにしてください。

部下がいつも善意でいてくれて、評価フィードバックを前向きに受け入れてくれる保証はありません。ですから、管理者は、毅然《きぜん》とした姿勢で正しいことと悪いことをはっきり示す必要があります。上記三つの困難点と対処法を意識しながらも、決して部下におもねらず、自信を持って、評価フィードバック面談に臨んでください。

6 考えの違う部下にどのように フィードバック面談をするか

(1) 部下の四つのパターンごとの面談ポイント

評価フィードバック面談をどのように行うかは、上司と部下とのそれまでの人間関係や仕事に対する認識の違いなど、いろいろな要素によって変化します。したがって、フィードバック面談をどのように行うかと問われれば、状況によって変わると答える以外にありません。しかし、そうはいっても、評価フィードバック面談を行う準備をするためには、基本となる考え方を確認しておいたほうがよいでしょう。

図表80は、上司と部下との間で生じる評価結果についての認識の関係です。上司の評価と部下による自己評価を比較して四つのパターンを

図表80 上司・部下の認識パターンとフィードバックのポイント

部下の自己評価 ＼ 上司評価	高い評価	低い評価
高い自己評価	・成功への賞賛。 ・これに満足せず（驕《おご》らず）、さらに高いレベルの仕事に挑戦していくよう動機付ける。	・認識の不一致点を確認し、本人の考えを説明してもらう。上司の期待がどこにあったかを説明する。 ・仕事の成功ポイントについての前向きな認識のすり合わせ。
低い自己評価	・成功への賞賛。 ・本人が不満足と感じている点を傾聴。 ・上司側の成功判断のポイントを説明し、成功であることを伝える。励ます。	・本人が前向きに頑張ったところはほめる。 ・なぜ、うまくいかなかったかの分析を行う。次の取り組み方針を話し合う。 ・励ます。

示していますが、こういう比較がやりやすいのも、自己評価というプロセスを明確にしていることによります。もし、そういう仕組みを持っていないと、評価フィードバック面談の場で、一から聞き出しながら進めなければなりません。

①上司の評価も部下の自己評価も高い評価で一致している場合

自己評価結果も上司の評価結果もともに高い評価の場合には、それほど被評価者本人に対して耳の痛い話をしないで済むために、評価フィードバックにおける上司側のプレッシャーは少ないものです。しかしながら、人事評価は、業績を向上させていくための人材マネジメントの手段ですから、さらに上を目指してチャレンジしていくように持っていかなければなりません。

まずは、うまくいったことへのねぎらいと賞賛をしっかり行う必要があります。だれでもほめられればうれしいものですが、この場合は特にほめる理由がはっきりしていますので、しっかりとほめて、勢いを付けていく必要があります。

そのうえで、これに満足せず、さらに高いレベルの仕事に挑戦していくように話をしていくことになります。ほめられて、驕《おご》りを見せる人も出てきます。人間とは弱いものです。

このように上司と部下の間で高い評価で一致した場合でも、できるだけ具体的によかったところを指摘し、何がよかったのかを具体的に話すようにしてください。評価結果が上司と部下の間で同じであっても、何がよかったかの理解が違うケースがたくさんあります。こうした点について具体的に話し合うことで、部下の理解がぐっと進むことも考えられます。もっと部下が成長してほしいと考えるのであれば、できるだけ具体的にフィードバックをしてあげてください。

②上司の評価も部下の自己評価も低い評価で一致している場合

図表80の右下の部分の話ですが、上司も部下も低い評価で一致して

いる場合、部下としても結構意気消沈しているものです。うまくいっていないという全体的な受け止め方にズレはありませんから、そんなにきつく接する必要はありません。次の期のチャレンジ意欲を引き出していくところにいちばんの主眼を置いた、評価フィードバックが求められます。

このような場合でも、本人が前向きに頑張ったところもあると思います。また、結果としてうまくいっていないにしても、よい結果を出そうという意欲を示した部分もあると思います。その点は、ねぎらいの言葉を掛け、ほめてください。うまくいかなかったと意気消沈しているときに、「この部分はよくやったではないか」と言われると、大変うれしいものです。仕事というのは、もっと具体的に考えて、一つひとつ積み上げていくものなんだなということが伝わるだけでも、部下として次の一歩を踏み出そうという気持ちに切り替わることがあります。

もちろん、評価フィードバックとして、なぜうまくいかなかったのかについての上司の見方を本人に伝える必要があります。本人は、全体として評価が悪いことについては受け止めていますので、上司としては、問題点を指摘した際の反発を警戒する心配が少ないと思います。そういうときには、ついつい言い過ぎてしまう可能性がありますので、必要なことは話すにしても、言い過ぎてしまわないようなセルフコントロールが必要です。必ず、部分的にでもよくやったところを整理しておいて、意識してねぎらいの言葉を掛けてください。

人事評価が業績を向上させる人材マネジメントの手段であるならば、上司も部下も評価が低い人が変化してチャレンジするようになれば、言うことはないわけです。そういう視点から、来期に向けて励ますことに力点を置いてください。

③上司は高い評価、部下は低い自己評価の場合

上司は高い評価をしているのに、部下が低い自己評価をしているというケースが、図表80の左下の部分です。部下の志が高い場合や、本人

の属する等級からするとよくやっているのに周りの先輩と比べるとかなり劣っているように見える場合に、このような傾向が出てきます。

この場合は、部下に対して「今のやり方で十分だ」「その勢いでチャレンジしてくれればよい」というように伝える必要があります。人は自信をなくすと、勢いがなくなり、成績が悪くなっていきますので、放置していてはいけません。

評価フィードバックでは、「よくやってきたと思うよ」というようにまずは賞賛し、うまくいったと上司が見ているところを、例を挙げて話してください。そのうえで、本人が何を不満足と考えているかをよく話してもらいます。そうすると、周りと比べて背伸びをし過ぎているとか、上司としてはチャレンジ課題として与えたつもりが部下にとっては最低限クリアすべき課題として理解されていたというような認識齟《そ》齬《ご》があったことが分かってきます。それらの誤解を、話し合いながら徐々に解きほぐしていってください。

この③のケースでは、よくやった点を本人に伝えようという気持ちが最初から上司側に強くありますから、意図的に考えなくても、よくやった点を取り上げるだろうと思います。

本人が担当した仕事に対してどのレベルを上司として要求したかったのかを具体的に話してあげれば、自分の役割が理解できるようになっていきます。そうすることで自信が出てきますので、この面談をきっかけに勢いを付けて来期につなげてあげてください。

④上司は低い評価、部下は高い自己評価の場合

（ⅰ）認識のギャップを埋める絶好の機会

評価フィードバックにおいて特に迷いが出るのが、この上司が低い評価をしているにもかかわらず、部下は高い自己評価をしている場合（図表80の右上の部分）でしょう。評価フィードバック面談のやり方を考えるとき、こういうタイプをどう乗り切るかを念頭に置くことが多いのではないでしょうか。

しかし、上司としては、自己評価のプロセスがあることによって、認識のギャップが明確になったわけですから、こういう場合に、チャンス到来とばかり喜ばなければなりません。しかも、部下の認識を具体的に改めてもらうチャンスでもあるのです。

もちろん、部下はよくやってきたと思っているのですから、自分が思っているよりも悪い評価が返ってくるとなると、やはり面白くないはずです。反発したくなるのも人情でしょうが、それが現実ですし、このことを直視して認識を改めていかないと、本人の評価がよくなることは期待できません。そうなると、せっかくの人材が埋もれてしまうことにもなります。人材を育成し、業績向上のための対策を講じるのは、管理者として最も大事な仕事だと考えて、是非、このチャンスを生かしてください。

(ⅱ) まずはねぎらいの言葉を掛けて部下の話をきく

このように、上司は低い評価、部下は高い自己評価という場合にも、評価フィードバック面談では、まずはねぎらいの言葉を掛けてください。本人は、よくやってきたと思っていますので、当然ほめられることを期待しています。しかし、実際は少し耳の痛い話（ネガティブ・フィードバック）をしなければならないわけですので、最初から本人の鼻を折って警戒感を持たせてしまっては、コミュニケーションはとりにくくなります。

話の進め方としては、冷静に淡々と進めるべきでしょう。あまり勢い込まないで、認識の差を埋めるべく、どのような考え方を持っているかをまずは本人からよく話してもらってください。まず本人が話し始めることが大切です。上司サイドから評価が悪くなる理由を述べ始めると、「どうせ俺のことなど分かってくれないのだ」と心を閉ざしてしまったり、上司の言い分に反証を挙げて理由になっていないと言い始めたりすることになります。

後者の場合は、いわゆる「挙証責任」が上司にきてしまうので、非常に話しにくくなってしまいます。評価の対象となる事実は、上司より本人のほうがたくさん記憶しているでしょうし、本人しか分からない事実が必ずあるわけですから、こうなるとあまり生産的な評価フィードバック面談にはならなくなります。

したがって、どうしてよい評価結果を期待していたのかを部下によく話してもらってから、本人が理由として挙げたことをよく判断して、「そういう考えは、少し違うのですよ」と理由付きで説明してください。本人がその場で挙げた事実と解釈に対して上司の意見を言うわけですから、上司の価値観・論理力で勝負できるわけです。もし、本人がそれを崩そうとするならば、その「挙証責任」は部下側に移ります。そうすると、上司としては随分話しやすくなります。

部下からは、自分の考えをよく話してもらい、同感できるところは同感し、認識が違うところは「こうは考えないのですか」と質問しながら答えてもらうとよいでしょう。そういう手順を追いながらやりとりを進めているうち、徐々に上司の考えが伝わるようになってきます。こういう方法が、いちばんよい作戦です。

(ⅲ) 日ごろから気付いたときに声を掛けておく

「仕事に対する私の理解が違っているならば、もっと早く言ってくればよかったのに」と本人が上司にクレームを言い出すケースもあると思います。実際に、評価期間中でのコミュニケーションに齟齬《そご》があったわけですから、わびなければならない点も出てくるかもしれません。「私は、そこのところは理解してくれていると思っていたので、話す機会が持てなかった。この機会によくコミュニケーションが取れたのだから、これからは大丈夫ですね。よろしくお願いします」というように、できるだけざっくばらんに対応していけばよいでしょう。

日常のマネジメントの世界や中間面談の中で気付いたことを積極的に本人に話しておくことは、本当に大切だということを肝に銘じておいてください。こうしたことが、評価プロセスの最終局面で分かるというのは、本当はほめられたものではありませんが、気が付いたタイミングでしっかりと話し合っておくべきことに変わりはありません。

(2) 最終評価結果に納得できずに面談に臨まなければならない場合

評価フィードバック面談でいちばん困るのが、面談を行う直接の上司の評価と最終評価結果が違う場合です。

一次評価を「A」として二次評価者に回したにもかかわらず、最終決定として返ってきた結論がC評価だったとなると、評価フィードバック面談をする一次評価者としては、とても本人にフィードバックができない気持ちになります。こういう場合、どうすればよいのでしょうか。

いちばんよくないのは、一次評価者が面談で「私は『A』を付けたのだが、結果として上が『C』を付けたんだ。俺は納得できないんだが、しょうがない、決まったことだ。ところでお前は、何か部長ににらまれるようなことをやったことがあるのか」というような発言をすることです。人事評価の結論、特に最終評価決定会議を経て決定された評価結果は、個人のだれかの評価というわけではなく、会社としての結論ですので、管理者は、会社としての結論を責任転嫁せずに正しく伝えないといけません。

と言っても、最終評価決定会議で出される結論がすべて理由付きで出てくるということはありません。しかも最終評価決定会議までには、一次評価者や二次評価者の甘辛調整、部門業績評価結果との関係も含めて、ある程度、相対評価的な見方で調整がなされることがあります。したがって、一次評価と最終評価結果が異なることは、当然起こり得ることであり、それらを踏まえて、最終決定された人事評価結果の解釈を、一次評価者としてしなければなりません。もし、事情がよく飲み込めないならば、部長（二次評価者）とも相談し、どのような議論の経緯の下でこういう結論になったのかをよく理解するようにしてから、会社としての最終決定をどう説明するかのロジックを、しっかりつくってください。

部下にとっては、一次評価者が会社そのものですから、先のような発言は、一次評価者が会社とは関係ないといっていることと同じです。部下としてみたら、会社と関係のない一次評価者（すなわち管理者）の言うことなど聞く必要がありません。会社側を代表した管理者だから、部下が付いてくるわけです。その点は、是非忘れないようにしてください。評価についてのすべての責任を、評価フィードバック面談を行う人が背負い込んだうえで評価フィードバックをするのが大切だということを、特に強調しておきます。

(3) 評価フィードバック面談から見た中間面談のあり方

こうして評価フィードバックでのやり取りに対するイメージを持てば持つほど、評価フィードバック面談以前にいろいろな話をしておく必要性を感じるはずです。特に、上司が低い評価で、部下が高い自己評価というような場合は、それ以前にコミュニケーション齟齬《そご》が起きているわけですから、できるだけ早く克服しておかなければなりません。

そうなると、日常のコミュニケーションの中で克服しておくのがベストでしょう。しかし、それができないからこそ、評価についての考え方の差が残ったわけであり、日常のコミュニケーションではそこまで意識が向かわないものです。

目標管理制度などでは、３カ月に一度公式な中間面談をするよう求めているケースがあります。この面談は、日常のマネジメントにおけるコミュニケーションとは違うことから、コミュニケーション齟齬を解決する公式の機会としてかなり重要な意味を持ちます。しかも、こういう場面では、改まって人事評価を意識させながら目標の達成度などを話し合いますので、当然、最終の評価結果を連想させるものとなります。これをうまく使って、上司と部下の評価に対するコミュニケーション齟齬が生じないように乗り越える努力をすると効果的です。

中間面談は、日常のマネジメントとは明らかに機能が違います。評価フィードバック面談と同様に公式の看板を掲げて、日常とは違う気分をつくって中間面談をするようにしてください。そうすることで、仕事について、もっと詰めた議論ができるようになりますし、評価結果に対する理解の促進が進むはずです。

7 コーチング手法にこだわるな

ところで、最近、「コーチング」という言葉に出くわす機会が大変多くなりました。管理者に対するコーチング研修というのもかなり行われているようで、このコーチングと評価フィードバック面談との関係がよく話題にのぼります。

評価フィードバック面談といっても面談ですから、コーチング手法との接点があります。「積極的な傾聴を行いましょう。よき問いを発して、本人が自ら気付くように持っていきましょう。人間は自ら気付かないものに対しては、積極的に動きません。ですから、頭ごなしに指示をしたり、説教したりするのは、やめましょう」といった話がコーチングには出てきますので、人事評価のフィードバック面談に当たっても、それらの考え方を取り入れようということになります。

コーチングの考え方は人事評価のフィードバック面談についてもそれなりに取り入れることができるので、コーチング研修で習ったやり方を大いに取り入れてみたらよいと思います。

ただ、人事評価のフィードバック面談では、通常の上司と部下の接点よりも耳の痛い話（ネガティブ・フィードバック）が多くなります。「Ｓ」から「Ｄ」まで分布する人事評価では、よい評価を受ける人と悪い評価を受ける人の割合が必然的に出てきます。とりわけ、悪い評価を受ける人の中には、本当は会社を辞めてほしいと思える人もいます。もちろん、これらの人が面談を通じて気持ちを取り直し頑張り出してほしいのですが、こういうことも含めて、人事評価に絡んで真剣に考え、フィードバックをすることになります。

しかし、コーチングの世界では、場合によっては辞めてもらうというところまでカバーしていないはずです。それだからこそ、安心してコーチングができるし、受けるほうも安心して受けることができると思いますが、このあたりについても、人事評価はタブー視はしません。この点は、大きな違いです。

それに、評価フィードバック面談の時間は１～２時間程度です。コーチングは、もう少し日常的な時間を使ってマネジメントに活用することになります。この点の違いも大きいと思います。この１～２時間の中で、半年や１年の評価期間全体の総括をし合うのが評価フィードバック面談です。

自立的にものが考えられて行動ができる人には、コーチング手法をうまく使っていけばよいと思いますが、まだまだ仕事がよく分からず、どうして悪い評価になるのかよく分からない人には、しっかりと教え込まないといけません。「しつけ」のように、理由を語らず部下を動かすことも必要です。人事評価が醸し出す信賞必罰の空気を使って教え込むようなことは、コーチング研修で習うこととは違います。

人事評価は、経営権の発動としての信賞必罰と連動しています。要するに、人事評価は一つの権力の発動であり、そのことによって、業績を向上させるための人材マネジメントの影響力を確保しようとしています。コーチングは、そういう権力の発動というイメージとはできるだけ無縁なところで機能するように印象付けようとするでしょうが、人事評価は、このイメージをなくしてはいけません。

こういうニュアンスを、よく理解しておいてください。

第５章

人事評価者訓練は管理者教育の要

人事評価の理論を学び、自社の人事評価制度に適用させる考え方・手法を学んだ後は、実際に人事評価をするための訓練を評価者に対して行います。

人事評価についての議論を繰り返し、認識を共有化し、評価者自らのエラー傾向を理解することで、人事評価実務のレベルがあがります。そのためには、時間を掛けて系統的に人事評価者訓練を実施することが必要です。

1　人事評価者訓練の意義と限界

(1) まずは理論を学び、制度を学び、考え方・手法を学ぶ

人事評価は、管理者になれば必ず行うことになります。しかし、長年人事評価者訓練にかかわった経験からすると、今まで本書で説明してきた内容について、きちんと理解をしている人は多くありません。やはり、それなりにしっかりと勉強しないと理解が進むはずがないのです。

人事評価にかかわる用語は、ほとんどが日常的な言葉であるがゆえに、そんなに勉強しなくても、自分なりに理解しようと思えばできるように思ってしまうものです。しかし、そう簡単ではないことは、今までの説明でだいたい理解していただけたと思います。

まず、人事評価の理論を学び、自社の人事評価制度がどうなっているかを学び、かつ自社の人事評価制度を実際に適用する考え方と手法を学ぶ必要があります。そのうえで、人事評価制度を実際に適用するに当たっての訓練を受けなければなりません。

人事評価者訓練とは、それらすべての内容をカバーする研修のことで、「人事評価者研修」とも言います。人事評価者訓練という言い方をするのは、「理論が分かっても、実際にうまく評価することができない。できるようになるためには、訓練が必要だ」という認識の表れです。

訓練といえば、スポーツを連想します。野球の世界でも、バッティング理論や走塁・守備に関する理論がありますが、これらをいかに学んでも、それだけでは上手になりません。やはり、実際に野球の練習（訓練）をしなければならず、人事評価もそれと同じです。人事評価の理論を学んだり、自社の人事評価制度を理解したりすること自体にもそれなりに時間が掛かりますが、実際に人事評価がしっかりできるようになるには、

さらに時間を掛けた訓練が必要だという認識です。

人事評価の理論や自社の人事評価制度を学ぶには、実際に本を読んだり、説明をきいたりすることになります。人事評価制度を実際に適用するに当たっての訓練としては、①目標を設定する訓練、②評価事実の把握訓練、③評価要素の選択訓練、④評価尺度の選択訓練、⑤育成課題の設定およびフィードバックの訓練などがあります。

(2) 人事評価を学ぶとは人材マネジメントを学ぶということ

私たちがよくやる人事評価者訓練は、これら五つの訓練を総合して取り組むものです。実際の部下を研究対象として彼の評価事実を書き出し、それに基づいて、１チーム６人くらいで評価をしてみる訓練です。

例えば、半年間の評価事実を実際の評価の実務に即して書き出して、研修の中でチーム研究をします。実在者である部下研究とはいうものの、もちろん研修の場でのことですから、１チーム６人中、直接の上司以外の５人にとっては、実際の部下ではありません。したがって、直接の上司でない５人は、書き出され、共有化された事実だけで判断することになります。このように、自社の評価表に即して、同じ事実で評価し、評価表の一つの項目（評価要素）ごとにチームメンバー６人分の評価結果を並べ、そのバラツキを確認します。たいていの場合、全員一致で同じ評価結果だということはありません。評語で言えば「A」と「C」くらいバラつくことが普通ですので、なぜ評価結果がバラついたのかを、チームでよく話し合って結論を出します。そのことによって、評価対象となる職務行動事実と評価結果を結び付けるロジックを学ぶことになります。この訓練をじっくり行うことが、一つの研修パターンです。

これで分かるのは、研修をあまりやっていない会社と頑張ってやっている会社とでは大きな違いがあることです。ある会社で評価者訓練をやったところ、最初のころは、正解に対する合致度が、指数化すると10人のうち５人に過ぎないという結果でした（もちろん、何百人かにわたる研修対象者の平均です）が、年２回の評価者訓練を７年間にわたって行った結果、最終的には10人のうち7.5人が正解に合致するようになりました。

私自身、何回も評価者訓練にチャレンジしてきましたが、これくらいの効果は期待できると感じています。訓練をしていない状態では、10人のうち５人しか正解に合致しないことも驚きでしたが、かなり熱心に訓練をしても、それが7.5人程度にしか増えないことにも少し考えさせられます。これを、訓練効果があったと見るか、あまり効果がないと見るかは分かれるでしょう。実在者を研究対象にした実際の評価実務と同じシチュエーションでの訓練ですから、私としては、7.5人が正解に合致するというのは、結構なハイレベルだと考えています。評価者訓練をさらに継続しても、せいぜい８人までだと思います。決して10人全員が正解に合致することにはならないはずです。

このあたりが、人事評価者訓練の限界なのかもしれません。しかし、このように何回にもわたって研修に参加すれば、人事評価の理論や自社の人事評価制度とその適用の仕方についての理解は間違いなく深くなり、その会社の人材マネジメントのレベルを上げることになるのも間違いないでしょう。そういう意味で、やはり人事評価者訓練を継続させることは、大変重要なことだと確信しています。

人事評価を学ぶということは人材マネジメントを学ぶことですので、管理者教育の重要な要として系統的に実施するようにすべきです。

2 人事評価のエラー傾向を理解させる

ここでは、どのような人事評価者訓練をしていくのかについて、解説を加えていきます。

その際、人事評価者訓練の最初のステップに必ず出てくるのが、ハロー効果やイメージ評価、寛大化傾向といった人事評価のエラー傾向についてです（図表81）。これらを理解することは、人事評価を学ぶ初期の段階では大きな効果があるようで、人事評価のレベルがワンランク上がります。それくらい標準的な項目であり、標準的な教育項目になっています。

(1) ハロー効果

人事評価のエラー傾向の中で最も有名なものが、この「ハロー効果」です。「ハロー」とは、「後光」のことで、「まばゆいばかりの後光が差す」といった使われ方をするように、何か一つでもよいことがあると、光り輝くばかりにすべてのことがよく見えてきます。もちろん、悪いことがあると逆に作用します。「坊主憎けりゃ袈裟まで憎い」とは昔からよく言いますが、まさにこのことです。

人事評価の際にこういう傾向が出てくると、間違った評価をしてしまいます。日常生活レベルで考えてみても思い当たる節がありますが、評価者の気分感情に根差したものだけに、ついそういうパターンにはまってしまうのです。

このハロー効果を克服するために大切なことは、「ほかにはどういう事実があったか」「悪い事実はなかったか」「よい事実はなかったか」「もっといろいろなことがあったはずだ」というように、一つの事実にこだわらずに、できるだけ多くの事実を見ようとすることです。こうい

図表81　人事評価のエラー傾向

①ハロー効果	一つのことで、すべてよいと評価したり、すべて悪いと評価したりする誤り
②イメージ評価	「昔から仕事ができない…」という漠然としたイメージで今を評価する誤り
③寛大化傾向	評価が甘くなってしまい、高い評価に集中する誤り
④中心化傾向	無難な標準評価（普通の評価）に集中する誤り。差が付けられない
⑤厳格化傾向	評価結果が厳しくなってしまい、低い評価に集中する誤り
⑥極端化傾向	少しよいと極端によい評価を、少し悪いと極端に悪い評価を付ける誤り
⑦論理的誤謬	頑張って自己啓発をしているということと業務上必要な知識が高いこととは別のことだが、論理的に関連付けて固有の事実を見ないで評価する誤り
⑧対比誤差	評価基準ではなく、自分自身や特定の同僚と比較して評価する誤り
⑨メイキング	あらかじめ評価結果を決めておき、その結果に合致させるよう逆算評価する誤り

う自己チェックを働かせるだけで、かなり間違いが少なくなります。

また、「成果評価表」「能力評価表」「情意評価表」など、各評価表の項目（評価要素）を評価する際に、一つの事実を二つ以上の項目（評価要素）で評価してはならないという「ダブルカウント禁止原則」があります。これも、ハロー効果を避けるための技術として、理解しておいてください。

このように、「ハロー効果」という言語で評価についての原則を多くの評価者が共通認識化することが、人事評価者訓練の最も素晴らしいところです。

(2) イメージ評価

イメージ評価は、「印象評価」という言葉で表現されることもあります。「彼は昔から仕事ができないからね」「何しろ彼は大変優秀な奴だからね」といったような漠然とした印象が、直接人事評価結果に影響を及ぼすというものが、「イメージ評価」です。

部下を見るときに、「優秀だな」「ダメな奴だな」という印象を持つことは結構あると思います。そういう印象を持つこと自体、防ぐことはできませんし、それ自体が悪いこととは決して言い切れません。現実には、そういう印象によって、ミスが起こらないよう事前に手を打ったり、もっと困難なチャレンジをさせたりしているわけです。

しかし、事が人事評価となると、イメージ評価は誤りです。人事評価期間中どうであったのかという事実をしっかり見て、評価しないといけません。人事評価は、業績を向上させるために人が人をマネジメントする手段の一つであり、以前の評価が悪かったとしても、次の評価までには行動を改善し素晴らしい実績を上げてもらうように指導しているわけですから、常に行動は改善されたか、よりよい実績を上げているかと、評価期間ごとに直接職務行動事実を見て、判断しないといけません。そして、さらに次の評価期間に向けて改善のための努力を促すという連続でなければなりません。

漠然とした印象をＳ・Ａ・Ｂ・Ｃ・Ｄという評語に落とすのは、人事評価ではありません。評価期間中の事実をよく見て評価を下し、次のチャレンジを具体的に促していくのが人事評価のサイクルです。この考え方を、大事にしてください。

(3) 寛大化傾向

「寛大化傾向」とは、評価が甘くなってＳやＡ評価ばかりになってしまうこと、つまり、高い評価結果に集中するエラーです。絶対評価であれば、全員がよく頑張って素晴らしい実績を上げた場合に全員が「Ｓ」や「Ａ」になることは理屈上あり得ると思いますが、現実には、「Ｓ」や「Ａ」ばかりになれば、それが間違いである可能性は相当に高いと考えてよいでしょう。

寛大化傾向を示す評価者の言い分には、次のようなものがあります。

①まあまあ、いいんじゃないの（事実をよく見ていないタイプ）

②よい評価を付けてあげれば、本人もやる気になるだろう（景気付けタイプ）

③悪い評価をしたら、評価結果のフィードバックがやりにくくて嫌だ（弱気タイプ）

よい評価を付けてあげれば本人もやる気になるだろうというようなことは、どう考えても理由のある主張ではありません。あまり頑張っていない、実績を上げていない人の評価結果が「A」だとすれば、本当によく頑張って実績を上げた人は、バカバカしくなって、やる気をなくすのではないでしょうか。その点も考慮しないといけません。

悪い評価をしたらフィードバックがやりにくいという話は、何をか言わんやです。もし悪い評価をしなければならない事情があるのであれば、改善してもらわなければなりません。悪い評価結果は、次回までには改善してくれという意思をはっきり伝えるための大変よいきっかけになるものです。部下の反発を恐れているようでは、人事評価をする意味がなくなります。

「A」や「B」といった評価尺度基準を具体的に考えて評価を下すことが、寛大化傾向を防ぐ処方箋《せん》です。

（4）中心化傾向

「中心化傾向」は、無難な普通の評価に集中してしまう誤りです。こういう評価傾向になってしまう理由も、寛大化傾向と似ています。なんとなく被評価者本人のことを考えて、無難に対応したくなるのです。評価に対する自信がない評価者の場合は、よくこのタイプの誤りに陥ります。

なかには、確信犯的な場合もあれば、「俺は神様ではないので、評価はできない」「もともと人間は皆平等だ」「人を差別してはいけない」といった考えが背景にある場合もあります。何度も言うように、人事評価は業績を向上させるために人が人をマネジメントする手段の一つですので、このような確信犯的な評価観は、人事評価制度そのものを否定するもので、管理者としての適格性が疑われます。

中心化傾向を防ぐには、評価尺度基準をよく念頭に置いて、職務行動事実と突き合わせることが大切です。特に「B」を付けるのは、どういう場合なのかを、具体的に考えておく必要があります。

(5) 厳格化傾向

「厳格化傾向」とは、評価結果が厳しくなり過ぎるエラー、つまり、厳しくなり過ぎて低い評価ばかりになってしまうことです。これも「B」の評価尺度基準が何かということについてよく整理していれば、誤りは避けられます。

絶対評価で評価をする場合は、理屈のうえでは被評価者すべてが悪い評価になることは考えられますが、現実には、すべてが悪い評価というときには、この厳格化傾向を疑ってみる必要があります。

厳格化傾向を示す人は、性格的にも厳格な人、遊びのない人に多いようですので、日常的付き合いの中でも予測できる部分があります。しかし、この場合も、高く評価してもよさそうな人が低く評価されている事実を見付けて、評価者から説明を聞きながら、厳格化傾向での評価なのか、正しい評価なのかをよく判断していくことになります。

(6) 極端化傾向

「極端化傾向」とは、少しよいと極端によい評価、少し悪いと極端に悪い評価を付ける誤りです。要するに、両極に振ってしまうものです。きちんとしたデータがあるわけではありませんが、経験的に、日本人にはわりと少ないと言われています。それでも、時にこういう傾向のある人を見付けることがありますので、注意が必要です。寛大化傾向や中心化傾向のような形でどこかに評価結果が集中するものではありませんから、一見きちんと評価されているかのような錯覚を起こします。しかし、極端化傾向では、評価のバラツキが大きいのが特徴です。

これも、評価尺度基準をよく研究して、評語であるＳ・Ａ・Ｂ・Ｃ・Ｄがどういうときに付けられるのかを整理する必要があります。

（7）論理的誤謬

「自己啓発」が高いと評価した際に、そこまで頑張っているのだから「能力」も高いはずだとして、事実で評価するのではなく推論で評価結果を出していく誤りが、「論理的誤《ご》謬《びゅう》」といわれるものです。

もちろん、自己啓発を一生懸命やっていれば、能力が高くなっていく可能性はあるでしょうが、学んだことをすべて忘れてしまっていれば能力は高くなりません。ですから、自己啓発についてはそれを示す行動事実を見て、能力については能力の高さを示す行動事実を見て評価するというように、論理的誤謬を防ぐには、やはり事実をよく見て評価することに尽きます。下手な推論は間違いのもとです。

（8）対比誤差

被評価者本人の職務行動事実を評価基準に照らして結論を出すのが評価ですが、評価基準に照らすのではなく、例えば「俺がお前の年齢のときには、この程度の企画書は完璧にできたよ。それに比べ、何なんだこれは…。当然Ｃ評価になるよ」というように昔の自分に照らして評価の結論を出すタイプの誤りを、「対比誤差」と言います。

自分のレベルをいつの間にかＢ評価レベルにおいて、自分より劣っているから「Ｃ」というように評価をしてはいけません。そもそも、昔の評価基準と今の評価基準とは違うかもしれません。

経験年数の異なる今の自分と比較して、「こんな仕事は、俺なら３日でできる。あまりにも進め方が遅いので、Ｃ評価だ」というのも、対比誤差です。どちらかというと、せっかちなタイプの人が陥る誤りです。

この誤りを防ぐには、評価基準に照らした評価をしっかりと行うようにすることです。

(9) メイキング

「メイキング」とは、評価結果を意図的につくり変える誤りです。ついそういう誤りを起こしてしまうのが今まで挙げてきたタイプですが、このメイキングというのは、はっきりと意識的に操作をしてしまうものです。

つまり、最終の総合評価の評語と評価要素別の得点の合計とが連動している評価表の場合（60～70点のときは「Ｂ」と連動するような場合）、あらかじめ評価結果を「Ａ」と決めておいて、その得点範囲に入るように評価要素別の得点を操作してしまうものです。

昇格審査の際にも、よくこの「メイキング」が行われます。例えば、２年連続「Ａ」を取っていないと昇格審査の候補者に上がらない昇格要件がある場合、昇格審査時期を予測して、「Ｂ」以下を取らせないように細工してしまうというものです。このやり方は、結構多くの企業で行われているようですが、これを許していたら、人事評価の信頼が失われます。素直に正しく評価を付けるのが原則です。

ただ、昇格審査に絡んでは、慣習的に広くメイキングが行われている企業もありますから、組織的に反省を加えて、全社的に改めていく必要があります。慣習的に広くメイキングが行われているときに１人の評価者だけを正しい評価に改めた場合、その評価者の部下だけ割を食うことが起こらないとも限りません。このあたりが難しいところですが、人事部門ははっきりと全社に対してメッセージを出して、防止に向けたリーダーシップを発揮してください。

以上のような人事評価の誤りの基本パターンについては、何度も何度も評価者の間で確認し合うようにしていく必要があります。

3 人事評価者訓練の訓練対象

基本的には、目標の設定から入って、育成課題の設定とフィードバック面談に至るまでの人事評価の手順に合わせてトレーニングの課題を決めていきます（図表82）。

実際の研修の進め方にはいろいろな手法が考えられますが、何を教え込む必要があるのかが最も重要なところです。以下、その点に焦点を当てて、手順のそれぞれについて、人事評価者訓練のポイントを解説します。

（1）目標設定訓練

人事評価の手順は、何と言っても目標を設定するところから始まります。したがって、人事評価者訓練においても、目標設定訓練というのは重要な意味合いがあります。

図表82　人事評価の手順と人事評価者訓練の焦点

目標の設定	①評価に堪え得る目標かどうか。 ②ふさわしい難易度の目標かどうか。
↓	
評価事実の認定	①職務行動であるかどうか。 ②評価対象期間内であるかどうか。
↓	
評価要素の選択	①評価要素に合った事実かどうか。 ②一つの事実が、二つ以上の評価要素で評価されていないか。
↓	
評価尺度の選択	・評価尺度の理由は明らかであるか。
↓	
育成課題の設定とフィードバック面談	・評価を通じて育成課題・モラールアップ策が考えられているか。 ・どのようにフィードバックするかが練られているか。

198頁以下でも解説したように、まずは目標の３要素の理解に焦点を当てます。図表83のような共通事例問題を出して目標添削訓練をやったうえで、実際に職場でつくった目標管理表について、もう一度目標表現を整理し直すというような訓練を行うことが重要です。

①「項目」しか設定されていない例

実際の職場の目標管理表を使った目標添削訓練は、書籍上では再現しにくいのですが、図表83の説明を通じて、趣旨は伝わると思います。

まず、悪い目標の例を出します。図表83では、「将来的に自部門の取扱高を大きく伸ばす」という表現になっています。目標の３要素（「項目」「達成水準」「期限」）をチェックすると、「自部門の取扱高」というように「項目」だけは表現されていますが、それ以外は表現されていません。ですから、「項目」のところだけがチェック（■マーク）されています。これでは、とても評価に堪え得る目標ではないことが分かりますので、研修参加者は、何とかよい目標表現に変える努力を演習で行います。

目標添削例としては、「今期末（３月31日）までに、今期の自部門の

図表83 目標設定訓練のポイント

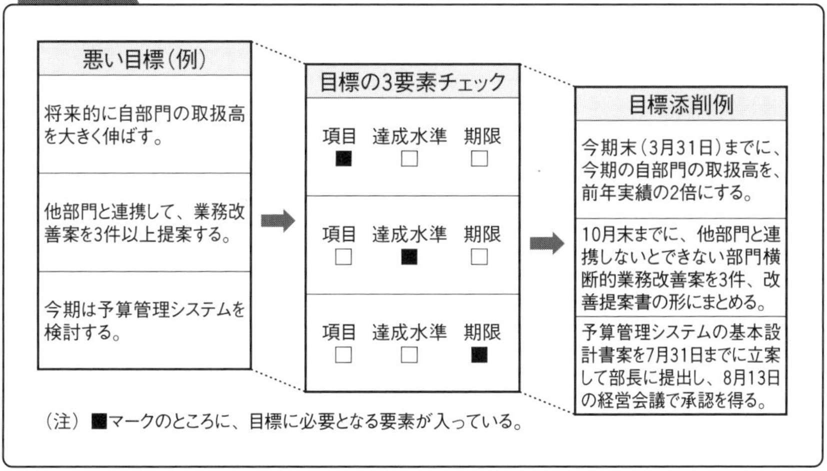

（注）■マークのところに、目標に必要となる要素が入っている。

取扱高を、前年実績の２倍にする」となります。目標の３要素がすべて入っていますので、これで評価に堪え得る目標としては合格となります。図表83では、三つだけしか掲載していませんが、このような目標添削訓練をしばらくやってもらいます。

②「達成水準」しか設定されていない例

せっかくですから、二つ目の「他部門と連携して、業務改善案を３件以上提案する」という目標についても検討してみましょう。もちろんこの中に、「期限」は入っていません。しかし、一見「期限」以外の目標の要素は入っているように見えますが、実は、「項目」の表現が少し曖《あい》昧《まい》であることが分かります。「業務改善案を３件以上提案する」とは、どんな業務改善案でもよいわけではなさそうだという点に気付くことがポイントです。そうすると、「他部門と連携して」とは、身の回りのことでも何でもいいから改善案を３件以上出せばよいということではなく、「他部門との連携が必要なくらい大きな部門横断的改善案を３件以上出す」ことが目標になります。しかも、口頭で改善案を伝えればよいわけでもなく、改善提案書という職場でよく使われているレベルの様式でなければならないことにもなります。

そうなると、「10月末までに、他部門と連携しないとできない部門横断的業務改善案を３件、改善提案書の形にまとめる」という添削例のような目標ができてきます。添削前後の表現を比較すると、より目標がはっきりしてきたと感じることと思います。

③「期限」しか設定されていない例

もう一つの悪い目標例である「今期は予算管理システムを検討する」を見てみましょう。「今期」という言葉があるので、「期限」にチェック（■）を付けていますが、その他については、チェックすることができません。「予算管理システムを検討する」といっても、30分検討しても、３カ月検討していても、それは検討という概念に入ります。まさにこれで評価をしてしまえば、評価者と被評価者の認識ギャップは相当に開く可能性が出てきます。

そこで、検討結果としてのアウトプットをもっと明確にしていったほうがよくなります。「予算管理システムを検討」するとは、少なくとも予算管理システムをすべて完成して実施導入を行うところまで目標には入っていないということです。そうなると、途中段階のアウトプットを決めないといけません。目標添削例では、「予算管理システムの基本設計書案を７月31日までに立案して部長に提出し、８月13日の経営会議で承認を得る」としました。会社にはそれぞれに様式があったりしますので、基本設計書というのは、アウトプット目標の表現としては、まあいいでしょう。それに加えて、７月31日に基本設計書案を立案して部長に提出、８月13日の経営会議で承認を得るという進捗《しんちょく》目標を持ち込みました。

このような目標設定訓練によって、人事評価に堪え得る目標とはどういうものかを体感してもらいます。そのうえで、今期自分がつくった目標管理表の表現を見直して、実際にチーム演習をしながら添削していきます。こういうトレーニングにより、目標設定についての訓練を行うわけです。

（2）評価事実の認定訓練

次に、２番目の手順である「評価事実の認定」の訓練に入ります（図表84)。訓練事項としては、「評価対象期間」と「職務行動」の二つが重要です。

①評価対象期間

まず、評価対象期間から外れた時期に生じた事実がどのように評価に影響を与えるかについて、自らの体験と照らし合わせて考えてみてください。

４～９月の上半期を評価期間とする場合、おそらく、10月５日くら

図表84　評価事実の認定訓練のポイント①　―評価事実とは―

評価対象期間	職務行動：ではない	職務行動：である
外	×	×
内	×	評価事実

いから評価表が配られて被評価者の自己評価が始まり、一次評価者の評価は10月10日くらいからスタートすることになります。ここで、評価者としても「憤慨するのはやむなし」と思う被評価者本人のミスで、お客様から大変クレームをつけられた出来事が10月１日にあったとします。10月１日以降は上半期の評価対象期間ではありませんが、このような場合、10月10日からスタートする一次評価への影響をどう考えたらよいでしょうか。

もちろん、この一次評価の対象とはならないというのが正解です。しかし、こういう場合だと、４～９月の一次評価の対象期間に入ってきそうな感じがしてしまいます。人事評価の場合、直近のことがクローズアップされて評価結果に大きく反映してしまうことがよく起こりますので、評価期間という概念をしっかり持ってもらう必要があるのです。

この事例の場合に、10月１日の出来事を上半期評価の中につい入れてしまったとしても、それで終わればまだよいのですが、今度は10月～翌年３月の下半期評価を行うときに、「あれは10月１日に起こったことだから、下半期の評価対象となる事実だ」などと考えて、ダブルで評価される可能性が出てきます。しかし、そういうことは是非とも避けてほしいのです。

また、上半期評価の時期には、10月１日で起こった出来事は大変印象が強いのですが、下半期評価をする翌年４月始めになると、その日のことはだいぶ前の話として忘れてしまっているかもしれません。これも困ります。大きなミスを犯したのですから、その事案相当分だけは、評価に反映させなければなりません。

このように、同じ評価期間の中でも、直近の印象が強く、昔のことを忘れてしまうことはよく起こります。「評価期間は４月１日～９月30日」だと伝えれば、みんな冷静に了解してもらえると思ったら大間違いです。やはり、例を挙げてディスカッションをし、みんなで確認していくところに浸透のポイントがあります。

②職務行動

「職務行動」とは人事評価の対象となる事実のことで、通称「評価事実」という言い方をしています。しかし、評価の対象となる職務行動、すなわち「評価事実」にしてはいけないものが、会社の仕事の中に混ざっていることがあります。

例えば、組合活動などはその典型です。人事評価者訓練の研修の場で、「最近は、組合役員のなり手がいなくて困っている。だから、組合活動をやっている人は、マネジメント貢献という部分でよい評価をしてあげようと考えている」というようなことを言う評価者がいます。その気持ちも分からないではありませんが、組合活動を評価の対象にすると、それは「不当労働行為」に当たり、違法になります。組合活動は会社の職務ではありませんから、「評価の対象となる職務行動＝評価事実」ではないことを、よく記憶しておいてください。

同じように、早朝の掃除や、時間外の小集団活動に対して、これらは会社の業務命令ではなく、本人の自発的な活動だからと残業手当を払っていない会社が多くありますが、そこで「よくやってくれているので、こうした活動によい評価を付けてあげたい」として評価事実と見た瞬間から「職務行動」と認めたことになり、明らかに残業手当の対象となります。

そのほか、上司の家まで年末の大掃除を手伝いに行ったら評価がよくなるというようなこともあるようですが、これらはすべて「評価の対象となる職務行動＝評価事実」ではありません。

「自己啓発」という評価要素を持っている会社の場合も、職務に関連した自己啓発のみを評価事実として認定するのがほとんどです。したがって、将棋講座に通っているからといって、将棋とは関係のない会社においては自己啓発にかかわる評価事実にはなりません。盆栽に関係のない会社において、盆栽を習いに行っている場合も同様です。このあたりが、評価事実の認定訓練のポイントになります。

また、図表85のような問題により、評価事実の把握の仕方を理解してもらうようにします。この図には、五つの表現がありますが、このうち、どれが評価事実を表現していると言えるかが問題です。

ここで「評価事実」と言えるのは、「彼は半年の間に５回遅刻した」「彼は１億円の受注をあげた」の二つだけです。「彼は熱心に仕事に取り

図表85　評価事実の認定訓練のポイント②　―評価事実かどうか―

次の点は、評価事実となり得るか。

□彼は熱心に仕事に取り組んでいた
□彼は長年の努力の結果、一流の技術者になった
■彼は半年の間に５回遅刻した
■彼は１億円の受注をあげた
□彼は上司への報告が不足していた

（注）■が、評価事実。

組んでいた」というのは、「熱心に」という表現部分が評価そのものを表現したものと見ます。何をもって「熱心に」と思ったのかを具体的に示すものが、評価事実です。その事実部分がないと、「熱心」なのかどうかの判定がつきません。同様に、「彼は長年の努力の結果、一流の技術者になった」も、「長年」や「一流」というのは、評価を示す言葉であって、評価事実ではありません。どういう努力でどういうことができるようになったのかが、評価事実です。仮にこの「長年」が５年だとします。しかし、その５年は、人によっては短いと考えるかもしれません。また彼の実力を具体的に見れば、「一流」ではなく「半人前」と総括するかもしれません。それゆえ、「５年努力をした」「○○という仕上げ工程が自力でできるようになった」のように評価事実を把握してほしいわけです。「彼は上司への報告が不足していた」についても、そう判断する評価事実がほしいのです。例えば、「毎日１回報告をしていた」という事実をとらえた後に、その内容では、報告が不足していたとみるのかどうかの評価を下すことになります。

このようなこだわりを持った議論を一緒にやりながら、評価事実の把握が実際にできるようになるスキルを訓練するのです。

(3) 評価要素の選択訓練

図表82の第３手順にかかわる訓練が、認定した評価事実をどの評価要素で評価するかという「評価要素の選択」です。図表86のように、評価要素の選択についての混同例と、どこが問題かの解説を加えながら、理解の促進を図ります。

評価要素混同例の１番目は、頑張ったことと業績数値評価とを混同しているものの例です。毎日夜遅くまで頑張ったとか、お客様の評判がよかったということは、業績数値の評価とは関係がありません。業績数値の評価は、どれくらいの受注金額になったのかという具体的な実績数値と目標数値との関係で評価が決まります。しかし、目標数値と実績数値との比較の話がないままに業績数値評価をＡ評価にしようというのは、

図表86　評価要素の選択訓練のポイント　―評価要素の混同例―

	評価要素混同例	解　　説
1	毎日夜遅くまでお客様への提案書を作成し、お客様からも評判がよかったので、業績数値評価はA評価（期待を超えている）としよう。	①毎晩遅くまで提案書を作成したのは、情意評価の責任性にかかわる評価事実である。 ②業績数値評価は、実際の受注高がどうだったかがポイントなので、お客様の評判は業績数値評価の評価事実ではない。 ③お客様の評判が、提案書のよさの結果ということであれば、提案書作成能力の高さを示す評価事実となり得る。
2	新規受注額が昨年の3倍になったので、彼の専門能力はS評価（期待を大幅に上回る）にしよう。	①新規受注額の伸長は、直接は専門能力評価の評価事実とはならない。 ②新規受注額が伸びた原因を探って、その原因が世の中の景気拡大の影響なのか、本人の専門能力の高さが原因なのかを見極める必要がある。
3	自発的に思い付いて、改善案を一生懸命立案していたので、改善能力をA評価（期待を超えている）としよう。	①自発的に思い付いて改善案を一生懸命立案していたのは、情意評価の積極性にかかわる評価事実ではあるが、改善能力とは関係ない。 ②改善能力評価をAとするには、立案した改善案が本当に優れたものであるかどうかにかかっており、その事実を見極めないと改善能力を評価することはできない。

ロジックが混乱しています。毎晩遅くまで提案書を作成したのは、情意評価の責任性にかかわるでしょうし、提案書の評判がよかったのであれば、提案書作成能力の高さを示す評価事実となり得ます。しかし、これらは直接に業績数値評価とは関係ありません。

２番目の評価要素混同例において、新規受注額が昨年の３倍になったというのは、業績数値評価の結果がよくなる事実ではあっても、専門能力には直接連動しているものではありません。景気が特によかっただけであれば、専門能力が高いことが原因とは言えません。この例では、専門能力をＳ評価とする理由が示されていないことから、まずは、新規受注額が３倍になった原因を探ってほしいと思います。

３番目の評価要素混同例のポイントは自発的に一生懸命改善案をつくることと、改善能力がＡ評価であることとは関係ない点にあります。改善能力は改善案のレベルの高さによって証明されますが、「自発的に」「一生懸命」というだけでは、改善能力の高さは証明されません。

こうしたトレーニングを積み上げていくのが、評価要素の選択訓練です。評価事実と評価要素との関連付けの議論を行うことで、自分の会社の評価要素の考え方を実際の評価事実に適用するロジックが身に付くようになります。

（4）評価尺度の選択訓練

今度は、評価尺度の選択訓練です。この訓練は、同じ事実で評価したにもかかわらず発生する評価結果のバラツキを俎上に載せて行うものです。

図表87に、評価尺度選択訓練のフォーマットを載せました。このい

図表87　評価尺度選択訓練のフォーマット（例）① ―評価結果のバラツキの検討―

対象者役職名＿＿＿＿＿＿　グループ評価結果集計表　グループ名＿＿＿＿＿＿

	項目	メンバー名						グループ決定	評価理由メモ

ちばん左の「項目」には、人事評価表の項目、すなわち評価要素が入ります。その右の「メンバー名」には、この研修で一緒にグループ演習を行うメンバーの名前を書き、みんなで評価事実について共有した後で、グループメンバー同士で相談せず、自分の考えで評価要素別に評価結果を下します。そして、各人の評価要素別の評価結果を、図表87の「メンバー名」の欄に縦に転記して集約すると、項目（評価要素）別に見たときに、ある人はA評価、別の人はC評価というように評価にバラツキがあることが分かるでしょう。こうして各人のバラツキを明確にしたうえで、なぜこのようになったのかをグループ内で議論してもらい、結論を出して、「グループ決定」欄に書き込みます。この欄には、単に多数決ということではなく、議論して出た結論を書いてもらったうえで、そのグループ決定を引き出した評価理由を「評価理由メモ」欄に記入します。

評価要素別のバラツキは、もちろん少ないほうが人事評価についての価値観がそろっていることを示しますが、実際には、かなりのバラツキが出るはずです。このバラツキを受け止め、そろえる努力をすることが、人事評価の実務そのものです。この作業を繰り返し行うことで、評語決定についての能力が付いてきますので、何度も何度も行ってください。

また、評価についてのコミュニケーションも繰り返されますので、人事評価の価値観の統一が図れるというメリットもあります。まさに、人事評価者訓練の重要な手法の一つです。

こうしてグループ決定された評語と「評価理由メモ」欄に書いたことを手掛かりに、評価要素別の具体的な評価尺度基準をつくる訓練を行うこともあります。そのフォーマットが、図表88で、S・A・B・C・Dの評語ごとに、尺度基準（どういう評価事実を示す場合に、Aを付けたりBを付けたりするかを数値や文章で書いたもの）を書き出すという訓練になります。この訓練を積み上げることで、評語決定のための考え方をさらにすり合わせることができます。

図表88 評価尺度選択訓練のフォーマット(例)② —尺度基準づくり—

評語	尺度基準
S	
A	
B	
C	
D	

(5) 育成課題の設定とフィードバック面談訓練

最後の訓練の焦点が、育成課題の設定とフィードバック面談訓練です。

育成課題の設定訓練には、図表89の「部下育成目標設定表」と図表90の「育成計画表」を使います。人事評価では、評価要素別にいろいろな事実が分かってくる中で、その評価要素別に育成課題が見えてくる場合もありますし、もう少し総合的な形で、大きな育成課題が見えてくる場合もあるでしょう。

見えてくる課題をできるだけ素直に書き出して、育成計画までつくってグループ討議をし、いろいろな考えを出し合います。評価尺度の選択訓練で研究したものと同じ材料（図表87、88）を使って、グループメンバーそれぞれが互いに相談しないでこれらのフォーマット（図表89、90）に考えを書き出してもらいます。そのうえで、グループ内でお互いを比較し合い、議論します。こうすることで、グループメンバーの知恵の交流がなされ、ここに講師サイドの見識が加われば、かなりレベル

図表89　育成課題の設定訓練のフォーマット（例）① —育成課題設定—

部下育成目標設定表

対象者：　　　　　　　　　　　　作成者：

部下の到達レベル

NO.	課題	成長目標	NO.	実施項目

図表90　育成課題の設定訓練のフォーマット（例）② —育成活動計画—

育成計画表

対象者：　　　　　　　　　　　　作成者：

NO.	実施項目	活動計画				指導ポイント
		4 月	7 月	10月	1 月	

の高い訓練が実現するでしょう。

そして、この二つのフォーマット（図表89、90）が完成したうえで、評価フィードバック面談訓練に入ります。評価フィードバックをどのように行うかについては第４章で説明しましたが、その要領を念頭に、研修の場では、上司役と部下役に分かれ、上司と部下の関係についても状況設定をしてロールプレイに持ち込みます。例えば、「上司は低い評価、部下は高い自己評価」のパターンにおいて、あまり人間関係がよくない状況設定で、ロールプレイをするというような形です。

こうして見てきた図表82にあるような訓練は、すべて実際の評価フィードバックまでの準備事項であり､研究事項ということになりますが、実際に役柄に即して演じてみると、なかなかうまく対応できない部分が見えてきます。

このような訓練を定期的に繰り返していくことで、人事評価能力が徐々に付いていくでしょう。管理者教育にはいろいろなものがありますが、私は人事評価者訓練が管理者教育の要だと思います。これくらい具体的に事実に即して部下のことを考え、理由をしっかり考えて評価を下し、かつ部下の育成計画まで立てるわけですから、これ以上の管理者教育はありません。

是非、系統的に取り組んでいただきたいと思います。

4 人事評価者訓練の二つの演習パターン

人事評価者訓練のプログラムの一例が、図表91です。このプログラムは、２日間研修の例であり、人事評価の考え方の講義から、評価演習、育成計画づくり演習に至るまでの内容をカバーしています。

人事評価者研修は、一昔前までは３泊４日くらいでの実施もそれほど珍しくなかったのですが、最近では少し短めになってきており、１日研修という短いパターンもかなり行われています。しかし、訓練としては１日では少し短い感じがしますので、仕事が忙しくてまとまった時間がとりにくい場合には、少し間をあけながら、２日間コースや３日間コースを行うことでもよいのではないでしょうか。

成果主義の導入が叫ばれ、処遇格差が飛躍的に付くようになった時代になっても、人事評価者訓練の取り組みが、成果主義導入以前の時代と比べてそれほど活発にならなかったのは大変不思議な感じがします。今現在「成果主義の弊害」が言われていますが、それは人事評価者訓練の取り組みの弱さにも原因があります。

「人事評価者訓練は管理者教育の要だ」と述べてきましたが、そういう視点に立てば、もっとていねいに人事評価者訓練に取り組めるのではないでしょうか。

(1) 演習が不可欠

さて、人事評価者訓練には、演習が不可欠です。演習があることが、人事評価者訓練の「訓練」と言われるゆえんです。演習のやり方には、大きく分けて「共通の事例を使って演習を行う方式」と「実在者の評価事実を使って演習を行う方式」の二つがあります。

図表91 人事評価者訓練のプログラム（例）

狙い	(1) 人事評価の原則を確認するとともに、人事評価における評価事実のつかみ方と評価決定の判断ポイントを研究する。 (2) 事業強化課題および人事評価結果を踏まえた人材育成課題の設定と、育成目標・育成計画の立案ポイントを研究する。

		項　目	狙いと内容
1日目	9：00 12：00	Ⅰ．自社の人事評価の課題 Ⅱ．人事評価の考え方 1．近年の人事評価の動向 2．人事評価の原則と手順 3．評価に使う目標設定の基本 4．人事評価のエラー傾向 Ⅲ．評価演習 1．個人プロフィール表の紹介（目標／活動／実績） 2．モデル検討対象者決め 3．事実確認（質疑応答）	・人事部から、自社の人事評価の課題を話してもらい、本研修の狙いをガイドする。 ・人事評価の原則を再確認する。 ・実際の部下の活動事実を記述した「個人プロフィール表」をチーム内で紹介し合う。 ・チーム内で「モデル検討対象者」を一つ決める。 ・「モデル検討対象者」の活動事実について、作成者への質疑を行う。
	13：00 17：00	4．個人評価 5．チーム評価決定と理由付け 6．発表・ディスカッション ■1日目のまとめ	・チーム内のメンバーそれぞれが相談しないで評価する。 ・チームとしての評価を決定し評価理由を明記する。 ・発表をもとに評価事実のつかみ方と評価尺度の決め方を検討する。
2日目	9：00 12：00	Ⅳ．人材育成の考え方 1．事業強化課題と育成課題 2．人材育成の考え方 3．人材育成の進め方 4．育成課題の設定の仕方 5．育成計画の立案の仕方 Ⅴ．育成課題と育成計画演習 1．育成課題の分析 2．育成目標の設定	・昨日の演習を受けて実際の部下の例で議論する。 ・事業強化課題と人材育成の関連を認識する。 ・人材育成の考え方と進め方を確認する。 ・育成目標、育成計画の立案ポイントを確認する。 ・職場の環境、事業強化課題、本人の評価結果を踏まえたモデル検討者本人の育成課題を分析する。 ・年間の重点育成課題と目標、育成計画を検討する。
	13：00 17：00	3．育成計画の立案 4．発表・ディスカッション ■2日間のまとめ	・1年間の育成計画（対策・活動計画・指導ポイント）を立案する。 ・発表をもとに育成目標、育成計画の立て方を具体的に検討する。

①共通の事例を使って演習を行う方式

この第１の方式は、文章による事例やビデオによる事例などがあります。一昔前は、ドラマ仕立てのビデオを見ながら評価事実を把握し、演習を行うタイプのものがありましたが、最近は、あまり見かけなくなりました。ビデオドラマほどの臨場感はないものの、文章による事例も同じように職務行動がドラマ的に書かれています。共通事例ですから、自社のいろいろな職種にすべて合致できるものではありません。また、どこの企業でも使えるように比較的共通の論点に基づいて事例が作成されていますので、どうしても職場の仕事とは違うという印象を人事評価者訓練の参加者に持たせてしまうようです。

②実在者の評価事実を使って演習を行う方式

第２の方式は、部下の評価事実を書き出して整理するところからスタートします。そういう意味では、きちんと評価事実を書き出すことに成功できれば、職場の実態に即した議論ができますので教育効果は高くなりますが、その逆ですと教育効果に問題が生まれます。

たしかに、部下の評価事実の書き出しについては、評価者の能力に依存してしまうことがありますが、書き出す作業だけでも、大変重要な評価者訓練になることは事実です。それゆえ、部下の評価事実を書き出すことを含め、実在者の評価事実を演習に使う方式は、なかなか教育効果が高い取り組みと言えます。

(2) 共通事例を使う演習

図表92に、演習で題材とする共通事例の一例を載せました。これは、比較的短い文章題の例です。長くなれば、それにつれて複雑になり、演習で考えなければならないことが多くなります。しかし、人事評価者訓練において基本に焦点を絞って着実に理解してもらうには、この程度の長さの文章題が結構有効であることも多いようです。

図表92 演習の材料となる共通事例の一例

佐藤さんは、営業課の係長格である。彼のチームは、レストランに地ビールの卸販売を行っている。彼には、面倒を見ることになっている4人の後輩がいる。

彼個人の受注高目標は、8000万円／年であるが、今期は、彼の頑張りによって1億円になり、大幅な超過達成となった。特に、重点顧客への販促活動は熱心で、毎日訪問してレストラン側スタッフと一緒に販売の仕方を考えるなど素晴らしい取り組みもあったが、お客様の値引き交渉に安易に応じる部分もあり、どちらかというと値引きによって、だんだんとシェアを増やしていくやり方であった。

値引きについては、上司との打ち合わせなしに行うものも多く、中間面談で上司からその問題を指摘されたが、「私には利益目標を直接分担していないこともあり、値引き交渉に、ついつい応じた面もある」と上司に言い訳をしていた。しかし、そういう話があったにもかかわらず、上司は、特に利益目標を追加で与えることもしないでいた。当然、彼の営業の仕方は営業課全体の利益率を下げる要因になっていた。

佐藤さんは、上司から担当エリアでの販売促進企画書の作成を課題目標として与えられていた。特に、今までのような活動量と値引きに頼らない斬新な販売促進企画を求められたが、結局従来とあまり変わらない企画となってしまった。

佐藤さんは、自分の営業活動には熱心で、後輩からもその手を変え品を変えの動き方・頻度・スピード・粘り強さの点で、賞賛されていた。しかし、自チームの部下の活動にはあまり関心がなく、部下が悩んでいても、あまり気が付かず、支援することもしなかった。部下の中には仕事に行き詰る者も出たが、あまり気にしていなかった。それだけではなく、自分が担当しているお客様からのクレームの対応を部下に任せたりして、自分の受注高目標を確保することに必要な活動時間を減らさないようにしていた。その一方で、そのことが原因で部下の作業負荷に狂いが出てきて、4人の後輩たちすべての残業時間が大幅に増加してしまった。

はじめに、図表92の文章をお読みください。これを使って、図表82の人事評価の手順に従い、演習に取り組みます。まず、評価事実を認定してもらい、次に評価要素の選択をさせます。演習の進め方としては、

図表93 共通事例を使った演習の解答例

＜図表19の基準をもとに演習した結果＞

群	評価要素	評価事実の分類例	評価例
成果評価	業績目標達成度	受注高目標は超過達成（目標8000万円／年のところ、実績1億円）。	A
	課題目標達成度	今年は営業活動量と値引きに頼らない斬新な販売促進企画書を担当エリアについて求められていたが、この点ではあまり斬新さがなかった。	C
	日常業務成果（目標管理以外）	値引きに安易に応じたため、営業課全体の利益率を落とすことになった（利益目標は本人には与えられていなかった）。	C
能力評価	企画・計画力	自チームの作業負荷を考えず、クレーム対応などを後輩に任せたため、自チームの後輩の残業時間が大幅に増えてしまった。	D
	実行力	重点顧客への彼の営業活動は、手を変え品を変えての動き方・頻度・スピードの点で、後輩から賞賛されていた。	A
	対策立案力		—
	改善力		—
情意・態度評価	責任性	何としてでも受注高目標を達成しようと、重点顧客を毎日訪問するなど粘り強い営業活動を行った。しかし、利益については、業績数値目標として分担されていなかったこともあり、あまり熱心ではなく、上司とも相談なく簡単に値引きに応じていた。自分が担当しているお客様からのクレームを後輩に任せるなどの行動があった。	C
	積極性		—
	協調性	後輩に対する目配せ、支援が全くなかったことにより、後輩の仕事が行き詰ったが、あまり気にしていなかった。	D

①この文章題と図表93の白紙フォーマットを受講生に渡し、②個人作業として文章題を読んで、③評価事実だけをピックアップし、この白紙のフォーマットの評価要素別に分類して書き出してもらいます。

次の演習では、④個人作業で作成したアウトプットをグループ検討の形で互いに見せ合って相違点を確認・議論し、グループとして最も正しいと思うものをつくり上げます。次に、⑤今度は個人作業として評価し、S・A・B・C・Dの「評価尺度」をそれぞれの思いで付けてみます。そして、⑥図表87の「グループ評価結果集計表」を用いて、各自の評価結果を集計し、バラツキを確認します。なぜ各自の評価がバラついたかを議論し、理由を明確にしながらグループとしての評価結果を取りまとめます。このような進め方で、共通事例を用いた研修を行います。

共通事例による演習では、あらかじめどこを論点に研究していくのかを定めて事例をつくることで、演習での議論が比較的焦点の定まったものになり、評価者訓練に要する時間もコンパクトにすることができます。これくらいの短文の事例は、比較的容易につくることができますので、それぞれの会社にあった事例を多数作成して、演習に利用してください。

そうは言っても、半年や1年という評価期間内のほんの少しの断面を取り出した事例ですから、実際の人事評価の複雑さには及びもつきません。複雑な人事評価の断面を一つひとつ切り出して単純化して理解を促進しようというのが、この共通事例を使った演習の意味合いです。

(3) 実在者の評価事実を使う演習

次に、実在者の評価事実を使う演習の例です。要するに、実際に自分の部下から選び出して（モデル検討対象者といいます)、その人の評価事実を書き出し、人事評価者訓練の演習事例にしようというものです。図表94には、実在者の評価事実認定訓練を行うワークシートの例を載せています。このシートのことを、私たちは「個人プロフィール表」と呼んでいます。この「個人プロフィール表」は、訓練の焦点に合わせて、いろいろなタイプのものを工夫します。

①評価事実を書き込む

このシートに、評価期間中のモデル検討対象者の評価事実をしっかり

図表94　実在者の評価事実認定訓練を行うためのシート（例）

＜個人プロフィール表＞

■モデル検討者の概要　　　　作成者：

部門名				（担当業務の概要、役割、課題等）
役職		資格		
年齢		現所属	年目	

■目標に対する今期の活動状況

NO.	担当業務と目標		成長アウトプット	具体的な行動	評価
	（担当業務）	（目標）			

と書き込んでもらいます。ここからが、評価者訓練になりますが、個人作業になるので、研修日当日までの宿題とするケースが多いです。集合研修中に作業をするケースもあるものの、その場合は、トータルの集合研修としての拘束日数が多くなります。しかし、評価事実の認定が人事評価のレベルを決めるといってもよいですので、しっかりと説明をしたうえで図表94のワークシートを作成するようにしてください。そういう意味では評価事実認定訓練は、集合研修中の個人演習として作業をしてもらったほうが、教育効果が高いことは間違いありません。

②グループメンバーの評価のバラツキを検討する

　こうして、評価事実が整理された場合、あとは共通事例の演習で使った図表93のシートに事実を整理し、かつ図表87のグループ評価結果集計表を活用して、グループメンバーの評価のバラツキを確認・討議し、グループ決定、評価理由の整理というように演習を進めていきます。図表91の人事評価者訓練のプログラムでは、２日目に人材育成の演習を入れていますが、その際には、図表89の「部下育成目標設定表」や、図表90の「育成計画表」を活用していくことになります。

③グループメンバー間で評価事実を共有化する

自分の部下をモデル検討対象者としますから、自分以外のグループメンバーにとっては直接の部下ではありません。したがって、評価事実が整理された図表94の「個人プロフィール表」に基づいて直接の上司が説明をし、ほかのグループメンバーが根掘り葉掘り質問をして、評価事実の共有化をするというステップを演習の中に入れて進めていきます。この根掘り葉掘りの質問プロセスも、大切な評価事実がどういうものかを理解するチャンスとなります。評価事実が認定できるということは、評価基準に対する理解があるからですので、評価事実の目の付け所が分かること自体、人事評価にとって大変重要なものとなります。

このような形で演習に取り組むのが、実在者の評価事実を演習に使うやり方です。何しろ実際の評価の予行演習のような感じになりますので、人事評価に対する臨場感が非常にある中で評価者訓練が行われることになります。実際の職場の例ですから、他社でも使える共通事例とは参加者の意識が全く違います。この臨場感の高さが、教育効果に大きな影響力を持つことは確かです。

(4) 基本は評価についての議論と、認識の共有化

人事評価者訓練とは、人事評価の実務をより適切に行う力量を付けることが目的です。当然、評価者一人ひとりが力量を高めないといけません。他のビジネススキル研修であれば、２～３割の人が育つだけで、全社によい効果が及ぶことが期待できます。しかし、人事評価に関しては、

2～3割の人が育っても、全社の人事評価のレベルがさほど上がっていきません。

人事評価の場合、「悪貨は良貨を駆逐する」ということわざがピタリと当てはまります。わずかでもレベルの低い評価者がいると、全体の人事評価のレベルが高まっていかないという現象が起こります。それは、正しく評価すると損をするのではないかという不安が生まれるからです。「本当はC評価を付けるのが正しいのだろうが、きっと他部門ではこういうケースもA評価にしてくるだろう。そうであるならば、うちだってA評価を付けて提出したほうが無難だろう」というようなことになるのです。さらに、レベルの低い評価者が役職の高い人であったりすると、なおさら大きな問題になります。

そういう意味で、人事評価は、まさに底上げ教育の典型だと言えます。

人事評価についての議論を繰り返し行い、認識を共有化していくことに何度も何度もチャレンジしていかなければなりません。理屈が分かり、人事評価のスキルが上がってきたとしても、「他の評価者は、きっとそのとおりの評価をしないだろう」という不信感があると、正しい評価を下さなくなります。ですから、他の評価者も同じ評価を下そうとしているのだという共通の認識が得られるようになるまで、広く議論をする必要があります。これがないと、人事評価は決して定着しません。

成果主義に弊害が出ているという議論がある企業では、このような気持ちで人事評価のレベルを上げる取り組みをしているでしょうか。もし、していないのであれば、成果主義固有の弊害ではなくて、能力主義であろうが何であろうが、必ず生まれてくる弊害だと理解してください。

図表95「目標設定のチェックリスト」、図表96「目標管理の実施チェックリスト」、図表97「人事評価チェックリスト」は、人事評価実務について意思統一すべきことを、最も端的に取りまとめたものです。これをチェックすることで、多くの評価者が理解を深め、それぞれの職場をよりよくする努力を行っていることを、人事評価者訓練の場で確認し合

ってください。信頼感の共有が、人事評価の定着に大きな意味を持つことを、是非肝に銘じてください。

図表95 目標設定のチェックリスト（例）

	よい	少し悪い	悪い
①目標は到達点の目印となる明確なものだったか	☐	☐	☐
②全社的な目標の整合性はとれていたか	☐	☐	☐
③等級・役職にふさわしい目標を設定したか	☐	☐	☐
④目標の難易度について組織的な合意ができたか	☐	☐	☐
⑤あまりにも無理な目標でなかったか	☐	☐	☐
⑥関係先との連携目標は関係先と調整がついていたか	☐	☐	☐
⑦長期的に取り組む骨太な目標は入っていたか	☐	☐	☐
⑧目標間の優先度は付けられていたか	☐	☐	☐
⑨コミットメントが明確に取れていたか	☐	☐	☐
⑩知恵を出し合う目標面接であったか	☐	☐	☐

図表96 目標管理の実施チェックリスト（例）

	よい	少し悪い	悪い
①目標達成に向けて定期的に進捗を確認したか	☐	☐	☐
②状況の変化で目標としてふさわしくないものが出ていないか	☐	☐	☐
③必要に応じて、目標の改廃を行ったか	☐	☐	☐
④必要に応じて、達成水準や期限を変更したか	☐	☐	☐
⑤目標達成の支援を行ったか	☐	☐	☐
⑥進捗を確認して部下の動機付けを行ったか	☐	☐	☐
⑦職場全体の目標を職場全体で確認して協力を求めたか	☐	☐	☐
⑧任せるべきところでかかわり過ぎなかったか	☐	☐	☐
⑨目標達成活動について時間を掛けて話し合ったか	☐	☐	☐
⑩ネック工程をあらかじめ想定して手を打ったか（リスク管理）	☐	☐	☐

図表97　人事評価チェックリスト（例）

	よい	少し悪い	悪い
①評価要素の定義はよく理解できていたか	□	□	□
②評価事実の把握は十分であったか	□	□	□
③評価事実は評価要素ごとに正しく整理されていたか	□	□	□
④ハロー効果を起こしていなかったか	□	□	□
⑤評価尺度の定義はよく理解できていたか	□	□	□
⑥評価結果について本人に説明が付けられるか	□	□	□
⑦評価結果から本人の育成課題が明確になったか	□	□	□
⑧評価結果を別の悪意の目的に利用しようとしなかったか	□	□	□
⑨評価結果についての自信が持てたか	□	□	□
⑩本人の反発を恐れて評価尺度を変えなかったか	□	□	□

第６章

人材マネジメントにおけるこれからの課題

少子高齢化や労働者の価値観の多様化、企業の社会的責任の増大といった産業界の変化に合わせて管理者の役割が変わるとすれば、人事評価のあり方もそれに合わせて変える必要があるでしょう。

しかし、どのような変化があっても、働く人（人材）の行動が企業の業績を生み出すことに変わりはありません。したがって、日常の人材マネジメントの質を高めることや、管理者の人事評価の能力を高めることが何より求められています。

1 人材問題をめぐる産業界の変化

図表98に、これからの人材マネジメント上の課題をまとめてみました。特に私自身のオリジナルな予測ということではありません。世の中で言われているところを私なりに図表にしてみたまでに過ぎませんが、これらのことは、人事評価のあり方にも大きな課題を投げ掛けていくことでしょう。

図表98の中では、何と言っても「少子高齢化」が最もはっきりとしたインパクトを与えるでしょう。なぜなら、人口問題は、最も予測が確実なパラメータだからです。2005年の国勢調査では、20歳の人口は約140万人です。病気や事故で死亡する人数分だけ減少するという形で推移するため、10年後（2015年現在）の30歳の人口は、決して140万人を上回りはしません。

図表98 人材マネジメント上のこれからの課題

①少子高齢化	・女性の積極的活用 ・高齢者の積極的活用 ・外国人労働者の活用
②労働者の価値観多様化	・労働力の流動化 ・ライフスタイルの多様化
③企業の社会的責任の増大（CSR）	・人事管理上のコンプライアンス強化 ・人事管理上の説明責任（対内外） ・定年延長・子育て支援などの社会政策への対応
④グローバル経営の拡大	・多くの国のビジネスパーソンとの協働 ・英語などの外国語による情報交流、会議の増加 ・海外駐在の多発

厚生労働省の推計によれば、15歳以上の労働力人口は2005年の約6770万人をピークとして徐々に減少し、2025年には約6300万人になるそうです。このデータを前提に単純計算したとき、今の日本の経済成長率が高まれば、どうしても人手不足感が出てきます。もちろん、経済成長が労働力人口の減少と同じくらいマイナス成長となれば、人手の足り具合は今の程度のままですし、さらにもっと経済成長が鈍化すれば、人余り感が生じてくることになります。

企業社会は常に成長を目指していますから、少子高齢化の問題は、労働力不足や採用難、若手労働力不足に伴う企業活力の低下という直接的な脅威を引き起こすと感じさせます。もちろん、市場の縮小という深刻な問題ももたらします。それらの対策として挙げられる女性や高齢者、外国人労働者のさらなる活用は、間違いなく労働者の価値観の多様化を促進するでしょう。それらに対して、企業の人材マネジメントは応えていかなければなりません。

また、企業の社会的責任（ＣＳＲ：Corporate Social Responsibility）の要求は、人事管理上のコンプライアンス強化や社内外への説明責任の強化につながっていくことから、これらも、人事評価の実務に大きな影響を与えることになるでしょう。

グローバル経営についても、否応なしに拡大していくと思われます。商品開発を行うにしても、日本人だけで行うのではなく、中国人、韓国人、インド人、アメリカ人、フランス人など多くの国の専門家が知恵を絞り合うということも、もっと一般的になっていくでしょう。そうなると、英語などの外国語による会議やメール、データベースなどが多くなることになります。また、もっと多くの日本人が海外に駐在するようになるでしょうし、外国人ももっとたくさん日本で働くようになるでしょう。これらは、日本企業の人事評価を大きく変えることになっていくものと思われます。

2 人材マネジメントの変化と人事評価の課題

図表３で触れた人材マネジメント・コンセプトの移り変わりでは、特に年功主義コンセプトは、企業社会の同質性に対応したコンセプトであることを説明しました。

図表98で示した課題は、この日本企業社会の同質性に大きなインパクトを与え続けるでしょう。同質的な社会にいれば特に意識はしませんが、異質な存在を認めなければならなくなったときに、今まで人材マネジメントで楽をしていたのだと初めて気が付くものです。

「こんな仕事は当然徹夜をしてでもやり切るべきだと思っていたのに、『そういう要求をしてはいけません』と人事から言われた」「厳しく業務上の指導をしていたら、パワハラだと言われた」というようなことも起こってきています。今はむしろ、「それでいいんだよ。無理しないでね」と物分かりのよい上司のほうが受けがいいようです。

バブル経済が崩壊して以降、成果主義を導入し、業績の立て直しに私たちは大変努力してきましたが、そこで頑張ってきたことが、今、否定され始めています。「成果主義の弊害」が経営論の世界で主張されていることも、その一つの現れです。

時代の節目には、いつもこういう価値観の変動が起こってきていることは確かですから、世の中、こんなことの繰り返しだと捨て置いてしまってよいのかもしれません。

しかし、人事評価をしっかりさせたいと願う立場から、少し課題提起をしておきたいことがあります。

(1) 仕事の性質に合わせた評価基準を考える

①多様性が問われる時代

「ダイバーシティ」(多様性を受け入れる。多様性を生かす) という言葉があります。これからの企業にとっては積極的な取り組みが求められますし、そのことによってむしろ業績が向上していくという前向きの効果が期待できるため、このキーワードは大変重要です。また、これは、少子高齢化や価値観の多様化などの国内問題への対応という程度のものではなく、国際的なビジネス展開を行ううえで不可欠の概念です。

ところが、一方でこういう感覚が分からずに、いつまでも人の話を聞かないで一方的なマネジメントをする管理者も目立ってきているようです。同質性の高い社会では、こういう管理者も同質性の範囲内ということで理解され、問題が目立つことも少なかったと思います。しかし、「ダイバーシティ」が事業展開上重要な意味を持ち始めると、反省を迫られてきます。最近流行の「コーチング研修」「コミュニケーション研修」などは、その反映ではないかと思います。また、「360度評価」なども、人の話をきかないそういう管理者に反省を促すための手段の一つとして考えられてもいるのでしょう。

この結果、特にミドルマネジメント層(主に課長層)に、自信喪失現象が起こっています。「問題のある部下に対して厳しく指導したくなるのですが、すぐに『辞める』と言われてしまうかもしれないので、そっとしています」「私は的確な指導をしていたつもりなのに、画一的な指導をしているのではないかと人事部から指摘を受けました。どうも、問題のある部下が人事部に相談に行ったようなんです」「業績目標必達のための上からのプレッシャーがきついにもかかわらず、部下のご機嫌を伺いながら指導しなければならないので、板挟みのような感じです」というような声をよく聞きます。「中間管理職の苦悩」はいつの時代にもあるとはいうものの、以前にも増して、悩みは大きくなっているのではないでしょうか。

②多様性に踊らされない人事評価を

しかし、こういうことでは、人事評価における寛大化傾向や中心化傾向がなくならないのです。人事評価は、業績を向上させていくために人が人をマネジメントするための手段の一つであり、信賞必罰的なパワーを背景に、部下に望ましい事業活動を遂行させていくためのものですから、ミドルマネジメント層をあまり悩ませてはいけません。やるべきこと（評価基準）と、どこまでやれたのか（実績）を対比して、きちんと評価をすればよいのです。評価基準を「ダイバーシティ」の観点から多様化することは必要ですが、評価を甘くしたり、部下の人気取りのために評価を行う必要はありません。

したがって、事務職には事務職なりの、営業職には営業職なりの、管理職には管理職なりの評価基準というように、仕事の性質に合わせた評価基準を考えて、「ダイバーシティ」を組み込まなければなりません。「少子高齢化」「ダイバーシティ」といった概念がどのように人事評価に反映されるのかは、評価基準の整備のあり方にかかっています。管理者にはその評価基準を通じてメッセージを発信し、そのうえで現場での適用をお願いするようにしてほしいと思います。あまりにも抽象的かつ一般的に、管理者に責任を押し付けないでください。

（2）自信を持って人事評価ができる仕組みづくりを

説明責任の問題も同様です。人事評価のフィードバックの問題を一般社会で求められる説明責任と関連付けてとらえた場合、ミドルマネジメント層からするとプレッシャーは相当きつくなります。なぜなら、フィードバック面談が下手だと、社会的な非難にさらされそうな感じがするからです。そうなると、できるだけ「寛大化傾向」を持たせながら、問題があるとは見えないように隠さないとも限りません。

人事評価の実務では事実による評価が大事だと繰り返すとおり、問題をリアルにとらえることが原則です。問題なものは問題、素晴らしいものは素晴らしい、とリアルに把握することが大切です。とはいえ、人事評価はなかなか難しいものです。評価者が、事実把握が不十分ではないかと悩んだり、部下へのフィードバックに自信が持てなかったりすることは、現実に十分あり得ます。ただ、そういう悩みを持つ評価者がそんなに無能かといえば、そういうわけでもありません。

評価者は、評価に当たって「横柄」であってはいけないことから、多段階評価の仕組みをはじめとして「横柄」さを防止する仕組みがつくられています。しかし、まじめな評価者が、自分の評価はこれでよいのだろうかと悩んだときに相談に乗ってくれる、いわゆるメンター的機能を果たす機関がないのが現実です。これからの時代、ますます人材マネジメントが難しくなり、人事評価が難しくなっていくことは容易に予測で

図表99 評価者の支えをつくろう

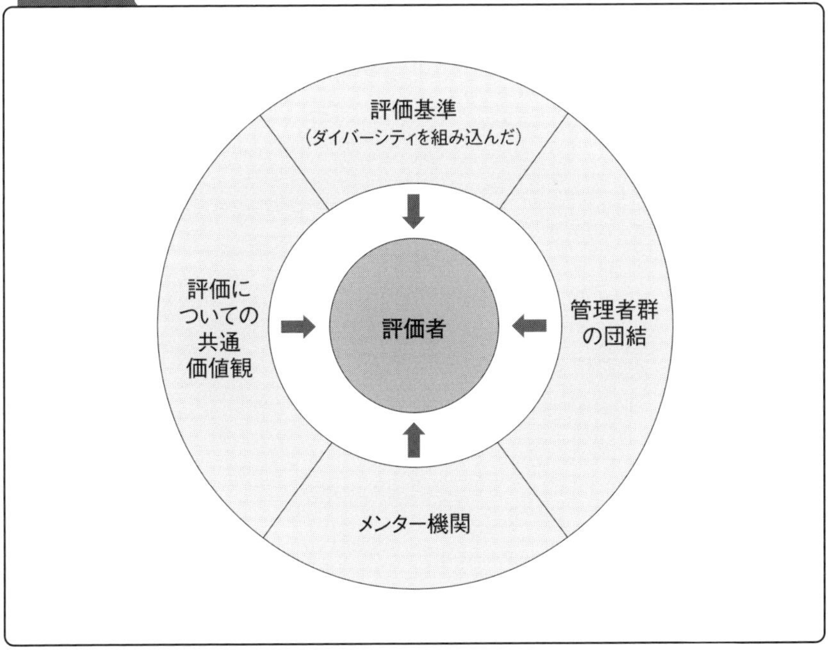

きます。是非メンター機関の具現化に取り組み、まじめな評価者が自信を持って評価に臨めるようにしていきたいものです。

なにしろ、評価者は、部下の年収を何百万円も減らせる評価権限を持っています。こんな大きな権限を公正に行使せよとだけ言われ、放って置かれて動じない人は、よほど屈強な人だと言えるでしょう。

図表99にまとめたように、評価者が思い切って評価に取り組めるためには、いくつかの支えが必要です。何よりも、①難しい判断が求められるところでのガイダンスとしての評価基準の支え、②悩んだときのメンター機関の支え、③人事評価者訓練などで培われる評価についての共通価値観の支え、そして、④管理者としての団結の支えが必要です。

難しい時代だけに、評価者を孤立させないようにしましょう。

3 管理者の人事評価能力を一層高めるべきである

①人事評価の能力を高めれば管理者としての役割が明確になる

企業の業績は人材の行動が生み出すものですので、その行動レベルがよりよいものになるように、常に気を配らなければなりません。人事評価は、日常の人材マネジメントの総決算として行われるものです。人事評価があることが、日常の人材マネジメントの質を高め、人材の日常行動レベルがよりよいものになっていくことにつながります。

人事評価が分かるようになると、人材マネジメントがいろいろな角度から分かるようになり、当然、管理者としての役割がはっきりしてきます。そういう意味で、是非管理者の人事評価の能力をしっかりと高める努力を行ってほしいと思います。

②分かりにくいものの中に宝の山がある

管理者の中には、もっと人事評価が簡単にならないのかと不満を持っている人もいます。そうなれば、評価結果のフィードバックも簡単になるし、本人も評価結果に納得せざるを得ないでしょうから、いっそのこと業績数値の評価だけで人事評価結果を決めたらよいのではないかという声もあります。

たしかに、業績数値目標は、経営判断として全社レベルで決定され、部門、個人という形で降りてくるので、評価基準としての目標は明確になります。また、実績数値もある意味では自動的に集約されますので、これも明快です。したがって、「目標対実績」による達成率もはっきりします。達成率ゾーンで評価尺度基準をあらかじめ決めておけば、管理者の評価能力が高かろうが低かろうが、自動的にＳ・Ａ・Ｂ・Ｃ・Ｄの評価結果が決まります。しかも、被評価者にもこのプロセスはすべて見えるわけですから、上司としての評価者の判断に不満を持つ部下は出てきません。

しかし、この発想が成り立たないのは、管理部門の人のように業績数値目標の設定ができない人がいるという理由だけではなく、競争力の源泉としての人材のレベルアップや、成果を生み出すプロセスへの工夫を評価するという発想がないからです。

図表100を見てください。社員にとって、人事評価の理解が「分かりやすい」か「分かりにくい」かという軸と、経営的に、「重要である」か「重要でない」かという軸で、四つの象限をつくっています。業績数値だけで評価をすればよいではないかという主張は、右上の象限である「分かりやすい」「(経営的に) 重要である」になります。これはこれで当然、人事評価の重要な柱となるはずです。しかし、どの企業も当然のごとく評価の柱とするものですから、特に競合他社との違いがあるものではありません。

では、「分かりにくい」が経営的に「重要である」という左上の象限

図表100　競争力の源泉は分かりにくいものの中にある

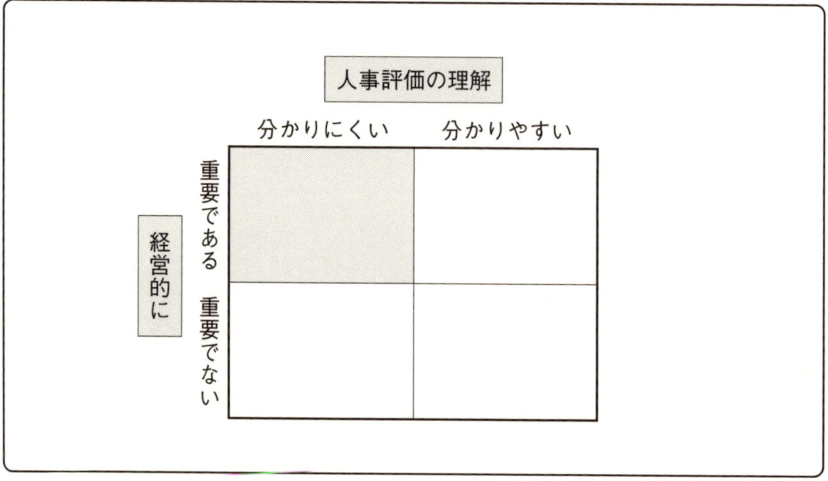

はどうでしょうか。経営的に重要ということは取り組む価値があるわけですが、「分かりにくい」ので、いろいろな議論が生まれ、対立も生まれるかもしれません。ですが、この象限こそが大切なのです。

繰り返しますが、「分かりやすい」「(経営的に) 重要である」という部分は、すでに競合企業も取り組んでいるわけですから、「分かりにくい」けれども経営的に「重要である」という左上の象限の部分で差を付けるべきなのです。ここで競合企業に差を付けることができれば、競争優位を実現できる可能性が高まります。まさに、宝の山です。

この左上の象限に相当するものが、①能力評価、②情意評価（バリュー行動評価)、③成果評価の定性評価部分に該当します。成果評価の定性評価部分とは、（ⅰ）業績数値目標以外の定性目標部分（アウトプット目標や進捗《しんちょく》目標を組み合わせる目標部分)、（ⅱ）さまざまな業務の成果を一括して評価する「日常業務の成果」部分、（ⅲ）組織貢献度評価の部分などです。

これらは、考えようによっては曖昧《あいまい》ですが、その曖昧な部分の評価のやり方を学び、工夫していくことは、直接、人材の能力開発や活力強化につながり、業績向上のためのコアプロセスを見付け出すことにつながります。そういう視点に立って、たとえ分かりにくいものであっても、しっかりと学ぶようにしてください。それでこそ、競争力の源泉になり得るものなのです。

本書が、そうした競争力の源泉としての「人事評価の実務」の理解に貢献することを願ってやみません。

■**著者紹介**

高原暢恭（たかはら のぶやす）

株式会社日本能率協会コンサルティング（JMAC）
取締役管理本部長　シニア・コンサルタント

1955年生まれ。早稲田大学大学院（博士課程前期：労働法専修）修了。
HRM分野を専門とするコンサルタント。HRM分野にあっても、現地現物を自分の目で見て考えるという現場主義を貫くことを信条としている。
著作に、『人材育成の教科書』（労務行政）、『人事革新方法論序説』（JMAC）、『全社・部門別適正社員数決定マニュアル』（アーバンプロデュース）他。また、「労政時報」にも賃金関係を中心に多数執筆。

[連絡先]
株式会社 日本能率協会コンサルティング
〒105-8534　東京都港区虎ノ門3-22-1　秀和第2芝公園3丁目ビル 4階
TEL:(03)3434-7331(代)
E-mail:HRMinfo_Consult@jmac.co.jp

人事評価の教科書
悩みを抱えるすべての評価者のために

2008年10月30日　初版発行
2011年12月19日　初版6刷発行

著　者　株式会社 日本能率協会コンサルティング
高原暢恭

発行所　株式会社 **労務行政**
〒106-0044　東京都港区東麻布1-4-2 朗生ビル
TEL:03(3584)1231
FAX:03(3584)0126
振替:00180-9-122551
http://www.rosei.jp/

ISBN978-4-8452-8224-1
定価はカバーに表示してあります。